LOCUS

LOCUS

LOCUS

LOCUS

from

vision

from 38　好滿足

Satisfaction

作者： Gregory Berns
譯者：顏湘如
責任編輯：湯皓全
美術編輯：何萍萍
法律顧問：全理法律事務所董安丹律師
出版者：大塊文化出版股份有限公司
台北市 105 南京東路四段 25 號 11 樓
www.locuspublishing.com
讀者服務專線： 0800-006689
TEL ：(02) 87123898　FAX ：(02) 87123897
郵撥帳號： 18955675　　戶名：大塊文化出版股份有限公司

總經銷：大和書報圖書股份有限公司
地址：台北縣五股工業區五工五路 2 號
TEL ：(02) 89902588 (代表號)　　FAX ：(02)22901658
排版：天翼電腦排版印刷有限公司　製版：源耕印刷事業有限公司
初版一刷： 2006 年 10 月

定價：新台幣 320 元
Printed in Taiwan

Satisfaction
好滿足

Gregory Berns, M. D., Ph. D. 著
顏湘如 譯

目次

前言

人類想要什麼？且不論嫌疑最大的性愛、金錢與地位等等，有沒有更基本的東西？有沒有一種超越快樂或痛苦或幸福的驅力，只要一發現就讓人享不盡一生的滿足呢？

人類腦部深處有一個結構坐落於行動與報償的交叉點上。根據我十年來的研究發現，這個可能關係著滿足的重要區塊因挑戰與新奇而蓬勃發展。乍看之下，挑戰與新奇似乎最好能免則免，其實卻正是有利於滿足的元素，而證據就在於人體最重要的部位——腦。直到過去幾年間，磁振造影（ＭＲＩ）的醫學科技提供了具體資料，這些問題才得以獲解。

首先，我們必須承認滿足是難以成就的經驗。不妨比較一下毫不費力地轉台看電視一小時和運動一小時後的感覺，或者想想那些或許複雜而艱難卻令人深感滿足的嗜好。但相較於辛苦的工作與生活，這些都只是微不足道的例子。我親眼見到許多學生在我的實驗室裡熬著，並觀察他們如何因應諸多艱鉅任務以取得博士學位。攻讀研究所和我們追求的許多目標一樣，過程漫長且無直達終點的明確途徑。有些人經得起考驗，有些人不然；我從前者的經驗中看見某種深沉持久的東西。那不只是圓滿達成任務後的滿足，而是一種目的感的呈現，以及爲了克服更多阻礙在腹中燃起的一道烈火。然而，這道火並不在腹中，而是在腦部。

這導出了第二個假設：滿足的關鍵在於腦部。倘若知道這種感覺來自腦的哪個部位，也許會更容易獲得滿足，這項知識能引領我們過一種充滿滿足經驗的生活。並非人人肯承認腦部在滿足感中佔有首要地位，但我所說的感覺，亦即在完成艱鉅計畫或任務後的那種成就感，卻和快樂、悲傷或憤怒等情緒同樣眞實。有充分證據證明這些情緒源於腦部。如今既已掌握關於滿足的生物學新數據，也該是嚴肅探討滿足從何而來又如何獲得更多的時候了。

滿足與某些情緒不同，不會憑空而降，你必須自行創造，而創造滿足則需要動機。

直到最近爲止，多數研究專家仍認爲人類的動機受某種形式的享樂原則所支配。「享樂原則」（pleasure principle）一詞由佛洛伊德發明，但人生乃趨樂避苦之過程的觀念卻至少可回溯至兩千年前。關於人類想要什麼，有許多基本觀念，享樂原則不過是其中之一。但這是錯誤的想法。自一九九〇年代起，神經科學家愈來愈接近解開滿足之謎的門檻，而至今獲得的答案卻與享樂原則的概念大相逕庭。

我們對動機的了解多半與神經傳導物質多巴胺（dopamine）有關，一九九〇年代中以前，許多科學家都視之爲腦部的快樂化學物質。然而，多巴胺不只是在愉快的活動期間——如飲食、做愛、吸毒——釋放，產生不快的感覺時——如噪音與電擊——也會釋放。事實上，無論活動愉快與否，事前都會釋放多巴胺，與其說它是快樂的化學物質倒不如說是期待的化學物質。關於多巴胺的功能有一個最簡約的解釋，亦即運動系統——即人體——與某特定行動之間的聯繫。假如這個觀念正確，那麼滿足感恐怕不是來自目標的達成，而是來自爲達目的所必須採取的行動。

如何能讓腦部產生更多的多巴胺？新奇感。許多腦部造影實驗證實，新奇的事件會刺激我們行動，因此能高度有效地釋放多巴胺。所謂新奇事件幾乎無所不包——諸如首次賞畫、學習新字、一次愉快或不快的經歷等等——而關鍵因素則在於出其不意。意外事件會刺激腦，因爲我們的世界基本上是無法預料的。無論你樂不樂意，腦天生就會適應這個世界。你或許不一定喜歡新奇，你的腦卻喜歡，甚至可以說腦有它自己的意志。

其實腦內有許多「意志」，每個意志都有其專屬的期望。例如，你會有工作時的意志、在家時的意志，以及享用美食時的意志。在任何一刻，身體都只受制於一種意志，但腦子裡卻能同時存在迥異的思緒，這個簡單的事實顯示其他意志也不斷地爭奪控制權。當你面臨新奇事物，生化物質多巴胺隨之釋放，在腦中如瀑布般急瀉而下。過程有點類似按下電腦的重新啓動鍵：重新啓動後，各自爲政的其他意志或許會努力爭取優勢。多巴胺便是這一切行動的觸媒。

雖然不知道我們能有多少選擇的機會，但我發現尋求新奇經驗能讓多巴胺源源不絕地湧出，而我個人也更喜歡這種感覺。我們每個人的多巴胺神經元都不多，從青少年時期開始，腦內多巴胺的數量便逐漸遞減。事證零星，但「不用則退」的理論很可能身體與腦均適用。不過使用腦的方法與使用目的同樣重要。如果不想隨著年齡漸長而不知不覺出現類似輕微帕金森氏症的症狀，最好的方法可能就是讓多巴胺系統像細心維修的機器一樣正常運作，而透過具挑戰性的新奇經驗則是最有效的方式。當你成功處理意想不到的任務，或是追求你不熟悉且勞心費力的活動之後所獲得的滿足感，就是腦部發出的信號，顯示你做了天生該做的事。

我方才提及的新奇原則是根據觀察腦幹頂端一小塊區域的重要神經元如何運作推測所得。我愈是深入探究該原則的內涵，對於它改善人類生活的潛力便愈感興趣。但這項理論卻難以在實驗室內測試求證。

於是我開始研究以不同方式令人感到滿足的經驗。追求性愛、美食與金錢等顯著目標所獲得的快樂自是不在話下，而當我再往這些過程所提供的短暫快樂的深處挖掘時發現，若能佐以新奇與挑戰，便可能產生美好甚至超絕的經驗。我的發現還不僅止於此。有些較不尋常的活動不只接受挑戰，甚至充滿痛苦煎熬，卻同樣帶來滿足感，進而揭發關於人類需求的驚人事實。我將帶領各位認識腦部刺激、施虐受虐狂與超級馬拉松的世界——這每個領域都讓我更加認清人類選擇生活的方式何等深奧。

對於這類經驗的研究，我並未使用正式的方法來決定從哪裡開始或到哪裡結束。當然，我選了一些自己原本就感興趣的活動，因爲我想我和大多數人並無太大不同，我們都需要友誼以及體力與智力的挑戰，我們都期望不只是過著過一天算一天的生活。令人滿意的生活所憑藉的正是你滿足這些需求的方式——尤其是新的方式。

此外我還尋求了新的方式來思考腦，因爲從腦的運作方式可以知道某些關於人類的殘酷事實。科學已經逐漸發展出自己的一套說法，而且就和一部精采小說的情節一樣引人入勝。儘管我偏愛確切數據，但也終究了解單靠數據無法窺其全貌。今日多數科學家都認爲所有簡單的問題皆已獲得解答，卻少有實驗能針對某個傑出的科學問題一針見血。於是，我們這一代使用的技術愈來愈繁複。大多數時候，實驗總是不夠精確，其中也許又以神經科學爲最——這也是多數科學家認爲在職業生涯中難以避免的限制。好的說法可以彌補實驗數據模稜兩可的缺憾。此外還得認識提出說法的科學家，其價值絕不只是誰有權利誇耀的問題而已——要了解一項實驗的意義通常需要深入發掘實驗背後的人物。神經科學有一些結果非常有趣，而發現者卻遠比實驗室裡的人更多采多姿，這並非偶然。

另外最重要的一點，我發現「知道自己想要什麼」不只是一個學術問題。每個人都想要滿足。有人找到了方法，有人則不然，但我所遇見最滿足的人卻不是退休後靜靜坐在海灘上，一手拿報紙一手端著冰涼啤酒。對他們而言，滿足與目的沒有兩樣。

你的行動最終將會畫出你的生命弧線。要了解自己想要什麼，爲什麼想要，就必須對於腦如何作好行動準備有些許了解。我進行這項研究的初衷雖是爲了寫書，但卻從未忘記這番探索的賭注極大。在此瞬息萬變的世界，不行動——不適應職場或人際關係當中的挑戰——可能會導致邊緣化與痛苦。若能了解自己眞正想要什麼，了解腦對新奇的需求，你會發現生命其實充滿了你永遠意想不到的驚奇與意外。

1 腦內的奴隸

蒙塔格（Read Montague）很善於針鋒相對。由於最後多半是他有理，惹惱對方自然是不難想見的結果。

一九九〇年代初，我在加州拉荷雅的沙克研究院（Salk Institute）初遇蒙塔格。自從一九六〇年代沙克（Jonas Salk）創立該中心以來，出現在此的向來是最傑出、最具創意的生物學家。其實蒙塔格稱不上新出爐的博士。成長於喬治亞州梅肯（Macon）的他，來到沙克進行爲期兩年的博士後研究，領域是計算神經科學。

沙克的下午茶是個古怪有趣的傳統，也是產生眞正科學的時機。每天下午三點半整，學生與教職員便聚在一起，進行非正式的智力競賽。常客包括克里克（Francis Crick）之輩，但蒙塔格卻毫不畏縮。他會將下午茶時間提升到新層級，在黑板上寫滿密密麻麻的微分方程式，一面向克里克解釋胞突接合處如何釋放出氧化氮，扮演著指導者的角色。有一回，克里克說他認爲蒙塔格的計算有誤，蒙塔格卻不慌不忙地轉頭對這位諾貝爾獎得主說：「那就表示你不懂微分學。」

供應午茶用的是一張大圓桌，某天下午，有人聽到蒙塔格吹噓自己大學時期的田徑佳績，便激他跳過這張直徑至少六呎的桌子。蒙塔格凝視桌子，無疑是在計算跳越所需的力與速度等向量，隨後接受了挑戰。此舉引發一陣騷動，眾人紛下賭注。桌子被搬到研究院外的大廣場上。廣場幾乎和足球場一樣大，是個具指標性的現代建築，中央有一條細水渠直穿而下，水渠末端的平台彷彿高懸在太平洋前方。桌子置於水渠一側，約位於中線處。邊線旁散佈著二十來名觀眾，有些人則趴在研究院的欄杆上。蒙塔格退離桌子約二十呎，但他準備起跑的動作立刻被判定犯規。裁判們短暫討論後，同意他開跑前可以前後晃動。蒙塔格上下跳了幾下，原地跑步十秒左右作爲暖身後，很快地在距離桌子一呎處作出屈身的姿勢。接著他開始利用右腳與左臂準備起跳。只見他一個連續動作，縱身朝桌子上方躍起，雙膝彎向胸口，下墜時膝蓋往前旋轉，左腳跟差點將另一端的桌緣踢缺。跟蹌一兩步之後，終於還是站定，贏了賭注。

多年來，蒙塔格和我始終保持聯繫。某個晚秋的早上，我們坐在亞特蘭大一家ＩＨＯＰ鬆餅屋（International House of Pancakes）裡吃早餐——我們最喜歡在這裡交換學術意見——忽然想到進行腦部造影的實驗。當時，蒙塔格正利用電腦模擬多巴胺對神經元的影響，而我正藉由腦部造影研究報償與動機。我們討論到最近一些關於腦內報償的生物學基礎的實驗結果。他毫無預警地丟下鬆餅，濺得盤子四周全是楓糖漿，一道道糖漿往桌緣流去。蒙塔格無視於這片凌亂，一面啜飲柳橙汁一面思索著最新發現。當時我並不知道我們即將展開一連串實驗，而我對人類眞正需求的了解也即將被完全推翻。

多巴胺與紋狀體

先從多巴胺說起。先前，多巴胺一向被認爲是腦部某種掌管愉快感覺的化學物質，但其實它的作用大得多。多巴胺合成於一小群神經元中，是一種相當簡單的分子。製造多巴胺的細胞數量約爲三萬至四萬，只佔所有腦神經細胞不到百萬分之一。但若少了多巴胺，你將得不到任何你認爲有價值的東西。

多巴胺神經元分布在腦內兩個不同區塊。其中一群聚集在腦下垂體上方，這個懸垂在顱底的無花果狀構造會分泌各種荷爾蒙，控制甲狀腺與腎上腺並調節排卵。與報償相關的多巴胺神經元則位於腦幹——一段四吋長、連接腦與脊髓的神經組織。腦幹是一個流通著大量訊息的複雜區域，同時也分布了許多小群的特殊神經元。多巴胺細胞便是其中之一。

然而，多巴胺之類的神經傳導物質若無處可去便毫無作用。受作用的受體與神經傳導物質之間的特殊關係有如鎖和開鎖的鑰匙，而腦內多巴胺受體分布最密集的區域就在紋狀體。以大拇指與食指做出倒「U」形狀，大概就是紋狀體的形狀與大小。這個半圓形組織共有一對，橫跨腦幹兩側，約正位於顱內的中心位置。

紋狀體有如腦部的中央車站，也就是說可以讓來自腦部各處的神經訊息列車進站，卻無法同時全部容納。這些訊息多數來自功能繁雜的額葉。在行動的準備方面，額葉比腦其他部位都更重要，其中包括任何形式的肢體動作、眼球運動、說話、閱讀與內在思考——總之就是你所做的以及你所能想像自己會做的一切。要通過這小小紋狀體的訊息太多，因此就像列車駛過中央車站，只有少數能隨時暢行無阻。得以通過的訊息與多巴胺關係密切。多巴胺會立刻穩定紋狀體內的活動，亦即決定哪輛列車得以過站。①換句話說，多巴胺從皮質區迅速竄動的千百種可能當中，為你的運動系統指定了某個特定動作。

以其所佔體積如此之小看來，多巴胺和紋狀體可以說對人類行為行使著莫大的控制權。如果失去一塊與紋狀體同樣大小的大腦皮質，你可能毫無感覺。但若毀掉多巴胺系統（如帕金森氏症），或損壞紋狀體（如漢丁頓舞蹈症），只要幾分鐘便能感受悽慘下場。紋狀體內若無多巴胺流動，即使運動系統其餘一切正常，你仍無法精準地控制，甚至完全無法控制自己的行動；此外，你的目的感——能夠辨識自己想做什麼以及如何去做的感覺——也會徹底脫軌。

這個指定的過程還有另一種說法，就是動機。當你產生動機，便會決定行動的方向；而當你致力於某事，便會有貫徹的動機。動機與致力是同一過程的兩面，多巴胺則是啓動過程的觸媒。當多巴胺湧進紋狀體，即為行動列車指定了一條軌道。但在此之前又為什麼會釋放多巴胺？這正是我和蒙塔格一面吃鬆餅喝柳橙汁一面深思的問題。

進行掃描

我們計畫針對人類紋狀體所做的實驗，是根據十年前在猴子身上做過的一些實驗，希望藉此了解人腦視什麼爲報償、這個生物過程如何決定人的需求，以及人如何著手滿足這項需求。

夫里堡大學的瑞士籍神經科學家舒茲（Wolfram Schultz）利用猴子做實驗，在給予牠們各種報償之際測量紋狀體神經元的活動情形。他獲得的結果也正是蒙塔格丟下鬆餅的原因。當舒茲在猴子的舌尖滴一小滴（顯然很受猴子喜愛的）果汁，猴子的紋狀體神經元活動會瞬間暴增。但是當舒茲在滴果汁前提供一條中性線索（如亮起燈泡），激發紋狀體神經元活動的不再是果汁而是燈泡——最早預告愉快事物的事件。②這是個驚人的發現，因爲燈泡本質上並無好處，也就是說紋狀體發出的訊號不只是報償，還有報償的「預期」。光是預期就能爲猴子——以及人類——提供高度動機。

「你看到舒茲最新的實驗結果了嗎？」蒙塔格問：「看來可以充分證實多巴胺預測誤差模式。」

「但那是猴子。」我說：「舒茲光訓練一隻猴子就要六個月，然後寫一篇報告，好吧，也許是兩隻。太久了。」我把蛋切開，蛋黃滲入土司。「而且那是猴子，我們要研究的是人。」

「有哪些事讓人覺得價值不菲？」蒙塔格反問道。

「性愛、食物、金錢。」

「我認爲不能用錢。」蒙塔格搖頭說：「太抽象了。」

「性不能掃描，」我說：「我們的倫理委員會恐怕也不會贊成，何況華盛頓那些朋友不太喜歡用公家的錢贊助性愛研究。」③

蒙塔格用鬆餅吸起最後一灘糖漿，然後將這金黃薄片舉在我倆之間，說道：「那麼就剩下食物了。」

我瞪著他叉子末端那一小片糖漿鬆餅，試圖想像讓人在ＭＲＩ掃描儀中吃鬆餅的情形。「會有太多假影。在掃描儀內嚼食吞嚥，他們的頭會動個不停，我們絕對看不出傳往紋狀體的訊號。」

我們啜著咖啡，認真思考這個難題。蒙塔格瞪著眼前已喝光的柳橙汁杯子說：「何不用果汁？」

「像舒茲的猴子那樣？」

蒙塔格精神爲之一振。「對，好極了，我們只要把舒茲的實驗複製在人身上就好了。把某種果汁送到掃描儀裡的人口中，當然沒有問題。」

「我想我們可以架設一些管線，一端放在受試者口中，掃描時一邊把果汁注入他們嘴裡。」

蒙塔格猛地將最後一塊鬆餅塞入口中，說道：「就這麼辦。」

就在我們靈光乍現後不久，卻發現幾乎沒有任何資料顯示人腦利用哪個部位處理果汁的訊息。第一個實驗，我們決定在每位參與者的舌頭上滴一滴 Kool-Aid 果汁，但偶爾會以清水代替果汁作爲控制條件。實驗中主要的操作在於以可預期或不可預期的方式注入果汁和水，前者是固定時間交換注入，後者則是不固定時間與次序地隨意注入。如果人腦的反應和舒茲的猴子一樣，那麼不可預期的注入將是最有價值的報償，也將最能活化紋狀體的活動。

直接測量人腦中的多巴胺是不可能的事——至少在活人身上不可行。雖然可以利用正子斷層掃描（ＰＥＴ）定位多巴胺受體，以目前的科技卻仍無法測量人體釋放多巴胺的確實情形。ＰＥＴ法便是對人體注射一種會與腦內特定受體——本例中即爲多巴胺受體——結合的放射性追蹤劑。圈在受試者頭上的偵測器偵測到腦部釋放出的放射性物質後，再由電腦判定放射性物質的來源與濃度，因此藉由ＰＥＴ可以看到多巴胺受體在腦內不同部位的分布位置與密度——但也僅此而以。透過ＰＥＴ得到的是多巴胺系統的靜態快照，而不是多巴胺在腦內時時刻刻活動變化的畫面。另外有一種以磁振造影爲基礎的間接法是僅次於ＰＥＴ的好方法。我和蒙塔格利用一種名爲功能性磁振造影（fMRI）的技術，測量出釋放多巴胺的腦部區塊的血流變化，而且可以看到幾秒鐘內發生的變化，不像ＰＥＴ需要以分鐘或小時爲單位。在觀察腦部受到各種刺激——例如 Kool-Aid 果汁——所產生的血流變化後，我們可以根據經驗猜測多巴胺可能發生的情形。

蒙塔格似乎不太樂意進入ＭＲＩ儀器內。ＭＲＩ掃描器是一種非常特殊的醫學科技儀器，必須有獨立的使用空間。ＭＲＩ的主體約等同一輛半拖車車身的大小與重量，呈空心管狀，周圍環繞著數哩長的超導體線圈，藉由液態氦保持在攝氏零下269度的冷卻狀態。電流通過線圈產生的磁場強度是地球磁場的三萬倍，因此MRI的磁力超強，金屬物體（如原子筆等）受其作用都可能變成致命的發射器。任何電子設備自然更不用提了。不只電子儀器受MRI磁場影響，就連探測腦內訊息的偵測器也會探測到掃描器周遭的雜散電場。進入掃描室——更遑論掃描儀——便如同踏入一個崇高神聖的殿堂，禮拜者必須脫除一切金屬。

儘管人類任何感官都感受不到磁場，但每當我進入掃描儀，總覺得有股沉重的壓力，隱約讓我想起童年不斷重複的一個惡夢，不過細節早已不復記憶，只剩那被壓得喘不過氣的感覺。我望著蒙塔格說：「我們做實驗從來都是自己先來。」

他同意了。

「沒什麼大不了。」我說：「我先來。」

受檢台從掃描儀內部伸出，約一呎寬、八呎長。我坐上這個狹窄平台後，助理梅根遞給我耳塞，以隔絕掃描器即將發出的上百分貝的噪音。我躺了下來，她用魔鬼沾帶固定我的額頭以盡量減少晃動。頭線圈緊緊地扣住我的頭，其實就像一種時髦的無線電天線，模樣則有如去底的鳥籠。梅根在我口中放了個奶嘴，有兩根塑膠管穿過奶嘴，貼在我的舌背上。見到老闆吸奶嘴的她不禁笑著問道：「好了嗎？」

我咕噥一聲並豎起拇指，表示可以了。

她按下掃描器控制板上一個按鈕，一道紅色雷射光束隨即照射在我的額頭。梅根輕輕將平台往內推進幾吋，利用雷射線調整我的頭部位置。她微笑著說：「進去囉。」

她按下另一個按鈕啓動機台馬達之後，平台在輕細的嗡嗡聲中滑進掃描儀。我睜開眼睛，注視著距離鼻子僅數吋的孔洞內部。沉重的壓力立刻襲來，我於是閉上雙眼。

透過一個迷你對講機，我可以勉強從靜電干擾的聲響中聽見蒙塔格的聲音。「我們要給你注入一些測試的液體。準備好了的話就動動你的腳。」

我動了動腳，然後等著。

一道清涼的液體流過我的舌頭。分辨不出是什麼。我平躺著，液體慢慢流向喉嚨深處，我便開始吞嚥。是水。接著又有另一道液體流過我的舌頭，甜甜的，是Kool-Aid。我又吞了一口，味道不錯。沉重感消失了。

又是蒙塔格的聲音：「開始了！」

從掃描儀深處傳來機器喀喇喀喇的聲音，好像一顆顆橡實掉落在屋頂上。掃描程序毫無預警地開始了。一陣類似機關槍的掃射聲嚇了我一跳，使我一度拱起背脫離台面。液體持續滴在我的舌頭上。有時是水，有時是 Kool-Aid。後來我已弄不清順序，但每當有液體滴到舌頭，那種清涼總會讓我想起童年夏日賣檸檬汁的攤子，腹部也隨之產生刺痛的感覺。Kool-Aid 讓我漸漸變得興奮。

接著便結束了。

掃描台將我滑送出金屬棺，我直瞪著眼前看似梅根的天使臉孔。蒙塔格從她背後探出頭來，問道：「感覺如何？」

「不可思議。澎湃洶湧。我想我們開發到了腦內某種非常原始的東西。非常強有力的東西。」

的確如此。為了證實這點，我們總共掃描二十五名志願者，受試者人數是一般腦部造影實驗的兩倍。無論注入的是果汁或水，他們的紋狀體都彷彿聖誕樹般閃閃發光，但也只有在無法預知的情況下是如此。奇怪的是，幾乎沒有人發現注入的液體有時可預知，有時不然。我們的發現顯示人類紋狀體——包含多巴胺系統在內——對於新奇的、無法預期的報償反應最大。④

何謂報償？

這番結論引發一個難題，即報償的生物本質。無論是工作或讀書，你做一切事情都會期待某種報償。報償不一定是金錢之類的實質物品，而可能只是圓滿完成任務的滿足感。我幾乎想不出有哪個活動不附帶任何報償的期望。即便是明知不愉快的經驗——如看醫生——還是有其報償：你知道自己在做一件有益健康的事。但在你一連串的日常活動中，究竟哪個動作是報償所在？換句話說，你最初的動機來源爲何？我的意思不是你及時到達某個定點，然後說：「好了，我已經得到我所有的報償。」也許你抱此希望，也期望有朝一日能夢想成眞，但事實終究不是如此。

我想上面這個問題的答案就在紋狀體。就行動計畫與潛在報償的整合而言，腦的任何部位都比不上紋狀體，因爲多巴胺在這裡與來自大腦皮質的訊息相結合，這裡也是將動機周詳規劃化爲行動的首要結構。當我和蒙塔格利用功能性磁振造影掃描儀透視紋狀體時，發現這整個混合過程如何發生的線索，也間接開啓通往人類動機本質的那扇窗。

確定多巴胺在紋狀體內的眞正作用對於了解報償與動機有著密切關聯。多巴胺是腦——尤其是紋狀體——的一種化學報償，因此確定多巴胺釋放的狀況或許能讓我們間接得知如何獲得滿足。如果多巴胺的釋放是對愉悅事物的直接反應，那麼多巴胺確實是佛洛伊德享樂原則的生物基礎。但如果多巴胺在獲得報償之前釋放——亦即扮演動力角色——那麼報償的定義想必更廣泛，甚至連投入行動的過程都是報償的形式之一。[5]

在我們的實驗中，滴入的果汁與水便是報償。受試者無須做任何事即可獲得報償；我們會透過奶嘴供應液體。不過受試者卻必須做某個動作來使報償圓滿：他們必須吞嚥。因爲我們的實驗以口腔刺激爲重心，吞嚥動作便成了獲得這微不足道的報償的唯一方法。假如受試者不吞嚥，液體會白白從口角流出，也剝奪了他們偶爾從液體嚐到甜味與清涼的機會。每當有一滴液體滴到舌頭，他們便會啓動運動系統作出吞或吐的動作。無論此人喜歡果汁或水，這種啓動的必要性使得兩者對腦都同樣重要。

新奇的需求

我們雖然發現紋狀體對不預期的報償比對預期的報償反應大，卻不知道這意味著什麼，是不預期的液體滴入比可預期的令人愉快？或是在不可預期的情況下，由於受試者無法作準備而使吞嚥更形重要？無論如何，不可預期性都是關鍵因素。腦——尤其是紋狀體——似乎特別在意它不能預知的事物。

我想，可預知性是每種動物都想要的；我所謂的可預知性指的是預見未來的技巧，而非所在環境的優劣或描述。如果你能預知未來，即使只有幾秒鐘差距，也能比無法預知的人獲得更大優勢。預知等同於存活。在我們居住的世界裡，許多層面皆可預知。實質物體如岩石、海洋、高山等，不會瞬間出現或消失。即便是動物，只要一旦確立地標的位置，便無須天天複習。

但我們環境的物質屬性穩定並不代表世界本是也是如此。假如你從未遇見其他人或動物，便能高度掌控環境。你要做的只是學習預測季節變化。事實上，這種自然主義的思考模式曾被某些人視爲理想的生活方式，例如昔日的梭羅與伊比鳩魯。[6]如果頓時發覺自己孤身一人在世，生活將會十分簡單。梭羅在華登湖畔隱遁兩年，試圖過這樣的生活，但其實他花在路邊酒吧的時間之多卻是他不願承認的。即使如梭羅之輩也需要友人作伴。

儘管我們有預知世事的野心，卻多少會因爲必須與他人分享這個世界而遭受挫折。例如，爲什麼和另一人生活了一輩子卻仍不知道他在想什麼？因爲實質呈現的思緒太少了。無論你多麼了解另一人，仍永遠無法確定他打算做什麼。當然，這也造就一種無法預期——甚或刺激——的生存情況，因爲其他所有動物的社會結構都不如人類這般複雜。我想這正是人腦擴張到此地步的原因所在——爲了預測彼此的行爲。

假如你相信世界之所以不可預知是因爲與他人共同生活之故，那麼消弭這種不可預知性的直接方式便是促使人類改善預測結果。你會馬上發現這種驅力對演化的益處，還會發現在社會範疇內，學習預測彼此的行爲模式能爲最契合的異性配對。預測的驅力愈強，個人對世界與其居民的運作方式便愈了解，最後產生生殖成就並將類似驅力傳承下去。

在一個基本上不可預知的世界，預測的驅力只會導致一個結果，那就是新奇的需求。我最終明白了新奇正是我們都想要的東西。

關於新奇，我們可以透過它與資訊的關係加以詳細說明。當新奇的事件發生時，會涵蓋大量你尚不知情的資訊。一九四〇年代，貝爾實驗室（Bell Labs）工程師夏農（Claude Shannon）發現資訊可由某事物令人意外的程度來衡量。初步估計，一個事件所包含的資訊與該事件發生的機率成反比。⑦就定義而言，新奇事件就是不尋常的事件，因此資訊豐富。然而，資訊卻不一定有意義。資訊會降低我們對世界的不確定感，這種不確定感降低的程度則可用來判定資訊的價值，而非資訊的數量。

由於我們是在極端不確定的狀態下來到世界，新生兒的行爲都是與生俱來，其中也包括學習與探索世界的慾望。但爲了生存以及最終的繁殖目的，我們不得不多少將自己所需要了解的世界特質內化。改善預測能力的驅力自然而然會內化資訊，而我們同時也知道永遠不可能有完美的預測。我們始終會有或多或少的不確定感；何況我們也不想浪費精神資源處理隨機而無用的事實。腦如何決定重要性？紋狀體扮演著關鍵角色。

紋狀體便是個體與環境產生互動之處。因爲通過的資訊密度極高，因此互動的元素便濃縮成高濃度形式，這也是爲什麼紋狀體對於活躍的生活如此重要的原因。例如，當你做一件非常熟練的事，幾乎沒有機會發生新奇或意外的經驗，於是多巴胺與滿足感便可能低下。但假如你做的事超越以往的經驗，讓自己置身於陌生領域，新奇的資訊便會流入你的紋狀體，刺激多巴胺的分泌，進而迫使你依據資訊行動。回應新奇資訊而釋放出多巴胺，這是我們能感受到滿足的基本要素，動機系統也因而啓動。然而，除了多巴胺本身引發的溫馨感覺之外，刺激多巴胺分泌的新奇效果也使腦部起了實質變化。

一份資訊進入腦部後，不只是存放在某個記憶庫中，還會改變腦部的分子結構，想想眞是不可思議。一個有如紙上墨水或電視機光子般抽象的東西，如何能移動腦神經元的蛋白質？人腦將資訊轉化爲神經元激發的實體現象，然後與腦中其他資訊位元相結合；至於DNA方面，也因爲多巴胺與其他神經傳導物質而合成新的蛋白質。雖然我和蒙塔格開始進行實驗時並不知道，但某些類型的資訊確實較容易在腦中留下痕跡。

探索的開始

發表 Kool-Aid 實驗的幾個月後，我和蒙塔格相約計畫做進一步關於報償的實驗。此時全國人民——當然也包括我自己——的情緒已然不同，九一一事件後的不確定感壓得我們沉重不已。

在討論新實驗的計畫前，我們回憶了一下 Kool-Aid，竟彷彿恍如隔世。

「當時你眞的不想進掃描儀。」我打趣道。

「沒這回事。」他回答：「我只是不喜歡閉密空間。而且面對挑戰我從不退縮。」

雖然我們兩人最後都進了掃描儀，發表的報告中卻始終未列入自身的資料。因爲這整個實驗的依據在於可預知與不可預知的刺激之間的相對差異，而刺激的順序乃是由我們設計，因此對我們來說實在毫無不可預測之處。我們實地試驗其實是爲了揪出實驗的缺失加以改進，也順便獲取一些主觀體驗的感覺。主觀體驗始終未能納入科學報告中，但在詮釋客觀、確實的數據資料時卻也不該輕忽。

「你知道嗎？」蒙塔格說：「你的紋狀體都燒起來了。」

的確。在我們研究的人當中，我是紋狀體活動最劇烈的人之一。就科學上而言，這點毫無意義。fMRI 的活動變化太多、人人不同，誰也無法解釋某個個人的反應，但我們很難不賦予紋狀體活動的劇烈程度某種功能性的意義。這只是個預感：一個人追求新奇的慾望，可能從紋狀體的活動中透露端倪。最後我們會找出證據證明這個想法，不過還得再等等。

如果誠如我所說，預測世界如何運作是人類的驅力，那麼令人震驚的事件——如地震或飛機失事——所帶來的新資訊，應該會引發兩種不同的效應。一是沉潛下來製造一個可預知的保護傘。一是觸動吸取更多資訊的慾望——一種追求冒險的反應。假如一個人會追求穩定或新奇的反應，可由紋狀體的活動程度判定，我的 fMRI 掃描結果顯然將我歸於追求新奇的一類。

我的意思並不是說追求新奇是與生俱來的天性，不過從某些遺傳學實證看來卻或許如此。⑧比較大的可能是：人類對於不預期的資訊有一系列行爲反應，而根據情況不同，你可能受到吸引進而尋求更多新奇事物，也可能隱退到較易掌控的環境。無論如何，紋狀體依舊是關鍵。一項資訊對紋狀體的刺激愈大，你愈可能採取行動以獲得更多相關資訊。

從我們開始進行 Kool-Aid 系列實驗的那一年起，我就變了。也許因爲九一一。也許因爲我的兩名幼子。但我的紋狀體卻是火力全開，雖然有一股強大力量驅策我在地下室搭造一個最高生物安全等級的避風港，這股驅力終究不敵對新奇的需求，也促使我下定決心解開人類想要什麼的謎底——人類的動機何在？導致滿足感的動機又究竟隸屬腦的哪個部位？

我確信自己這番決心有一大部份是期望能讓孩子獲益，而這個期望很可能是天生的。我並不小看追求新奇的驅力所提供的演化優勢。尋求世界資訊的人會獲得較多好處（否則他們毋寧死），然後將智慧傳給下一代，於是他們的孩子比起較不好奇者的孩子便佔了上風。好奇心絕不會惹禍上身，反而是新奇的需求造就了聰明、好奇且不斷追尋新事物的我們。

2 爲金錢故

我和蒙塔格完成 Kool-Aid 實驗後不久，神經科學家與經濟學家都紛紛開始對腦部報償與金錢報償之間的關係產生興趣。錢畢竟是人類行爲的主要動力。歷代的經濟學家認爲人用錢的方法會透露出他們的需求與喜好，並進一步假設人對於自己的需求會採取理性——亦即不相矛盾——的行爲，於是經濟預測才能行得通。但這些假設卻令人難以輕信。在金錢方面，人或許偶爾會有合理行爲，但絕非恆常。在極少數相信人類理性的人當中，就有財務預測者使用以此假設爲依據的經濟模式。儘管如此，「神經經濟學」領域還是在神經科學與經濟學的結合下誕生，我們不但可望更加了解腦部報償系統，將來還可能利用此系統解釋無數經濟異常現象，諸如股市泡沫以及玩樂透的原因等等。①

我上一回玩跨州樂透彩是在一個潮濕宜人的夏日，地點在亞特蘭大。我在加油站停車場加入一群人的行列。有輛車內的收音機轟然傳出令人五臟翻騰的嘻哈貝斯樂音，眾人開始隨著重音節拍舞動。當我們緩緩往便利商店入口移動時，我看到一名穿著亞麻長褲和針織衫的體面男子步下他的Lexus，加入這群歡樂的人潮排隊買彩券。不錯，彩金已經累積到兩億美元，但這群背景迥異的人明知中獎機率比遭雷擊的機率還小，卻爲什麼仍抱著發橫財的希望來花錢？

我問開 Lexus 的人要買幾張彩券。

「一百張。」他愉快地說。

即使一張一元，這還是個大數目。從外表看來，他似乎並不拮据；但話說回來，我也不缺錢，那我又何必多此一舉？問題的答案正擊中了金錢的所有優缺點。

既然中獎機率低得離譜，玩樂透基本上是個不理性的活動；任何人——無論需不需要這筆買彩券的錢——之所以選擇這麼做，多少與人類如何獲得滿足感有關。以樂透彩剖析人類的希求再適當不過了，因爲在此單一事件中，戲劇性地呈現兩個最具影響力的動機：風險與金錢。風險與未知有關，因此關係到對於新奇資訊的需求，但金錢本身卻是另一回事。發掘人會爲錢做哪些事之後，再進一步探索腦中的財務動機，滿足感的本質便出現了新的詮釋。

享樂跑步機

正因爲樂透獎得主會在一天當中產生（而不是逐漸累積財富），因此樂透最適合用來測試有關金錢立即效應的理論。最明顯的問題就是中樂透是否會讓人更快樂或更滿足？又何以證明？當然了，許多人寧可相信樂透是通往更美好生活的一扇大門，儘管要證實這點出奇困難，他們也不在乎。

一九七八年，西北大學社會心理學家布里克曼（Philip Brickman）試圖判定贏樂透彩是否能讓人更快樂，這是首次針對樂透彩得主所作的慎重研究。布里克曼與同事寇特斯（Dan Coates）、傑諾夫布曼（Ronnie Janoff-Bulman）合作，追蹤伊利諾州二十二名五萬至百萬美元彩金得主。他們向得主提出一系列問題，評估他們整體的快樂程度以及從日常娛樂中獲得的快樂程度。衡量整體的快樂程度時，他們要求得主評估自己當時有多快樂、贏得彩金前有多快樂，以及接下來幾年應該會有多快樂。至於日常娛樂的衡量，則是要求得主評估他們對七種不同活動的喜愛程度：與朋友聊天、看電視、吃早餐、聽笑話、被稱讚、看雜誌和買衣服。

布里克曼比較樂透彩得主與未贏得彩金者的反應，發現當下的快樂程度並無顯著差異。答案很清楚：中樂透沒有讓人更快樂。而且，樂透得主從七種日常活動中獲得的樂趣，大大少於其他財務狀況較差的同胞。②

光是這些發現已足以撼動社會心理學界，但布里克曼在觀察人類行為方面的傑出天賦幾乎讓他有另一番重大領悟。除了研究樂透彩得主之外，他還向經歷過同樣意外——但卻是悲慘——事件的人提出相同問題。事實上，布里克曼的疑問是：「如果遭遇和中樂透相反的事會有什麼感覺？」他想到的是那些因爲意外事故而四肢傷殘或半身不遂的男女。雖然事故傷患當下的快樂程度略低於控制組，對未來快樂的評估卻與控制組無異，而傷者與控制組在日常活動中體驗到的愉快程度也毫無差異。

彩券得主與事故傷患都同樣遭逢命運驟變，但最後也都適應了，他們的快樂程度與一開始相比，接近得令人吃驚。這是個驚人的發現，因爲似乎證明了快樂是相對的，只有在最近發生的變化中才會顯現出來。暫且不提你擁有多少，重要的是你的財務與身體等重大層面起了變化。不管變好或變壞，我們似乎都註定會適應生活上面臨的一切。布里克曼指出：「就在我們全神貫注於對某特定成就的滿足感之際，這份滿足已經逐漸淡去，最後終將被另一種冷漠與另一個層次的努力所取代。」③這種不斷適應的情形讓我們註定活在布里克曼所謂的「享樂跑步機」（Hedonic Treadmill）上，跑步機的一再循環致使我們尋求更高層次的報償，以便維持相同程度的主觀快樂感受。

公平的是關於樂透的資料並非完全負面。英國曾利用幸福感的問卷調查，研究中樂透或繼承遺產等意外之財，統計結果發現五萬英鎊（約合七萬五千美元）能使幸福感略爲但明顯地提升。由於研究中每筆意外之財都是在訪調前一年期間獲得，因此作者無法對這種幸福感提升的時間長短下任何結論。但他們仍大膽地說，從小額意外之財推測幸福感的提升可以獲得一個結論：讓最不快樂的人變成最快樂的人約需兩百萬美元。④其中一名作者在美國採用同樣方法，只不過這回比較的是金錢帶來的快樂與性愛帶來的快樂。作者群將美國人做愛頻率的數據與其收入高低、幸福感程度相結合之後作出結論，每週做愛一次所提升的幸福感大約相當於年收入增加五萬美元。⑤

組別不同，所獲得關於金錢影響幸福感的結論也不同，答案究竟爲何？另一項研究檢視了物質主義與幸福的關係，結果顯示較重視金錢的文化，幸福程度較低。就個人而言，這種反比關係也同樣成立——愈重視物質的個人就愈不快樂。⑥這點恰可解釋樂透的矛盾之處。無論收入多少，玩樂透的人似乎總比不玩的人更重視金錢。既然一開始就玩了樂透，得主就很可能比不玩樂透者更重視物質，也因此比較可能對結果感到不滿意。

哈瓦那

儘管樂透是用來衡量一夕致富的心理效應的利器，但中獎的事畢竟少有，因此我們必須另覓金錢與幸福之間的關係通則。一般預期可能會爲這些問題提供睿智解答的神經經濟界正持續壯大聲勢，有愈來愈多經濟學家與神經科學家看出了這兩門科學的價值。特別是神經經濟學有可能解決潛伏在錯誤判斷底下的精神問題。

現代的精神醫學著重於症狀，例如憂鬱、焦慮或急躁的感覺。但這些感覺都只是身爲人類的一小部份，而我從經濟學家方面得到的訊息是：做的比說的更重要。「行動勝於雄辯」這句簡單的諺語並未深入精神醫療體系，如今採行的方式除了嚴肅的口吻和大大的椅子之外，還會超級專注於分析精神上的痛苦。有多少精神科醫生知道病患離開診所之後都做些什麼？隨著神經經濟學成爲新的熱門領域，各大科學期刊的主編也大聲疾呼相關人士發表意見，我想現在正是將這門科學介紹給部份精神科學術專家同僚的時候。我在古巴獲得這樣一個機會，這也許是談論這個主題最奇怪的地方了。

雖然美國政府嚴格限制美國公民前往古巴，但外國資產管制局（Office of Foreign Assets Control, OFAC）的規定中有一條允許學者專家持「一般許可」到古巴開會。至少在理論上這個條款依然存在。就在ＯＦＡＣ重新詮釋前往古巴的資格條件前，五十名精神科醫師和神經生物學家與古巴的專家們聚在哈瓦那最豪華的國家大飯店（Hotel Nacional），進行爲期三天的會議。開會的目的原本是交換國際間對於精神疾病的生物學觀點，結果收穫卻更多。

我步下七三七客機，只見停機坪受加勒比海的日曬雨淋已破損不堪，到處還有雜草從裂縫中鑽出。有一個膚色黝黑、身材結實、髮型有如螳螂的女子前來歡迎我們。她帶領我們一行人進入一九六〇年代蘇聯風格、單調水泥建築的航廈內，來到等候區後，她自我介紹說她叫卡莉妲，是我們的導遊。當卡莉妲以帶著口音但十分流利的英語招呼我們時，另有三名武裝士兵負責監視。⑦

一小時過後，每個人的證件都處理完畢，我們很快走上哈瓦那的街道。卡莉妲一面介紹主要的文化景點：國會大樓和革命廣場，廣場上有一座紀念馬堤（José Marti）的大型方尖碑，對面則是格瓦拉（Che Guevara）的壁像，這兩人都是古巴歷史上的大人物。我們隨後沿著濱海大道（Malecón）前往飯店，主辦人員正在那裡等候我們。

濱海大道是一條寬廣的林蔭道，東西走向的弧彎綿延數哩，熱情地將佛羅里達海峽擁攬入懷。路上有 Packard、DeSoto 和 Bel Air 頂著大車尾噗噗地行駛，男性駕駛偶爾停在路中央，欣賞某個拉丁辣妹。在濱海大道另一側，宏偉的住宅緊密相連、互相支撐，以免整個濱海區像骨牌似的崩塌。裝飾藝術風的牆面如瓦礫般碎落在街道上。但儘管四下一片頹敗景象，濱海大道仍有其迷人之處——這裡是古巴人熱愛生活的典範，這份愛雖然在數十年前更加明顯，至今也依然十分熾熱。

我走進飯店的宴會廳之前，先去參拜了裝飾在走廊牆上那些褪色的黑白人像。海明威、法蘭克辛那屈、邱吉爾。宴會廳一端，古巴的科學家們擺開大陣仗地散坐著，另一端的美國人則擠在一起。雙方就像油和水一樣難以交融，而這場歡迎會則有點像高中生舞會。一位美國同事微微點了點頭，暗示我到宴會廳隔壁的酒吧。我和幾人草草握手之後，便溜開來。

他遞給我一支可喜巴（Cohiba）——這可說是古巴最上等的雪茄。

記得上一回抽雪茄，我是整晚抱著馬桶度過的。如今我又回到古巴。菸草的氣味清香，抽了一口，香甜的煙裊裊而上，室內頓時充滿淡淡的桃花心木與佛手柑的味道。只可惜我沒有時間好好享受這番新發現的樂趣，因爲晚餐時間馬上就到了。我們湧上巴士，朝 Habana Vieja（舊城）前進。

快樂與主觀的幸福

卡莉妲下了我們前面那輛巴士，陪著我和美國同事進入「El Floridita」——海明威在哈瓦那最常光顧的酒吧之一。

「大夥人呢？」我問卡莉妲。

「什麼意思？全都到齊了呀。」

「不，我是說古巴人。」

我無法理解她的表情。她正要回答時，有個滿嘴牙都掉光了的婦人打斷我們。一個六歲小女孩睜大眼睛抓住婦人的裙子。卡莉姐與婦人說了幾句話，兩人都笑起來，婦人隨後走開。

「這是怎麼回事？」我問道。

「沒什麼。她想要錢，但我跟她說了個笑話。」卡莉姐說：「你該進去了，你的朋友們已經開始入座。」

「但是其他人呢？」

卡莉姐望向街道，很輕地說：「吃過飯再說。進去吧。」

「你不一塊來？」

「不了。」

我對那一餐記憶不深，因爲我心思飛到他處去了。我們在市區的短暫行程的所見所聞，大多證明我對古巴的預期沒有錯：一個美麗的歷史港都在卡斯楚的貪腐政權下逐漸衰敗。孩子們在碎石瓦礫中玩耍，無視於自身的貧窮，但除此之外還有一樣東西是美國經過層層過濾後的新聞中未曾捕捉到的。這裡的人似乎很快樂。在濱海大道散步和走過美國街道的感覺全然不同，在此可以明顯感受到生命——生活。我先前說過，金錢讓人更容易獲得新經驗，但在這裡誰也沒有太多錢可以談論。即使有錢人變多，花錢的機會仍然有限。也許一般人普遍安貧，因此降低了缺乏機會的苦惱，但畢竟還是有貧窮的陰影，古巴人如何獲得快樂？這個問題始終困擾著我。

樂透的研究顯示財富驟增不會讓人更快樂，但如何詮釋研究結果端賴「快樂」的定義爲何。快樂如何衡量？雖然根據某經濟學理論基礎，人會作選擇以增進快樂，但經濟學家卻多半不重視這個問題。少數心理學家則認爲讓人評估自己的情緒便能衡量快樂。回答這類問題的個人必須檢視自己的感覺，過程當然主觀，因此結果便名爲主觀的幸福或主觀的快樂——視問題的設計而定。快樂與幸福的情緒和我所尋求的滿足感有微妙的差異，但彼此間至少有一重大關聯。當你覺得滿足，幸福感會增加，人也會比較快樂。因此如何衡量快樂與幸福是值得探索的議題。

一九九〇年代末期，加州大學河濱（Riverside）分校的心理學者呂波蜜絲基（Sonja Lyubomirsky）設計出一份名爲「一般快樂量表」的問卷。問卷共分四題，在各題中受訪者可依一至七的評分等級自我評估。例如，第一題爲：「一般說來，我認爲自己是個：一——很不快樂的人至七——非常快樂的人」。⑧第二題要求受訪者拿自己的快樂與同儕作比較，第三與第四題則是讓受訪者分別拿自己和樂觀者與脾氣暴躁者作比較。四項分數平均之後便是快樂的總分。美國成人平均得分五・六，量表的中間値爲四・〇。人民平均値與量表中間値之間的差異，代表大多數美國人自認爲比同儕快樂。但就數學層面而言，一半以上的人高於平均値是不可能的事。

或許美國人確實比其他人快樂，也或許美國人選擇比較的對象是那一大群其實並不存在的不快樂的外國人。關於這點確實有一些根據，我稍後會提到。還有另一個比較晦暗的可能性：美國人其實沒有比較快樂，只不過他們不願承認。又或者對快樂的期待在美國文化中已經根深蒂固（只須瞧瞧獨立宣言即可），因此每當被問到「你有多快樂？」時，我們聽到的卻是「我應該有多快樂？」於是回答時難免會隱瞞部分事實。

一般快樂量表算是相當新的發明，相對地，生活滿意度的衡量則已行之有年。伊利諾大學心理學家迪納（Ed Diener）研究主觀幸福已經長達二十餘年，他設計的生活滿意量表（satisfaction with life scale, SWLS）更被許多心理學家引用來綜合評估一個人的生活狀態。事實上，研究專家大多喜歡以生活滿意度代表主觀幸福，因爲滿意量表中提出的問題會強迫答題者綜合評估自己的生活。迪納的ＳＷＬＳ第一題爲：「大致而言，我的生活接近理想：一——非常不贊成至七——非常贊成。」第五題：「如果人生能重來，我不會作任何改變：一——非常不贊成至七——非常贊成。」⑨要注意的是這些問題引導答題者內省的性質與快樂量表不同。快樂的情緒比滿足更短暫，因此詢問是否快樂比詢問生活滿意度更容易受每日情緒波動的影響。⑩

儘管ＳＷＬＳ要求答題者脫離自身，以客觀的角度評估他的生活，我卻不敢肯定這種做法是否眞的能行。心理測驗的問題形式基本上都受限於答題者願意——向提問者與向他自己——披露的範圍。心理學家認爲要獲得這類資訊別無他法，因此對這些議題抱持樂觀態度，但多數經濟學家則以爲這些問題過於主觀而拒絕採用。

其實重點在於我們能否得知自己的感覺。我想應該可以，只是我們總是誠實以對嗎？我們知道什麼是快樂，知道什麼是滿足，而且誠如我所說，我們也知道什麼是令人滿足的經驗。在我們只願意有限度地自我坦承的前提下，ＳＷＬＳ之類的問卷大約是目前所能提出最好的問題了。從神經經濟學與腦部造影或許能衍生出某種方法，闡明這些情緒的本質。但既然我在近期內不會對古巴人進行任何掃描，那麼要想找出古巴人滿足的秘密，唯一的方法就是問卡莉姐幾個問題。

金錢與幸福

用過餐後，我們來到昔日環繞舊城的城牆遺址，沿著城牆頂上的蒙塞拉街（Monserrate）走去，我快步追上卡莉姐。同事們喝了不少雞尾酒，大聲地爲任何可能竊聽的人提供竊聽的內容。我確信我們周遭受到密切監視。主人最主要的目的似乎是避免當地人無意間與我們相遇。

卡莉姐被我纏得不勝其煩，終於說道：「你到底想知道什麼？」

「主人爲什麼沒有和我們一起用餐？」

卡莉姐看著我，揣測我的意圖，然後嘆口氣說：「因爲他們不能來。」

「爲什麼？」

「有很多觀光地點古巴人不能去。要不是爲了你們的會議，我們也不能進那家飯店。餐廳也一樣。」

「你會覺得困擾嗎？」

卡莉妲只是聳聳肩。

「你快樂嗎？」我問道。

她笑了，很眞心，卻又略帶苦澀。「我當然快樂了。」

我點點頭。

我們從一個瘦巴巴的婦人面前經過，她用乾癟的手遞出馬口鐵罐。卡莉妲朝婦人點點頭，說道：「但這個讓我不快樂。」她接著又說：「每個來到這裡的人都想知道『他』死了以後會有什麼變化。」

她甚至不提卡斯楚的名字。

「我告訴你吧，不會有任何變化。」

「絲毫不會？」

「古巴是個自豪的民族。」她說：「情況不好並不代表我們就想要你們的生活方式。那些跑到美國去的人想再回來，通常不太受歡迎。」

從她的言談聽來，我希望她是在暗示卡斯楚一死，此地會發生的是激烈的政治辯論而非軍事政變，但我不確定。儘管無人肯承認，但古巴的確正一步步邁向自由市場，或至少是自由的黑市。市面上流通著三種貨幣：美金、古巴披索與可兌換披索，後者是一種假貨幣，二〇〇四年以前只限觀光客使用。本來古巴人持有美金是違法的，到了一九九三年禁令解除，美金從非正式貨幣變成正式貨幣。由於美方下了禁令，無法使用美國銀行發行的信用卡，不過現金則是通行無阻。美金最後會流入國營銀行，然後再重新外流以供應人民所需，但古巴人的床墊底下仍藏有不少美金現鈔。若說美金是古巴經濟的基礎並不誇張。古巴的貨幣並不在外匯市場上買賣，因此當二〇〇四年卡斯楚需要更多美元時，便宣布古巴人持有的美元將自動兌換成披索，並收取一成的手續費。

「你賺多少錢？」我問道。

卡莉妲瞪著我，思忖該如何回答。「你知道的。」她說。

「我不知道。」

「這有什麼關係呢？」

可能大有關係，針對財富與主觀幸福之間關聯的研究如此顯示。但我已逼她太甚，立刻對自己的冒昧感到後悔，便只是聳聳肩。

卡莉妲嘆了口氣，說道：「我賺的錢比我妹妹多。我妹妹是醫生。」

「怎麼可能？」

「我運氣好，工作與觀光有關。小費頗豐。所以我還能幫助家人。」

馬克思主義畢竟還是有代價，於是我問道：「你有任何財產嗎？有人擁有財產嗎？」

卡莉妲又笑著說：「我腳上這雙鞋是我的財產。」

注重隱私的她不肯透露任何私生活細節，我也沒有進一步刺探，但她對問題的閃避已經透露足夠的訊息。我始終未曾得知她賺多少錢，只知道導遊賺得比醫生多。令我感興趣的不是古巴社會對各行各業的評價，而是即使本地的人也以金錢評斷一個人的社會地位。

這應該不出人意外，因爲金錢的影響絕不只限於購買力。一九九五年，迪納比較了五十五個國家所作的幸福感調查數據，從第三世界到工業化國家都包含在內，古巴也不例外。迪納想知道幸福感與國家哪些特徵——社會、經濟或政治——有關。其中主觀幸福感最強烈的是冰島，最低的是多明尼加共和國。美國排名第七，而古巴恰巧位於正中央，第二十七名。迪納觀察的因素包括國民年平均所得、購買力、文化的個人主義（相對於集體主義)，甚至於社會比較的衡量(比較某國家與其鄰國的貧富差距)。⑪

毫無例外地，較高收入關係到較大的主觀幸福感，收入也與個人主義、人權及社會平等有關。事實上，在各國幸福感的變異因素當中，上述四個因素幾乎佔了七成五。雖然較高的收入能增進幸福感，卻不一定是因為能用錢買到什麼。此外，與較高收入相關的社會因素——諸如人權與民主政治體系等——也同樣能提升幸福感。依此看來，收入低、公民權力與個人主義皆不彰的古巴似乎更顯異常。

當然，全國性的民調只是粗略衡量社會因素與幸福感之間關係的方法之一。若想了解生活在極權國家、收入不豐的卡莉妲為何快樂，還需要一項訊息。全國性民調有一項變數可以突顯收入在一個國內的影響。只要將有關社會的因素保持不變，便能看出收入對幸福感的影響。過去十年來已有十來個研究這麼做過，結果都十分一致。食物與住宿的基本需求一旦滿足，收入與幸福感的相關性便不大，其中變異數為一至五個百分比。⑫雖然就美國的標準卡莉妲是窮人，但是她的基本需求獲得了滿足，理論上古巴政府為所有國人提供了食物、住宿、醫療與教育。然而實際上幾乎每個人都兼差賺取美金，並購買國家未曾提供的東西。即便如此，卡莉妲也和其他所有人一樣，擁有極少現金。當你生存的能力獲得保障，即使是最基礎的保障，收入微薄的事實便不再那麼重要，而你爲什麼做現在做的事反而變得重要。卡莉妲的快樂似乎來自她所做的事。以古巴生活的諸多限制看來，她從事的可能是最好的工作之一，因爲她每星期都能接觸不同的人——這或許最能闡明人類對新奇的需求。

價值與效益

樂透研究以及快樂與幸福的民調數據都指向同一結論：金錢會讓人快樂一些，但不如一般預期的多。從金錢獲得的樂趣似乎不在於用錢買來的物質。金錢或許能讓人更容易得到滿足的經驗，但根據我在古巴所見，要得到滿足的經驗卻不一定需要金錢。向我這樣的外國人介紹哈瓦那便是卡莉妲的最大樂趣。如果錢不像一般人說得那麼好，爲什麼大家又如此在乎？有人認爲錢是主要的地位象徵，你怎麼花錢就等於爲你的財富作宣傳。⑬地位很重要，但我以爲有關金錢以及金錢如何滿足腦對新奇的需求，還有更重要的一面。

要想了解金錢與新奇的關係，就應該對經濟科學有所涉獵。經濟學是一個分析金錢所能提供與未能提供的滿足感的理論，這個理論與心理學不同。誠如我先前所說，經濟學家不會直接討論快樂與幸福，他們談的是「效益」（utility）。英國哲學家邊沁（Jeremy Bentham）提出效益原則：

> 所謂效益指的是任何物體都具有的一種特性，亦即製造益處、優勢、樂趣、美好或快樂……或是避免麻煩、痛苦、弊害或不幸的發生。⑭

由於我們察覺到價值與效益不同，因而開啓了經濟學這門科學。再回到樂透：中獎機率約爲一億分之一。每期累積彩金一般是兩億美元，支付總額大約一半，即一億美元。一張彩券的價值很容易便能計算出來：中獎機率乘以可贏得的金額。這便是所謂的「期望值」，而此例中的期望值爲一美元。⑮既然彩券售價也是一美元，一般說來這根本是一樁沖洗交易。然而，累積獎金多半都少得多，而中獎機率則維持不變。於是一張彩券的期望值便遠低於一美元，這不得不令人質疑：爲什麼有人要花冤枉錢？

十八世紀瑞士數學家白努利（Daniel Bernoulli）在一七三八年提出一份極具影響力的

報告，其中探討的正是這個問題。白努利認知到人作決定的依據不是期望值而是效益，也就是他希望獲得的好處。價值取決於價格，但效益卻是主觀的，由各個消費者自行定義。⑯問題只有一個：效益無法直接衡量。邊沁對效益下的定義只是證實一個明顯的事實：當你談到快樂或幸福時，每個人都明白你的意思，但我們完全不知道如何將兩者量化。因此，白努利的觀念在二十世紀以前普遍受到忽視，或許並不令人意外。

今天的經濟學家利用效益來為人的喜好分級。例如，如果你喜歡香蕉甚於柳橙，就可以說香蕉對你的效益比柳橙更高。這似乎是個循環的觀念，因為效益只是用來描述人作選擇的方法，而就定義而言，人的選擇也決定了選擇的效益。在以上的例子中，倘若認定香蕉帶給你的快樂比柳橙多就錯了。你之所以在特定時間選擇香蕉而非柳橙，可能有許多原因。即使形式有限，效益仍提供了一個穩定的框架，讓經濟學家得以了解人如何作出購物的決定。效益聯繫著腦對新奇的需求，這點我稍後會加以說明。

先前我提到樂透的部分魅力來自冒險的元素。一九四〇年代，數學家摩根斯坦（Oskar Morgenstern）與馮諾曼（John von Neumann）證明風險如何成為影響人類決定——尤其是樂透之類的事件——的因素之一，為效益理論打了一劑強心針。摩根斯坦與馮諾曼雖然不認為效益是真實的情緒，卻假設人在作決定時一定會考慮到如何獲得最大效益。他們寫了一篇論文，裡面充滿當時大多數經濟學家聞所未聞的公式，論文證明只要假定人會努力將自己「期望」獲得的效益最大化，就能了解他們的決定——特別是涉及風險的決定，兩位數學家解釋道。⑰

何謂風險？任何決定只要有失敗的可能，就有風險。買樂透便代表一種風險。如果你能像我分析樂透一般算出成敗的機率，你面臨的就是客觀的風險。如果不能量化機率，則是主觀的風險。⑱白努利說明效益理論時提到了客觀風險，這種風險也正是摩根斯坦與馮諾曼決策理論的基礎。

風險的概念與金錢所能買到的經驗或許看似不相關，但事實上風險與金錢總是密不可分。就許多方面而言，金錢會降低風險。當我們想到金錢的用途時，經常將購物視為若非必要便是奢侈的行為。想想以下這個難題：「你很想買那雙五百美元的鞋，但還得繳房租。」你可能會買下鞋子，心想稍後應該能湊到房租，但這也伴隨著一定程度的風險。下跌風險——遭驅逐——恐怕是棘手的問題。你每天都要面對這種抉擇，這是現實的人生。有些人會買鞋，有些人則較為謹慎。不過，我的用意並非評斷哪個決定比較明智。你明天可能出車禍，那麼接下來的二十四小時內，腳上若能有雙閃亮動人的鞋子應該會比較快樂。無論用什麼邏輯，作決定時總有風險的成分——不管是籌到房租、被趕出門或是被車輾斃的可能性。

有一小部分人根本很難得考慮要不要買鞋。生活貧困的人幾乎連肚子都塡不飽，不可能去考慮這種事。而富有的人喜歡哪雙鞋子就直接買了，也不會考慮。只有中間階層的人會爲這些決定掙扎。當然，窮人面對的某些問題大概更難作決定，富人則苦惱於如何以最有利的方式花錢、投資或捐贈。你不妨留意一下，不同階層的人的難題差異何其大。窮人的決定關係著基本需求；中產階級面臨的決定雖然無須放棄必需品，卻也可能產生焦慮；至於富人的決定多半直接繞著錢打轉，與購買物品無關。

購買可能性

即使金錢沒有爲你買到閃避決定的權利，卻有更好的作用——爲你買到了可能性。收入層級愈高，可能辦到的事愈多，世界的大門從此敞開。在此同時，錢財方面的決定也變得愈來愈抽象，愈來愈和你買的商品無關，到最後只剩關於金錢本身的決定。

金錢的問題有一部分在於它自己本身產生不了任何作用，至少在滿足感方面是如此。一張十美元的鈔票說到底也不過就是美國政府承諾清償債款的一張紙。但十美元能讓你吃一頓鬆餅早餐（就像我和蒙塔格吃的那種），或者看一場首輪電影（只要不在曼哈頓，也不買爆米花），或者買一本二手書。十美元能讓你在早餐桌前享受三十分鐘的滿足，在電影院逃避現實兩個小時，也能讓你抱著一本好書享受二十個小時至高無上的幸福，全看你自己如何選擇。傳統經濟理論主張金錢的價值只在於使用者能用它換取什麼，但其實整件事還有更深一層，與腦對新奇的需求有關。

腦想要新奇，金錢雖不是滿足這個慾望的唯一方法，卻能讓事情變得容易。人最熱切追求的經驗當中，有許多都要花錢——例如出國度假或上五星級餐廳——而金錢除了能提供直接交易的價值外，甚至可能還有一個附加價值。我稱之為幻想價值，這便是人們玩樂透的一項重大因素。金錢就像可購物品的一種替代符號，因而成了通往滿足感的中繼站。給我一張十元鈔票，我便同時看到鬆餅、電影和小說，身處這種充滿可能性的狀態中確實有某種程度的樂趣。只要不忘記滿足的目標，這種情形是再好不過了。但滿足的經驗模糊，而金錢卻很具體，自然比較容易成為瞄準的目標。能夠計算的東西，就知道目標是否達成了。

想想看五分錢能買到什麼？一塊泡泡糖吧——如果有得買的話。再想想看五美元能買到什麼？一頓便宜的午餐、一杯昂貴的咖啡、幾雙襪子、數加崙汽油。若有五百美元，能買到一百倍以上這些東西；或者也可以買電腦、電視、給孩子的幾件高級童裝、一張幾乎可以飛往世界各地的單程機票，等等、等等。以上三種貨幣價值的差距雖爲百倍，但每個金額所能運用的可能性卻成指數成長。五百美元能買到的東西比五美元多出一千倍，甚至可能一百萬倍，總之比一百倍多得多。金錢之所以誘人就在於它所能購買的可能性，而非實質的商品。當選擇項目增加，風險確實會減少。財務經理人稱之爲分散投資，而我們的腦似乎天生便具有這項偏好。一般人總喜歡有更多選擇。[19]

金錢提供的選項其實就是讓你獲得更多關於世界的資訊。誠如我先前所說，腦眞正想要的是新奇，而金錢則是達此目的最有效的手段。即使不花錢，光是有錢就表示有機會體驗原本不可能體驗的事物，並進而讓你得以考慮你的選擇。[20]然而，我卻即將發現儘管金錢能購買可能性，卻不是獲得這類自由的唯一方法。

我在上面的例子裡之所以挑那三個金額，理由很簡單。一個人能買的東西大多值不了五百美元。想想有哪些東西（包括非物質性的金錢使用——即經濟學家所謂的服務）價值不到五百美元。再想想有哪些東西價值超過五百。前者的清單較長。如果再推到極致，我們會發現價值超過一億美元的東西少之又少。

金錢的效益根植於使用性的多寡，但增加金錢數量卻是愚人的遊戲。既然你想買的東西基本上都不貴，增加金錢供應量的好處自然也有限。假如你買得起電腦或電視——兩者大約都在五百美元左右——便已經達到購買力的巔峰。

白努利知道金錢的效益遞減，卻從未加以解釋。㉑一九七〇年代，心理學家卡恩曼（Daniel Kahneman）與特佛斯基（Amos Tversky）證實白努利忽略了人類金錢觀的一個重要層面。他們指出，人不是從絕對財富的角度而是從現況的得失來看待金錢，而且損失金錢的痛苦比賺取相同金額的快樂更令人難以承受。卡恩曼與特佛斯基稱這種觀念爲「展望理論」，該理論主要藉由觀察人們願意玩哪種樂透而發展成形。㉒

爲什麼損失的後果就該比收穫嚴重？我想原因在於全世界所有商品與服務的分配方式。你一旦有了足夠的錢，有潛力買下任何低於五百美元的東西，那麼增加金錢數量就等於增加了可能性——只不過比例遞減。相反地，如果你損失同一筆錢，你喪失的可能性會比賺取同額金錢所獲得的更多。試想損失五百美元的滋味——比方說小車禍造成的損失或意外收到的繳稅通知。你很可能會想到自己再也無法用這筆錢買的東西（如電視或電腦）。正因爲有這種念頭，所以愈有錢的人愈不願意冒險。有錢人的生活中，損失的可能性大於收穫。

經濟學家不喜歡這個觀念。傳統經濟理論認爲消費者有能力根據預期效益確定自身的喜好，而非如我方才所說，只想到能用錢買到什麼東西。但要我判斷高畫質電視與夏威夷機票（兩者價值相當）何者效益較大實非易事，而與我同感的想必大有人在。

有些事實證明人確實重視選擇，這與大多數經濟學家的觀點相反。匹茲堡卡內基美隆（Carnegie Mellon）大學的心理學者魯文斯坦（George Loewenstein）在一個極具創意的研究中，檢視萬聖節時玩「不給糖就搗蛋」的孩子們的選擇。一九九三年萬聖節當天，他爲來到他位於匹茲堡住家的孩子準備了一大堆糖果，告訴他們每個人可以挑兩個。所有人都挑了兩種不同的糖果。這麼說吧，每個人都有自己最喜愛的糖果——不管是「士力架」、「銀河」或「三劍客」——如果想讓自己未來食用的預期效益達到最高，就應該兩個都選自己最喜愛的。這種行爲並不僅限於小孩，大學生也一樣。㉓

如果人明顯希望擁有更多錢不只是爲了增加實質物品，還爲了增加可能性，這個觀念也解釋了爲什麼花錢的滿足感可能不如預期。購買某樣東西等於關閉了其他的可能性。在購買的行動當中，你失去可能獲得的資訊，心理學家稱之爲後悔。我們作決定時一眼看著期望的結果，一眼看著可能的結果（通常稱爲「對照假設」），㉔於是作出的決定便有一部分是因爲期望能避免後悔。正因爲我們必須同時考慮到這筆錢可以買其他哪些東西，才會產生「買者的懊悔心理」——亦即自責不該花這麼多錢的消沉感覺。

這個論點的邏輯導致兩個出人意料的結論。第一，若有足夠的錢滿足基本需求，並剩下一些現金可供隨意的小額花用，那麼擁有更多錢只會讓每一塊錢的可能性變少而非增加。其次，一旦你賺了夠多的錢可供隨意使用，你應該不會花它。有所選擇是好事，因此喪失選擇——當你花錢的時候——便是壞事。

假如經濟學家不喜歡「人計算的其實不是預期效益而是可購物品」的說法，那麼我剛才所說恐怕更讓他們覺得愚蠢。經濟學家們會指出一項事實：人們拼命賺錢就是爲了把錢花在更大、更時髦的事物上。但我心上的疑問不在於大多數人怎麼花錢，而是爲什麼錢不能持續增進大多數人的幸福。答案就在於你如何賺錢。

金錢與腦

到達古巴的次日，我要發表三十分鐘關於腦部造影的演說。古巴專家當然也知道fMRI，只是缺乏實際操作的設備。因此，我沒有深入探討fMRI的技術細節，反而討論起我實驗室裡一名研究生最近針對金錢對腦的重要性所作的研究。

人類心理實驗的裡外都以金錢作爲標準報償。我的研究人員進行fMRI實驗，會付錢給撥空參與的人。多年來已經累積出許許多多有關志願者酬勞的規定。三十年前，志願者只是爲科技的進步盡一份心力，但現在的人都很忙碌，也可能疲憊不堪，因此必須提供原動力。要付給他們多少錢？由人類實驗發展出來的倫理準則規定，付給個人的金額必須只限於彌補其時間損失，而不該多到迫使某些人勉強志願參與，否則將會產生不公平現象，使得低收入者暴露於實驗的風險中。這些規定致使金錢影響力的研究進行起來格外困難。雖然偶有例外，但fMRI實驗的酬勞大多介於二十至五十美元——以一兩個小時而言，還算是不錯的酬勞，但通常卻不足以讓大學校區附近的人產生興趣。

即使酬勞金額不大，仍有許多fMRI實驗結果將腦部處理金錢的關鍵構造指向紋狀體。把錢給掃描儀內的人並不難，只須以動作示意已將一定金額存入虛擬的小豬撲滿。雖然錢不在此人手上，算不上即時的報償，但相去不遠。

二〇〇一年，納森（Brian Knutson）——當時是美國國家衛生院的神經科學家，後來服務於史丹佛大學——利用電腦螢幕讓接受fMRI掃描的受試者看一個符號。符號都很簡單：圓圈代表可能獲得的金錢報償，方形代表可能的損失，三角形代表沒有錢。每個圖形中都有橫線，代表可能獲得或損失的金額。線愈多，攸關的金額也愈多。這些圖形只出現四分之一秒，圖形消失後，受試者必須等候下一個圖形出現在電腦上，然後在規定時間內按下按鈕。受試者按按鈕的時間夠快的話，便能得到那筆錢（如果圖形爲方形，則可避免損失那筆錢）。

研究的重點主要放在實驗最初的提示與接下來目標出現之間這段等候期間，腦部的變化。納森發現紋狀體最底層部分——依核（nucleus accumbens）——對於金錢報償的預期有強烈反應；這個區塊顯然與處理可能獲利的預期有關。位於依核上方約一公分處的紋狀體另一區塊對於可能獲利與可能損失的預期都有反應。㉕紋狀體哪個部位能區別可能的獲利與損失，便成了熱門的討論話題。許多科學家認爲最下方部位（依核）只對正面預期有反應。若是如此，依核就是腦的享樂中樞，但事實並非如此。

依核對於快樂的事件，甚至對於預測未來快樂的事件確實有反應——若是考慮到行爲在預期有金錢收穫時所扮演的角色，後者便是十分重要的線索。在我和蒙塔格進行的研究中，Kool-Aid 令人感到快樂，但同時也是作某個動作——呑嚥——的信號。區隔這兩個構成報償的要素——快樂與行動——並不容易，後者有時還會因爲報償本身較性感且情緒性的一面而受到忽略。

在眞實世界裡，行動與報償是不可分的。好東西不會從天而降，你得主動去尋找。神經科學家並非沒有注意到行動與報償之間的密切關係，只不過選擇研究的人寥寥可數。其中部分原因源自於過去七十年來，古典學習理論始終稱霸心理學界。因爲學習理論專家將注意力集中在刺激-反應的關係上（例如搖鈴聲會導致帕夫洛夫的狗分泌唾液），報償的研究便侷限於實驗室所能控制的範圍。七十年前，古典學習理論開啓了學習之外還包括動機的系統性研究；然而，最近有些科學家卻質疑：動物和人眞正吸收到關於眞實世界——亦即刺激與報償有時並不明顯的世界——資訊的方式，眞與古典學習理論有關嗎？

根據另一個報償理論主張，每當動物受到環境刺激——無論好壞——而改變行為時，就會釋放多巴胺進入紋狀體。這種報償觀點與「報償等同快樂」理論截然不同。㉖的確，促使腦釋放多巴胺的多半都是令人快樂的事物——如食物與性愛，這表示多巴胺扮演著快樂化學物質的角色。但就連這種解釋都過於簡單。不能只因為令人快樂的事物會釋放多巴胺，就斷定這是唯一會釋放多巴胺的事物。意外的聲響與電擊以及其他一系列令人不快的事件也都會釋放多巴胺，因而致使幾位神經科學家重新思考報償的本質。

為金錢工作

用這種方式思考金錢可能會讓你的大腦抽筋。金錢能帶來動力是因為你知道它能買到快樂嗎？或者金錢的效益來自其象徵的重要性——代表著無數可以用錢完成的事？我想應該是後者，因為如果在我面前擺一張百元鈔，我不會因而快樂。我也許會享用一餐美食，以錢換取快樂，但我也可能用來繳稅而以錢換取不快樂。這兩個例子的共通點在於：錢是因為潛在的可能性而重要。

由於金錢是抽象的報償，可能象徵無數潛在的用途，因此我始終沒有利用掃描儀研究過——至少在我實驗室一名研究生辛珂（Cary Zink）接受挑戰之前沒有。

辛珂設計了一個精巧、簡單的 fMRI 實驗來測試金錢的重要性。如果金錢的效益來自其現金價值，那麼你是否努力賺取並無差別。十美元就是十美元，不論是工作一小時賺來的或中樂透都一樣。如果金錢的花費或享用與其來源無關，那麼當一個人「收到」一筆錢時，無論這筆錢是如何取得應該都不會影響紋狀體的反應。

辛珂在實驗中讓志願者透過電腦螢幕看一系列圖形。每當出現三角形，他們就得按下某個按鍵——這麼做只是爲了讓受試者將注意力集中於螢幕。偶爾，螢幕中央會出現一張一元鈔票，表示這筆錢即將存入受試者的「銀行」。在一個實驗裡，錢會自動存入，但在另一個實驗，受試者卻得按按鈕才能將它轉入銀行。儘管按按鈕只是個小動作，卻具備工作的特性，這項工作讓紋狀體在獲得金錢時的反應大不相同。主動工作獲取金錢報償要比被動獲取金錢引發更多紋狀體活動。㉗

即使按按鈕這般微不足道的動作對紋狀體的影響都要比免費贈送來得大。不管做什麼，只要能讓紋狀體活動，哪怕只是一點點都是好的。辛苦收穫的果實最甜美，這點令人驚訝嗎？由此可見，報償主要在於行動而非收益——至少腦反映的情形如此。當然，以努力工作爲樂是美國人根深蒂固的工作倫理㉘，但當我們了解到完成工作賺取金錢能大大提升金錢帶來的樂趣時，等於徹底推翻經濟學一個基本教義：工作是負面，金錢是正面。㉙我認爲恰好相反。腦並不想賦閒，而工作正是保持身心忙碌的最佳方式之一。若能選擇的話，即便是老鼠也寧可工作賺取食物而不願平白獲利。㉚

我的古巴聽眾們板著臉孔的表情讓我有點擔心。理論上，我剛剛針對工作所概述的思考方式應該和馬克思列寧的共產主義不謀而合——也難怪古巴人在迪納的國際幸福民調中得分異常地高。但從我的聽眾身上顯然感受不到這點。沒有任何古巴成員提出任何問題。我擔心他們不同意我的研究結果，卻又礙於禮貌不便直說。

當天晚上，我最後一次見到卡莉妲。

「你的演說還順利嗎？」她問道。

我描述了她的同胞的反應。

「別擔心。他們大多數都是黨員，反正他們也不會公開發表任何意見。」她遞給我一張紙說：「如果你想找眞正喜歡自己工作的人，就去找這些人吧。」

那是美景俱樂部（Buena Vista Social Club）的宣傳單。

「美景俱樂部」名稱來自哈瓦那一個早已沒落的爵士俱樂部，如今可說是古巴國內最勤奮的樂團。七十七歲的飛列（Ibrahim Ferrer），嗓音依舊清亮、純粹，令年紀小他三分之二的人也不得不汗顏；九十七歲的塞康多（Compay Segundo）搭配飛列合音與切分的默契，無人能及。這些非洲古巴爵士樂界的重量級人物原本不爲世人所知，直到一九九六年，美國音樂人庫德（Ry Cooder）爲他們錄音之後才一炮而紅。兩千年，飛列獲頒拉丁葛萊美獎的最佳演唱新人獎。[31]

「他們今晚會到你下榻的飯店表演。」卡莉妲說：「我建議你去聽聽。」

「謝謝，我會的。」

我還想再說點什麼，卻已經無話可說。我很感激她的坦白。卡莉妲在我雙頰各親一下，說：「再見。」

她對「美景俱樂部」的評語沒有錯。樂團一開場就是經典歌曲「強強」（Chan Chan）——關於歡妮塔（Juanita）與強強這對戀人熱情不息的零散故事。他二人在甘蔗園中幹活，然後在細沙灘上散步的對比非常強烈，整首歌以這樣的氛圍持續著，也解釋了他們下工後筋疲力盡之餘，如何還有精力在蔗葉間做愛。

我又燃起一支雪茄，陶醉在煙霧與音樂中，像這種一生難得一次的際遇一旦發生就該立刻把握。令我難過的是我知道自己可能永遠沒有機會再回古巴，當然也不可能再看到這些古巴爵士大師在他們自己的家鄉表演。

「美景俱樂部」演奏音樂是因爲團員們喜歡音樂，也喜歡讓其他人喜歡音樂——關於以工作本身作爲報償，這是我所能想到最好的描述。我相信即使到現在，這些歌手的生活都可能比我辛苦。俱樂部當晚向百來人收取的二十美元服務費，大多沒有進他們口袋，而是直接收進國庫。

表演過後，塞康多站在舞台旁邊，目送賓客——多半是歐洲人、墨西哥人與南美洲人——離開，個個都急著趕回房去。我走上前去與他握手。他伸出另一隻手，緊緊將我的手合握住。

我露出微笑。他說：「謝謝。」

這無關金錢，而是你做了什麼。

3 啊哈——費解的滿足

如果擁有金錢的滿足感來自於賺錢時做的工作，那麼義務工作又如何呢？你做的事很可能多半和酬勞無關，多少是爲了吸取經驗。嗜好便是其中一項，而最受歡迎的嗜好則莫過於塡字遊戲，有不少人認爲這是全世界最熱門的遊戲。我喜歡高明的塡字遊戲，通常也能解答《紐約時報》每週三以前的字謎①——由此看來，以我的技巧想參加全美塡字遊戲大賽其實還差得遠。然而，要找出智力挑戰中滿足感的來源，這項大賽倒提供一個理想的試驗場。雖然參賽不限資格，但有些參賽者是專業人士。眞的。甚至有人以塡字遊戲維生，加上第一名可贏得四千美元獎金，我面對的是一場激烈競爭。

眼看著五百人湧進康乃狄克州斯坦福（Stamford）一家飯店的宴會廳，就像回到昔日參加SAT考試的場景。宴會廳內排滿一列列座位，座位之間以一呎高的隔板隔開。坐在我對面的人拿出一堆自動鉛筆，沿著桌緣整齊排列。此時的我意識到自己未能遵守第一條試驗守則——準備充足的書寫備用工具——便開始咬起我手中唯一的飯店紀念鉛筆，咬著咬著才想到這支筆是我當天稍早在飯店大廳撿到的。

我對面那人探過隔板，仔細地打量我，無疑是在衡量對手。他說他叫雷威，是東西兩岸的電腦顧問，自認爲是標準的填字迷。「第一次嗎？」他問道。他很快往左瞥一眼，輕聲說：「想不想學個小撇步？」

我期待地點點頭。

「e要小寫。」

我覺得他在測試我，看我是不是扮豬吃老虎。我困惑地瞄他一眼，這已足以使他安心。他解釋道：「e小寫比大寫快得多。」爲了強調自己的論點，他在空中寫了個e，又說：「喏，一筆寫完可以節省一秒。因爲e是最常用的字母，一個填字遊戲就能節省好幾秒。」

這次大賽是第二十七屆，由《紐約時報》填字遊戲主編蕭茲（Will Shortz）籌辦。大賽規定每名參賽者必須在兩天內挑戰七個填字遊戲。每個遊戲都有時間限制，從最簡單的十五分鐘到最困難的四十五分鐘。每答對一題可得十分，若一整個填字遊戲全部答對，可另加一百五十分。如果提前完成，每提早一分鐘可加二十五分。

「正確性比較重要還是速度？」我問道。

坐在我旁邊的是來自佛蒙特州斯托的音樂家兼法學教授莫頓，此時插嘴道：「正確性。」

「我不同意。」雷威反駁：「你得假設自己不會犯錯。要盡力爭取時間加分。」莫頓聳聳肩說：「只要犯一個錯，就會失去兩個答案和額外的一百五十分，這可是相當於七分鐘的時間加分。」

蕭茲一邊發下第一個遊戲一邊解釋規則。大大的數位計時器上顯示十五：〇〇——第一個也是最簡單的填字遊戲時限。當參賽者開始撫弄擺在眼前、面向下的字謎紙張角落，試圖以最巧妙的手法翻轉紙張之際，宴會廳上空漂浮著一片煙霧，並夾雜著萬寶路香菸與 Shalimar 香水的刺鼻味道。每個人都拿到紙張後，蕭茲喊：「開始！」五百人同時將紙翻面，廳內只聽到鉛筆的沙沙聲。

儘管感覺希望渺茫，空氣中那股興奮還是激發了我的鬥志。我一看到1—橫的提示：「吝嗇鬼」，五個字母，心便涼了一截。我畏縮地再看1—直的提示。仍毫無頭緒。我不禁緊張起來，塡字方格也開始變得模糊。

集中精神。

我深吸一口氣，然後掃描尋找能引發共鳴的線索。在右上角16—橫的提示是：「加州，——亞托」。有了，帕羅亞托（Palo Alto）。我從此著手，將方格一一塡入。繼續努力。我正開始覺得得心應手，已經有人舉手表示完成。我瞄瞄時鐘。才過了三分鐘。該死。雷威也舉手了。我更加專注地塡字，試圖阻隔愈來愈多人魚貫走向大廳所發出的聲音。時間到了，我只完成三分之二。

解謎遊戲：歷史簡介

我選擇檢視塡字遊戲，因爲這是時下最熱門的解謎遊戲，但一般說來，至少從人類最早的著作出現開始，便一直有解謎遊戲存在。原因很簡單：解謎遊戲滿足了人類挑戰智力的獨特需求。謎題必須巧妙，不能太簡單也不能太難。無論何種類型，高明的解謎遊戲就是藝術品，能攫獲人心，能將注意力從其他活動轉移，能讓人在閒暇時刻全神貫注，不找出答案絕不罷手，而這一切似乎完全只靠思考的力量。由於解謎遊戲大半以設計者命名，解開謎底就等於向自己也向他人證明自己足以與謎題設計者匹敵，進而滿足競爭的慾望。

雖然可以推測出解謎遊戲已經存在數千年，其歷史本身卻仍是個謎。猜謎語很可能是最早的遊戲形式。在巴比倫文本記載中可以找到最古老的謎語文獻——例如：「誰沒有受孕卻懷孕，沒有進食卻變胖？」②

古希臘人深愛解謎，最著名的當然就是司芬克斯之謎。我們今天看到的謎語是由索弗克里斯（Sophocles）記錄，約於西元前四二五年首度出現在他的劇作《伊底帕斯王》中。根據故事敘述，底比斯城受到司芬克斯的恐怖統治，那是一頭獅身人面的雙翼怪獸。索弗克里斯從未提到謎語內容，但在當時的希臘應該衆所週知，因爲自西元前六世紀起，文本中便有片片段段的記錄。稍後有文本記錄該謎題爲「什麼動物早上有四隻腳，中午兩隻腳，晚上三隻腳？」③這個謎語簡單易懂，應該是爲了戲劇效果而加入故事，而且很可能是根據索弗克里斯的原始版本。④若非伊底帕斯王弒父娶母的完美諷刺（一切都要追溯到他解開謎題那一刻），我們可能也不會如此了然於心。

「司芬克斯」也是英國最偉大的謎題專家杜登尼（Henry Ernest Dudeney，一八五七～一九三〇）的化名，他創造謎題的時間正巧是英國謎題設計的復興時代，這個時期始於卡羅（Lewis Carroll）的文字遊戲，演變至今的塡字遊戲依舊大受歡迎。

杜登尼的謎題陳述可能很簡單，但即使當他說出答案，仍足以令人焦躁不安，像提姆金斯太太的年紀便是一例：「提姆金斯夫妻於十八年前結婚時，提姆金斯先生的年紀是妻子的三倍，如今他的年紀卻只有妻子的兩倍，那麼提姆金斯太太結婚時幾歲？」⑤杜登尼的難題讓解題者必須以打破傳統的方式來看待謎題。第一次解開杜登尼的謎題，當所有元素一一到位，謎底已然呼之欲出之際，絕對會令人有「啊哈」的驚喜感。怎能有人不著迷於解謎呢？那份驚喜的感覺也許就是腦中充滿多巴胺的感覺。

蕭茲曾嘆息：解謎遊戲已經失去昔日的尊榮光環。他很可能想到杜登尼的時代。蕭茲寫道，解謎遊戲或許是種消遣，卻是智力的消遣，應該與其他智力活動並駕齊驅。⑥問題有一部分出在謎題多半設計不良，尤其是多數人能解答的基礎謎題。一般人普遍覺得解謎遊戲基本上是孩子的娛樂，我想這是因爲太缺乏巧妙的難題。

現代第一個塡字遊戲出現在一九一三年十二月二十一日星期日出刊的《紐約世界報》，由記者韋恩（Arthur Wynne）發明，定名爲「文字十字架」，格式呈菱形，中間空了個洞。塡字遊戲愈來愈受歡迎，直到一九二一年佩瑟畢姬（Margaret Petherbridge）擔任《世界報》解謎單元的編輯，終於爆紅。當被問及塡字遊戲爲何如此受歡迎，佩瑟畢姬給了三個理由：「這是有說話能力的物種對語言共同抱持的迷戀；自我教育；殺時間。」⑦佩瑟畢姬（即後來的法拉〔Farrar〕夫人）比誰都更認眞爲塡字遊戲設定規則，並要求設計者達到一定程度的美學品質。美學對於提升塡字遊戲受歡迎的程度有莫大助益。在諸多革新中，她特別要求謎題必須具備旋轉對稱性，並且環環相扣——不能有孤立不連貫的字。

好奇心會害死貓——滿足感卻能讓貓死而復生

好奇心證明了腦需要智力方面的新奇感。歷代以來，好奇心多半不像今日這般被視爲優點。⑧西元三九七年，聖奧古斯丁以以下這段文字將好奇心形容爲「眼的貪慾」：

> 除了包含所有感覺與歡樂的肉慾之外……還有某種無益而奇怪的慾望，假知識與學習之名，非令肉體享樂而是以肉體進行實驗。根源在於求知慾，而視覺爲求知之主要感官，神稱之爲眼的貪慾。⑨

好奇心似乎總是與快樂密不可分，在聖奧古斯丁眼中，好奇心明顯象徵著歡樂的強大力量。就連十八世紀主張功利主義的邊沁都認爲，「新奇的樂趣以及滿足好奇心之後的快樂」是人類行爲的重要動力因素之一。⑩就因爲好奇心與快樂——尤其是性愛之樂——脫不了關係，直到一個世紀後雖仍不被讚賞，卻也終於成爲人們可以接受、科學界也認爲值得研究的一項特質。

聖奧古斯丁與邊沁都認爲好奇心與生理喚起有關，但直到十九世紀，德國心理學之父馮特（Wilhelm Wundt）才發現輕微的生理喚起雖然可視爲愉快，太強烈的喚起卻會產生不快。這個發現讓他推論喚起與快樂之間的關係呈倒U型曲線——其間中庸程度的喚起最令人快樂。儘管馮特未提到好奇心，他的發現卻暗示輕微程度的好奇（如解謎時的那種）導致輕微程度的喚起，也因此導致快樂或至少某種滿足感。

一九五〇年代，加拿大心理學家柏林（Daniel Berlyne）再次發現馮特曲線，並將好奇心與喚起連結起來，使得好奇心正式進入心理學研究領域。柏林登場之際正值電訊革命時代，便將夏農的資訊理論應用於美學研究。柏林認爲一件事愈複雜，愈能將人喚起。此概念對照馮特曲線之後顯示，中等程度的複雜性應該最令人感到愉快。⑪

柏林的方向是正確的。沒有人喜歡盯著牆壁看，但凌亂複雜的東西——如電視斷訊後的雜訊——同樣也不有趣。人的確喜歡中等複雜程度的腦力活動——就像情節錯綜複雜卻又不過於複雜的小說——不過與我們緊密相連的複雜性並不僅止於實質物體。你的生活節奏確立在你如何讓世界的複雜變得井井有條（或雜亂無章）。例如，通常最令人愉快的工作都要帶點新奇，但又不會因過度新奇而造成壓力。⑫這種對秩序的期望照樣點出了人需要預測世界如何運作。我們想要了解，而解謎恰巧多方面符合這項需求。這類遊戲硬是將一些無法預測（我能解開謎底嗎？）又新奇的東西灌輸到你的腦子，以迷你版本反映出眞實世界的挑戰，卻又沒有眞實世界的壓力。除了挑戰之外，解謎還能讓你了解世界不至於複雜得毫無秩序而讓人落到馮特曲線另一端，你還是有可能同化驚奇的。

聖奧古斯丁發覺好奇心的力量足以激發違背善意的行爲，就好像好奇心本身是個惡魔，佔據你的身體並控制你去體驗無數感覺——無論是肉體或心靈的感覺。聖奧古斯丁對肉體的歡愉並不陌生，而將好奇心概述成一種內化的力量，用來解釋他身體犯的罪倒是方便。其實，好奇心確實有令人難以抗拒的力量：車禍引起塞車時，你儘管嘴裡罵著，經過現場卻還是會放慢速度。

從車禍殘骸的例子可知，好奇心必定有某種誘因而非憑空產生，這個重要的發現暗示著好奇心（或追求新奇）與腦中的動機迴路有所關聯。我們可以說人會對自己無法解釋的事物好奇，這便是好奇心的失諧理論。當你遇到不協調的事，便會產生好奇心以便找出解答。失諧理論與柏林對複雜的觀點類似，只不過是將好奇視爲內在驅力，因此好奇並非來自複雜的刺激而是來自人對刺激的期待。當然，刺激愈複雜愈可能令人期待落空、令人好奇。

魯文斯坦觀察到對特殊領域的專業經常會增加人的好奇心，於是他針對失諧理論提出極具見解的修正。⑬例如，火車迷可能對某種蒸氣引擎懷有強烈的好奇心，一般人恐怕連注意都不會去注意。魯文斯坦主張好奇心不僅來自失諧，也來自於對「資訊差距」

——亦即已知與欲知之間的差異——的知覺。這個定義顯露出好奇心會令人上癮的特性。當你對某一特定主題愈了解，便愈發覺自己無知，也因而變得更好奇。

我在第一章提到新奇的資訊可能引發兩種反應——退縮或探索。好奇心就是讓新奇資訊帶著你走上第二條探索路徑，這也是邁向令人滿足的知性經驗的第一步。爲了獲得「啊哈！」的驚喜，腦一定要有所改變。

啊哈！

大賽第一回合過後幾分鐘，雷威回到座位，迫不及待等著第二個謎題，並說：「剛才那個是很好的暖身運動。你做得如何？」

「我差點就完成了。」

「那好極了。接著會更有趣。」

「怎麼說？」

「偶數的解謎遊戲總會難一點。」

確實如此。第二個遊戲由皮斯卡（Fred Piscop）設計，名爲「錯誤的喜劇」，可見棋盤格背後隱藏著些許淘氣的味道。限定時間比剛才多了五分鐘。

我很自然地從1—橫的提示開始：「歐運輸公司」，三個字母。提示中以歐簡稱歐洲，填字遊戲碰上這種情形通常表示答案也是簡寫。SAS（北歐航空）。接著是1—直：「表示輕蔑」，五個字母。SMIRK（假笑）？好像是，只不過SAS之後下一個橫的答案是CNN（提示：「Lou Dobbs Tonight」節目電視台）。我於是放棄第一組，開始試著回答第二組的答案，這裡出現了與主題相關的第一個提示：「節食者＿＿」，十三個字母。

主題填字遊戲最近開始風行。通常主題會以三至五個長長的複合字橫列在方格中，這些答案有點像是玩笑，如果你從左上方填到右下方，就會從最簡單的部分慢慢進入高潮。實際上，要漂亮地設計出這種填字遊戲並不容易，因爲設計者不但要引領解題者依照既定順序答題，還要將最精采的答案保留到最後。

當然，以上這些知識對於解答我手邊的謎題毫無幫助。雷威大約在五分鐘後舉手，留下我猛搔頭，絞盡腦汁想找出主題。我轉向最後一個主題提示，希望最精采的部分能有所幫助：「上頭的水電技工＿＿」，十四個字母。仍然無解，我這才發覺這個遊戲有許多像第一題那樣的三個字母的答案，如果我先解答那些，也許能根據填入的字母找出互相連結的主題答案。於是我開始穩紮穩打地填格子，先不管長的答案，直到上方方格中填入夠多字母後才猜出「節食者」提示的答案：DROPPEDWEIGHT（減重）。由於仍無法確認這與主題有何關聯，我便在下方方格中繼續剛才的策略。

時間過得很快，時鐘顯示剩下不到五分鐘，大廳裡的參賽者個個吹噓著自己的豐功偉業，我只得更努力集中精神，忽然就有了答案：SCREWEDUPABULB（旋上燈泡）。啊哈！我知道了：「dropped」（輸）和「screwed up」（搞砸）。主題答案是錯誤的口語說法，與填字遊戲的名稱正好吻合！在所剩不多的時間裡，答案忽地出現，儘管我未能在規定時間內填完方格，卻有了找到答案、滿足至極的感覺。

直到我將提示視爲「錯誤」主題的變化，而不再只是毫無新意地填格子，我的知覺才有所轉變，也才頓悟出其中奧秘。我覺得填字遊戲確實有了不同面貌。爲什麼會這樣？我雙眼所收錄的毫無改變，那麼一定就是腦中的變化了。

以下也是頓悟得以改變知覺的例子，摘自某心理研究：如果要將二十七隻羊關進四個圍欄，而且每個圍欄內的羊隻都必須是奇數，該怎麼做？⑭

這個謎題和主題填字遊戲一樣，解題者必須離棄傳統方法才能從另一個角度獲得資訊。實驗心理學發展初期，即一九二〇年左右，相關領域的學者以異常敵對的態度爭辯著知覺的本質。正統心理學家多半將知覺視爲一連串的單行道聚集在心裡形成知覺表象。例如，玫瑰的知覺表象來自眼睛吸收到的視覺資訊、鼻子的嗅覺再加上手指的觸覺。關於知覺的本質，我在下一章會更深入探討，但即使在一九二〇年代，這個簡單的觀念仍受到三位奧地利與德國心理學家魏泰莫（Max Wertheimer）、柯夫卡（Kurt Koffka）與柯勒（Wolfgang Köhler）的質疑。他們自稱完形（又稱格式塔）心理學家，認爲知覺與由獨立元素綜合而成的知覺表象截然不同。⑮

柯勒十分著迷於黑猩猩的行爲，便設計出一經典實驗：將香蕉懸掛在黑猩猩搆不到的地方，並在附近放一個箱子。雖然黑猩猩從未看過箱子被拿來當作踏凳，最聰明的猩猩卻能悟出這一點，將箱子移到香蕉底下以利摘取。有趣的是，有些較魯鈍的猩猩雖然一次又一次看到同伴這麼做，卻怎麼也不理解箱子得放在香蕉「下方」。⑯柯勒認爲光是觀看不足以頓悟一個問題。此時便可運用頓悟——亦即在理智思考之外乍然蹦現的「啊哈！」時刻——來改變環境。

再回到剛才的例子，要解決羊的問題首先必須有不尋常的頓悟，以便改變你看問題的角度。大部分人一開始都會不斷嘗試將羊隻分配到四個圍欄，直到最後才發現不可能辦到。一個奇數可以分解為無數個更小的整數，但奇數之中總還有另一個奇數。例如奇數5便可分解為2＋3、1＋4、1＋1＋3、2＋2＋1等等。因此將二十七隻羊分配到四個圍欄，且每個圍欄羊隻數為奇數是不可能的。答案是將所有羊隻關在一個圍欄，再將此圍欄置於其他圍欄中心。一旦想到這個答案，便很難不將羊群設想為靶心。

頓悟心理學

完形心理學家為頓悟的科學研究奠定了基礎，他們認為頓悟是一種現象學效應，若非親身經歷必定無法體會。這個信念並未阻止柯勒在人腦中尋找他所謂的頓悟的同形現象。他利用一九六〇年代的腦電波儀（electroencepalography, EEG）技術，結果並不明顯。今日心理學家間的專業辯論也許不像完形心理學家那般激烈，但有關頓悟的各派理論卻依然界線分明。

有人認為頓悟不是明確的心理作用。支持「例行公事」理論者指出，許多所謂的頓悟根本不是頓悟。若要列爲頓悟，資訊必須重組，但有些號稱「頓悟」卻無須重組資訊，而只要小心留意手邊的資訊即可。⑰想想下面這個謎題，這也收集在杜登尼的謎題集中：

> 一名英國軍官歷經中國義和團之亂的恐怖經驗後，在教堂聽道時睡著了。他夢見劊子手正朝他走來，打算砍下他的頭，正當刀刃往軍官脖子砍來，他的妻子用扇子輕輕碰了丈夫的頸背，試圖將他喚醒。結果軍官因爲驚嚇過度，往前一跌，死了。這個故事裡有個地方出了錯。是哪裡呢？⑱

如果如謎題所說，此人果眞死了，誰也不會知道他當時在作夢。要了解這個謎題就得仔細留意其中陳述的事實，才能發現矛盾之處，無須重組資訊。不過即使你同意有許多問題起初看似需要頓悟但其實不然，你也不得不承認有些問題的確需要。

然而，關於頓悟確實存在著一個合理而實用的理論。一九二六年，華勒斯（Graham Wallas）提出了作好心理準備的觀點。⑲華勒斯簡略敘述四個有助於頓悟的資訊處理階段：心理準備；潛伏期——尚未積極思考問題的時期；啓發——也就是我們知道的「啊哈！」的感覺；證實——解題者檢視頓悟。事實上頓悟發生在第三階段。這個模式讓兩方陣營都高興：除了承認頓悟時有某種特殊的認知／情緒作用產生，也認定若無心理準備與適度的知識基礎，便不可能有所啓發。

至於潛伏期間究竟發生些什麼事？密西根大學心理學家賽菲（Colleen Seifert）認爲解答一個困難的問題期間，心理標記便產生於這個階段。當此人遇到任意一個與問題相關的資訊時，便會重新啓動這些標記。賽菲稱這個過程爲伺機同化，是另一種有利於作好心理準備的機會形式。若無知識基礎，一般人也不可能對量子力學之類產生頓悟。

但理論若不能接受檢驗便毫無用處，因此賽菲做了幾項實驗，爲伺機同化——或有利於作好心理準備的機會——的觀點提供客觀的支持。在一個實驗中，她讓一群大學生回答一系列難度適中的問題，如「用來測量角距，尤其是太陽、月亮與海上星星高度的航海器具是什麼？」[20]大部分問題學生都能答得出來，但有三分之一讓他們覺得太難；賽菲爲這些問題列出許多單字，其中一部份含有答案的提示。實驗的第二階段，她將列出的單字如 spending、dascribe、sextant、trinsfer、asteroid 等等拿給學生看，要他們判斷每一項是否爲正常單字。學生未被告知這項工作與前面一連串問題有關。第二天他們再回來重新回答問題；有些問題是新的，有些則是他們前一天答不出來的。賽菲的結果顯示人一旦接觸相關資訊後，回答出原先難倒他們的問題的能力會加倍。㉑

賽菲研究的這個現象稱爲「促發」（priming）。光是接觸單字，即便個人並無意識，仍非常可能發生促發現象，而且通常足以提升一個人在各種回憶作業中的表現。賽菲的問題基本上都是回憶類型，不需要任何特別的頓悟，但在後續實驗中提出需要解答技巧的問題後，顯示促發效應也能擴及抽象的思考推理。接觸新資訊有可能促進頓悟。

你應該開始看出端倪了，腦對新奇的需求也許與頓悟的滿足感有關。每個人都有過「啊哈！」的經驗，那感覺眞好。然而，若少了兩個元素，便不可能有這樣的經驗：第一，「啊哈！」不會被動出現，有時甚至需要付出大量心力；第二，這種經驗不會忽然出現——雖然會被某個東西觸動，但總得經過一段潛伏期。各式各樣新奇的經驗似乎是頓悟的先決條件，但光靠接觸並不能保證一定頓悟。何況，當你愈認眞解答，問題經常會變得愈難以捉摸。有時候必須將問題放到一旁，暫時遺忘，讓它在意外時刻——上床時、沖澡時或運動時——重新浮現。頓悟最神秘的層面莫過於潛伏過程，或許因爲無意識是潛伏的本質。

睡眠與頓悟

睡眠在頓悟中扮演著關鍵角色。睡眠——尤其是作夢——可以改變清醒時的心理聯想，這個概念已經有兩百多年歷史。佛洛伊德——當然少不了他——認爲夢的解析是通往無意識的捷徑，因爲眞正的慾望只會在夢中揭露。一九九〇年代針對睡眠提出了一個現代的神經生物學觀點，根據多方驗證獲得的一致結果顯示，睡眠——尤其是快速動眼睡眠（ＲＥＭ）——能增進某種型態的學習。

自從開發了腦電波儀，爲腦部生理變化提供精確的測量後，已經能詳細描述基本的睡眠週期。大體而言，睡眠可分爲快速動眼期與非快速動眼期，而後者又可分爲第二階段與慢波睡眠（ＳＷＳ）。每個階段在腦電波圖上都有其特殊波形。雖然ＲＥＭ睡眠的腦波頻率介於四至六赫茲之間，看起來與清醒狀態十分相似，但有一點值得注意：此時幾乎完全沒有任何肌肉運動（除了眼睛之外）。腦部造影不僅將腦電波圖帶向更新更深的層次，也披露了後側前額葉皮質（腦內與邏輯、抽象思考最密切相關的區塊）在ＲＥＭ期間停止活動。[22]

睡著之後你會快速進入慢波睡眠（以前神經學家所謂的第三與第四階段），大約九十分鐘過後，便進入短暫的REM睡眠，也許會清醒一兩分鐘。接下來這種爲時約九十分鐘的週期會不斷重複一整夜，不過愈接近早晨，REM的時間比例也會愈高。

只有在REM睡眠時才會作夢的觀念，如今已知是一種迷思。依照程度不同，各個階段都可能作夢，不過在REM期間最多夢。佛洛伊德不知道有睡眠週期；即使如此他還有一個觀念也流傳許久，那就是夢的內容取決於前一天的經驗，他稱之爲日間殘留。當研究者檢驗這項理論時，要求志願者評估自己夢的內容之餘，還要特別留意夢與眞實經驗間的關係，結果大多數人發現兩者相似處極少。相反地，夢似乎是由清醒時的個別片段組合成新的故事。㉓

一九九四年，有兩篇報告將睡眠與REM睡眠多少有助於學習——或甚至頓悟——的觀念公諸於世，因而成爲睡眠研究領域的先鋒。在其中一份報告中，由神經學家卡尼（Avi Karni）爲首的以色列研究團隊記錄道，REM睡眠提升了某項知覺學習作業的表現。卡尼讓志願者從電腦螢幕看一個棋盤格，格中除了三個隨意放置的古怪圖形外，其餘都是形狀類似的小破折號。受試者必須辨識出那些古怪的形狀。爲了增加難度，卡尼讓參與者看螢幕的時間不到一秒便換上一個混雜各種形狀的棋盤格。當螢幕與形狀混雜的棋盤格之間相隔的時間大於一百毫秒，志願者都能正確地執行任務，但當目標與掩飾棋盤格的間隔時間減少，表現就會變差，而當間隔時間小於五十毫秒，基本上已經察覺不到目標棋盤格了。經過幾天的練習，志願者都能提升自己的偵測門檻，一般速度大概能快上二十毫秒。

卡尼還進一步干擾志願者這七天當中的睡眠。有些人被剝奪了REM睡眠（每當腦電波圖顯示出REM的波形，便喚醒他們），有些則被剝奪慢波睡眠。被剝奪REM的人經過一星期練習之後，表現並無進步，其他人卻有，這顯示任何強化學習的現象都發生在REM睡眠期間。㉔以此實驗爲藍圖的後續實驗則證實慢波睡眠其實也扮演著強化的角色。㉕

在另一份報告中，麥諾頓（Bruce McNaughton）和他當時在亞利桑那州的博士後學生威爾森（Matthew Wilson）則是測量了老鼠睡眠期間海馬體的興奮波形。海馬體約莫豌豆大小，距離紋狀體約一公分，是與記憶最息息相關的腦部構造。之前，威爾森和麥諾頓已經確認海馬體中有「地圖細胞」存在。當老鼠學習走出迷宮時，每到達特定地點，這些細胞便會出現特殊的興奮波形。他二人發現這些波形會在老鼠進入慢波睡眠時重現，因而假設海馬體重現活動波紋是強化過程的一部分，這個過程最後會將記憶轉移到大腦皮質。㉖老鼠夢見迷宮了嗎？既然老鼠不能說話，威爾森和麥諾頓的觀察大概是我們所能獲得最接近肯定的答案。

並非人人都同意強化記憶或甚至擴及頓悟都需要睡眠——尤其是REM睡眠。㉗反對REM睡眠扮演特殊角色的主張，著重於各個物種的REM睡眠比例不一。有些REM比例極重的動物——如鴨獺、負鼠、白鼬、犰狳——並不以智力聞名。而海豚與鯨魚可能完全沒有REM睡眠，其展現的聰明在動物世界中卻只有大型猿類比得上。至於人類則處於中間範圍。

其實就算有證據證明REM睡眠會影響頓悟的產生，證據也並不牢靠，不過大體而言，睡眠似乎有助於某種類型的學習，特別是無須記憶事實的工作。另外還有個研究睡眠-頓悟問題的方法，牽涉到所謂的睡眠惰性效應。當你被鬧鐘或頑固的研究人員喚醒時，腦需要幾分鐘時間轉換到清醒狀態。在這個一般認爲較像先前的睡眠狀態而較不像清醒狀態的轉變期間內，可以偵測到認知作用。在某個研究中，研究人員將志願者從R

EM睡眠或非REM睡眠中喚醒後，立刻讓他們解字謎。解字謎需要心理學家所謂的流動智力，亦即在心裡組織新關係的能力。在完全清醒的狀態下，志願者約能解出五成五，和他們從REM睡眠中被喚醒後的成功率相同，但若是從非REM睡眠被喚醒，成功率則降至四成二。研究人員的結論是：處於REM睡眠中的腦比較具有認知彈性，但利用迴路的方式卻不同於清醒狀態下的運作。㉘

頓悟的生物學

睡眠對於頓悟的產生是必要卻也可能不是唯一的因素。直到腦部造影時代來臨前，「啊哈！」時刻的生物根源始終混沌不明。理論上，你可以設計出一個實驗，從實驗中找到謎底出現在某人心中的確切時刻，並利用 fMRI 記錄腦部活動。這些結果便描繪出頓悟的大腦地圖。要是這麼簡單就好了。在這樣的設計中，最令人困惑的因素就是注意力的角色千變萬化。頓悟的剎那或許伴隨著注意力的驟變，但在 fMRI 掃描儀上，卻無法區別是注意力的變動或是出現了答案。儘管有此限制，部分研究人員仍在造影方面努力不懈，尋求頓悟的神經基礎。

在一個相當早期運用正子斷層掃描的研究中，賓州大學的研究團隊爲志願者測量解字謎時的腦血流變化。實際上，該研究的設計是爲了檢視頓悟的反面——沮喪，作爲人類習得無助感的實驗模型。字謎當中有一半無解。在所有檢視的腦部區塊當中，只有海馬體在解開字謎時的血流量比無法解開時明顯多得多。[29]海馬體的活化意義重大，主要是因爲儘管我們知道海馬體在強化記憶方面——一個與產生頓悟關係緊密的功能——扮演重要角色，一般卻不認爲它對注意力有重要影響。

一支中日合作團隊採取類似的方式爲頓悟造影，這回使用的是fMRI，出乎意料的是竟然得出相似的結果。[30]實驗者讓志願者解答一連串日本謎語，解這些謎必須重組資訊（而不只是仔細地處理資訊）。例如，什麼東西可以移動重重的圓木，卻移動不了一根小釘子？（河流）實驗者並不強迫參與者花費極大心思找尋答案，而是在預定的時限後說出每個謎語的答案（就像我剛才那樣），迫使參與者頓悟。當答案出現時，海馬體以及皮質區網路便活化起來，後者包括了位於頭部後側、主導注意力的大片頂葉皮質。由於該研究有諸多缺陷（例如只有七名受試者，而且沒有控制組），無法得知頓悟的可能落點，但海馬體活化在fMRI研究中畢竟不常見，卻因何出現在此實驗中值得玩味。[31]

雖然我一再強調紋狀體與多巴胺的重要性，這卻不是唯一能引發溫馨滿足感的腦部構造。倘若牽涉到行動，紋狀體是主要構造，但若純粹只是內在思考，主角則是海馬體。根據有限的腦部造影資料，我認爲海馬體是產生頓悟的決定性因素，但頓悟對情緒的影響——即我們一直在追求的「啊哈！」感覺——卻與海馬體無關。我相信這種影響確實來自紋狀體，不過頓悟的情緒性影響倒是一條有趣的探索之路。

這個笑話很早以前就聽過，現在聽來仍不免失笑：

「草原上有兩頭牛，其中一頭對另一頭說：『那些人類一定會被狂牛症逼瘋的。你覺得呢？』

另一頭牛聽了回答：『別問我，我是雞。』」

如果你聽懂這個笑話，就是有了某種頓悟。雖然研究頓悟的心理學家從未用幽默作爲範例，笑話卻在多方面都符合頓悟的定義，主要是因爲笑話會讓你重組你的觀察。自從聽過這個狂牛笑話後，我再也無法以平常心看待牛了。

在歷史上，笑話具有許多功能。十八世紀的政治哲學家霍布斯（Thomas Hobbes）認爲幽默能讓你顯得高人一等；佛洛伊德以爲笑話和夢一樣，能化解內在心理衝突；也有人說幽默就像安全閥，可以釋放因社會不公所積壓的挫折情緒。㉜無論幽默的最終功能為何，笑話與喜劇總能讓人看到世界的另一面。

最早利用 fMRI 研究幽默的是一支倫敦大學學院的團隊，他們讓掃描儀內的受試者看雙關語和短笑話。其中最有趣的會活化內側前額葉皮質（通常與報償有關的區塊）與小腦（與協調有關的區塊）。㉝但有一點很難分辨：這些區塊的活化是因為笑話好笑，或是因為部分報償系統對於聽笑話的新鮮感有所反應？笑話好笑可能只是因為它傳達了新的資訊。

在另一個研究中，史丹佛大學精神病學家萊斯（Allan Reiss）讓躺在MRI掃描儀內的人看漫畫集錦。漫畫來源不一，主要摘自皮拉洛（Dan Piraro）的漫畫系列 *Bizarro*，該作者以對現代生活提出玩世不恭、扭曲的見解而聞名。萊斯將皮拉洛漫畫的部分說明文字抽掉，換上不有趣的陳述句，以作為對照。這項操作讓萊斯能在移除幽默元素後，控制漫畫的視覺與語言元素。㉞保留原文字的漫畫活化了大片皮質網路以及部分報償系統，其中包括紋狀體與依核。我們很可能因此下結論：此活動形式發生在報償系統內，因而反映了幽默令人愉快的元素，但較精簡的解釋卻是這裡每個元素反應的對象是新奇資訊而非幽默的愉悅感。有趣的漫畫會往腦子塞入更多資訊，因爲其內容會重組你的世界觀。

每當完成填字遊戲或解開謎底，也會產生同樣的重組現象。當最後一項資訊瞬間引發作用，你至此所明白的一切開始重組之際，也同時啓動你的報償系統。畢竟解謎之所以讓人滿足就是因爲人需要新奇。

完成填字

填字大賽當天上午隨著時間過去，遊戲難度愈來愈高，我混雜的思緒也沒有變得比較清明。雷威的表現始終不錯。他總是很快完成，所以每場之間都有時間充電。有一小群頂尖的解題者在大廳喧鬧不休，蕭茲不得不提醒他們安靜。

我等著解第三個遊戲時，對於怎樣才算好的填字遊戲提出疑問。

「幽默與創新最重要。」雷威說。

設計填字遊戲是有技巧的。高明的遊戲會以出人意外的方式連結答案與提示。若出自眞正的大師之手，填字遊戲甚至能讓人開懷大笑。幽默、頓悟與解謎似乎確實會引發類似的認知歷程，也確實如我所想，恰恰滿足了新奇的基本需求。設計填字遊戲的人不一定是最厲害的解題者。即便如此，他們還是來到大賽會場，和彼此也和遊戲迷交流。

休息時間，有個人拿著龍葛（Frank Longo）——他設計的遊戲深受偏愛高難度題目者喜愛——的著作《讓人想破腦袋的填字遊戲》（*Cranium Crushing Crosswords*），前來請作者簽名。尋求簽名者轉身興奮地對我說：「這些遊戲一級棒！我要花好幾個小時去解。他設計的字格漂亮得沒話說。」

可是我問其他參賽者最喜歡哪個設計者，答案全都是「里格」（Merl Reagle）。堪稱填字遊戲設計王的里格住在佛羅里達，全國各報章雜誌上都可見到他設計的遊戲。當蕭茲宣布第三個遊戲出自里格之手，眾人立刻高聲歡呼。當時我對他的風格不熟，解題時又多一項不利因素。三十分鐘的解題期間，群眾裡吃吃的笑聲持續不斷，站在講台上的里格本人也咧著嘴笑。

當塵埃終於落定比賽結束，我發現自己的名次還算體面：第四百七十四名。說體面只因爲共有四百七十九人參賽，而我不是倒數第一。回亞特蘭大的機上，我坐在一位無須執勤的空姐旁邊，她拿出一大疊填字遊戲，我忍不住看著她解題。見她卡在某個提示上頭，我提供自己的意見，接著我們便談論起塡字的樂趣。多數時候我們都是獨自玩塡字遊戲，但誰說不能把它也當作人際互動的起點呢？團隊解題時會冒出另一種截然不同的動力。除了同仇敵愾地對抗設計者之外，還有共同頓悟的喜悅，並得知有另一人看見你所看見的——這是更爲稀有的經驗。

然而無論是孤軍奮鬥或有人爲伴，要想得到「啊哈！」時刻的滿足感，仍需要新奇感來引發足以導致眞正頓悟的心理重組過程。如果你是個渴望「啊哈！」時刻的人，那麼唯一合理的做法就是找出可以遇到新鮮事的情境。雖然塡字遊戲爲此目的提供了有限的架構，卻也還有其他實質的方式。

4 壽司問題

如果作夢是通往無意識之路或至少是通往「啊哈！」經驗的大門，那麼夢見魚代表什麼？

我夢見肥美的鮪魚片。在夢中，鹹鹹的、充滿新鮮魚腥味的風從遠處飄來，壽司師傅將我的最愛包成握壽司：兩片鮪魚、少許芥末和一片酸薑。殷紅的魚肉嘲弄著我，激我開口咬它，堅持讓我在吞下之前好好品嘗它冰涼肥美的肉質。

經大廚師料理後的壽司是近乎完美的食物。即使壽司的價格不算太貴，我還是盡量避免經常食用，以免習以為常。其實我可以完全剝奪這種享受，只在最特殊的時機才吃壽司。唉，要我為了幾年後某個重大日子的承諾而放棄自己的最愛，代價也未免太大。

我也可以選擇當個老饕，天天吃壽司。一開始當然很棒，盡情享受加州卷、手卷、裏卷種種卷壽司，還有生魚片。但到頭來總會膩，結果壽司也變得和……奶油土司一樣稀鬆平常。

在每天吃壽司和十年吃一次壽司的兩個極端之間，一定有個「甜蜜點」(sweet spot)。我最後才知道所謂壽司問題就是找出這個點，而不只是關於壽司的問題。如果眞的想做某件事，應該要多常去做？有些最令人滿意的經驗都是僅此一次，若試圖複製幾乎總會落得失敗下場。預測的需求會將你導向新奇的經驗，但第一次經驗總是最好的，因爲它提供了最新鮮的資訊。反覆的動作能讓你的預測愈益準確，但絕不可能像第一次那麼令人滿足。不過在食物方面，你沒有選擇的餘地；一天得吃好幾次，因此對於進食的快樂難免有一定程度的習慣。唯一能選的是要吃什麼以及什麼時候吃。因此，進食便成了所有規律性活動的代表。假如能解開某個美好用餐經驗之謎，答案或許也能適用於其他範圍。即使不能適用，光是知道如何造就令人滿足的一餐，也足以値回票價。

生命的開端就像一片和鉛筆尖同樣大小的細胞薄片。在受孕三週後，當這片原生質圓盤捲起形成管狀，就等於邁出了變成人類的神奇的第一步。在此之後的一切都只是這個空心圓柱的延伸：像囊腫似的冒出來的頭和腦，像變形蟲一樣伸出來的手和腳，還有另外捏成的管子就成了循環系統。

但我們基本上都還是管子，也就是說一張張的二度空間組織讓我們得以存活在三度空間的世界裡。其實真相恐怕更粗俗：從嘴唇開始歷經大約四十呎長、充滿細菌的穢物之後，毫不光彩地結束於屁股，這種成人版的管子說有何值得稱頌呢？

腸胃系統或許是你與外界最緊密的聯繫。皮膚保護你不受外界傷害，並透過觸覺感測器與外界交接；肌肉讓你自由活動，進而與外界互動；然而所有的身體系統當中，與外界關係最密切的仍屬腸胃道。它本身就是外界，一個充滿異物的小宇宙，這些異物大多都在你的體內自由來回流動。對我來說，將某樣東西放進嘴裡吞下去，可說是直接把世界置入體內，因此是最親密的舉動。這眞是個了不起的系統，可以收納如此多樣化的物質，再分解成有用的成分，本身卻不會受損。

此外，你所體驗過最大的滿足感當中也有部分是腸胃道的功勞。有些美食者會說，什麼都比不上精美的一餐——性愛和毒品也不例外。就和所有令人滿足的事物一樣，其秘密便在於新奇——新奇的食材與新奇的口感。

釣食美味

儘管我熱愛壽司，卻不釣魚。

我記得第一次釣魚是被十二歲大的鄰居硬拖到屋後魚池，在泥水中忙得汗流浹背，幾個小時下來卻只抓到一條瘦小的鯰魚。我提議把魚丟回去，但他卻把這黏糊糊的東西帶回家，向父親展示炫耀，而他父親也立刻從電視機前面跳起來，將啤酒置於一旁，開始示範如何殺魚。整個過程持續到傍晚，最後在燒烤儀式與分享收穫中達到最高潮。

不過，我知道有些人喜歡釣魚只是爲了消遣，有些人則是徹底沉迷於此。我就在一個偶然的機會裡認識了這麼一個人，他是時下知名的戶外作家，尤其鍾情釣魚。

卡明斯基（Peter Kaminsky）是作家也是眞正熱愛戶外活動的人，他對於食物與釣魚的觀念影響了我對所謂令人滿足的一餐的看法。他擁有驚人的豐富資歷，《紐約時報》、《美食與美酒》（*Food & Wine*）與《田野與溪流》（*Field & Stream*）都刊登過他無數文章，但眞正引起我注意的卻是《味覺元素》（*The Elements of Taste*）①的論述。

此書是他與曼哈頓頂級餐廳萊斯皮納斯（Lespinasse）的前大廚昆茲（Gray Kunz）合著，針對食物提出新的思維。昆茲有如以食物爲調色盤的藝術家，卡明斯基則是解構藝術技巧的評論家：他們共同討論味覺的十四個元素，以及如何混合這些元素做出創新菜色。十四？我只學過四種基本味覺：甜、鹹、酸、苦。在西方，隨著壽司之類的亞洲食物日益普及，出現了第五種公認味覺「鮮味」，亦即蘆筍、起司與肉類等共有的一種刺激味。除了這五種基本味覺外，昆茲與卡明斯基還提出另外九種：鹹味、甜味、辣味、酸味、酒味、球莖味（蒜頭與洋蔥）、花草味（迷迭香與百里香）、辛香味（肉桂與丁香）、臭味（甘藍菜、松露與濃味起司）、苦味、庭園味（即蔬菜味）、肉味、海味（魚味）以及澱粉味。

一般人大多認爲味覺與味道是同義詞，事實上味覺涵蓋的範圍更廣泛。味覺是一種靠著味道、氣味與觸感結合而成的多重知覺。昆茲和卡明斯基明白指出影響味覺的多重感覺，例如辣味起因於舌頭的痛覺受器受到刺激，海味則不僅來自鹹的味道也來自海洋本身的氣味。但儘管他們這味道多重性的說法正確，科學卻才剛剛急起直追這些藝術家。

要想解析令人滿足的一餐，味覺是明顯的起點，只不過我們對味覺生理機制的了解卻比不上對其他任何感官的了解。影響特定味覺受器的基因直到一九九九年才被確認；到了二〇〇四年才發現哺乳動物有四十種味覺受器。②每個孩子都知道，人類舌頭上佈滿味蕾。分布在舌尖看似砂紙的小顆粒稱爲蕈狀乳突，而位於舌根處，形如粉刺的較大顆粒稱爲輪狀乳突。你還很可能找到畫有舌頭味覺圖——舌尖甜味、舌側鹹與酸味，舌根苦味——的教科書，但此圖並無明證，事實上各種味覺受器乃是平均分布於舌面。

在顯微鏡下，味蕾就像一瓣蒜頭，但這些蒜瓣其實都是味覺受器的特殊細胞。一個味蕾約有百來個受器細胞，由於口腔環境嚴酷，細胞的壽命不長，大約十天左右。受器細胞的一端突出於味蕾之外，與任何滌蕩其上的物質接觸；另一端與一條神經纖維連接形成突觸。

接下來有待研究的問題之一是：每個受器細胞只能表現一種味覺受器基因，或者每個細胞會表現多種不同的受器基因？這個答案將會決定我們能分辨多少味覺類別。首先完成基因定序的味覺受器對苦澀物質有反應，這些受器被命名爲 T_1R 與 T_2R，分別代表味覺受器的第一與第二家族。T_2R 代表一個接受器大家族，其中至少包括二十五種不同基因。甜味與鮮味所出現的畫面也同樣複雜，只不過牽涉的基因家族不同。其中一個基因組合的結果導致接受器對甜味敏感，但另一個組合產生的接受器則對鮮味敏感。③至於鹹味與酸味的偵測又是依賴另一個受器家族。

雖然生理學家將味覺受器分成五個基本種類，但從受器基因組合極度複雜的情形看來，昆茲與卡明斯基似乎較接近事實。以味覺基因互相組合的方式計算，人類舌頭上的受器遠超過一千個，粉碎了四或五種基本味覺的觀念。昆茲與卡明斯基的十四種元素逐漸變成四或五種基本元素的適度延伸。他二人還頗有先見之明，留意到嗅覺與觸覺對味覺的影響。這些知覺對用餐經驗有多麼重要我幾乎毫無所知，但我很快就要以最不尋常的方式找出答案。

進食時間

我和卡明斯基約在Next Door Nobu，這是Nobu——曼哈頓最熱門也最貴的壽司店之一——的姊妹餐廳但較爲平價。那天不是週末，而且還不到七點，卻一眼就能看見餐廳那不祥的入口所在，因爲有十來個人擠在人行道上等座位。我從一個男人身邊擠過，他正朝著離嘴邊幾吋處的輕薄手機大吼。我環視餐廳之後發現只剩室內中央一張迷你桌旁有個空位，卡明斯基就在那兒看報紙。

菜單有些令人膽怯，因爲主廚松久信幸利用少許香草與醬汁改變了許多一般菜色。我本打算點套餐，卻被卡明斯基制止。「我從來不點套餐，」他說：「因爲我覺得自己點餐的經驗更愉快。」

但關於壽司，廚師應該比誰都懂，不是嗎？

也許吧，但卡明斯基解釋道：「在用餐經驗中時間非常重要。你花時間看菜單，決定自己要吃什麼，並想像菜色。然後，當你點餐之後，期待的心情慢慢累積，最後餐點送上來，你加以體會，然後就會記住。」卡明斯基示意侍者過來，爲我們倆點了菜：岩蝦、辣鮪魚手卷、鮭魚生魚片，以及招牌菜黑鱈魚。

在《味覺元素》中，昆茲與卡明斯基特別強調，用餐時時間和食材一樣都是重要的元素。他們說一餐飯就像一個故事，有開始、有鋪陳、有結束。時間的考量就像做任何事情一樣，重於一切。

「當你覺得快樂，時間過得很快。」我說。

「不一定。」他夾起一片鮭魚，再小心地鋪上一片薑，凝神注視它的完美之後一口吃下。「當我眞正覺得快樂，我稱之爲『特殊時間』。」卡明斯基寫過一些相關的文章，他將此現象描述爲「一種不同的現實，身處其間的我徹底地活著、徹底地專注，每分每秒都有如汁液飽滿的成熟果實。」④他認爲在適當的情況下體驗到的「特殊時間」，就像一段超現實的時期，這些超凡的時刻將烙印在記憶中。釣客當然應該如此留意時間，只要一瞬間拋餌拋遲了，魚也跑了。

黑鱈魚很快便送上桌。魚肉肥美但不膩，由於以味噌泡了三天，因此舌根始終感覺有種甜味。這小小菜式得花三天準備，卻一轉眼就沒了。當你咬一口美食之際，各種滋味的組合本身或許並不稀奇，但那卻是時間與空間的濃縮。廣大宇宙便聚集在你的舌尖。

或許卡明斯基說得沒錯。確實有多種不同的時間體驗，而食物只是溜進另一道時間潮流的方式之一。在此之前，我從未想過——至少我沒有意識到——用餐經驗也有不同的現實面可供選擇。但是食物當然具有令人著迷的力量。對某些人可能是巧克力，對某些人是二十年份的威士忌，對某些人則只是現採草莓這麼簡單。無論如何，只要在對的時間吃對的食物就能讓時間停止。

我們離開餐廳時太陽剛剛下山，從南邊海洋吹來的夏日微風清涼宜人。我們步行回卡明斯基住處，不斷聽見鹹鹹的海風在布魯克林橋的纜繩間穿梭呼嘯。沿著步道，我們遇到幾對熱情擁吻的情侶，對我們有關飲食之樂的閒聊充耳不聞。食物與愛情——人生兩大樂事，兩者間的關聯也經常被視爲理所當然。有不少文章討論過某些食物具有引發性慾的特質，例如巧克力或蠔，但我尚未找到任何科學佐證。我問卡明斯基知不知道這回事。

他聳聳肩，但天色太黑看不清他臉上的表情。

我堅持問道：「有誰會知道食物與愛情之間的關聯？」

他終於說出：「莫爾曼（Francis Mallmann）。」

這個名字沒聽說過。

「偉大的阿根廷廚師，」卡明斯基解釋：「感官主義者，也是道地的詩人。」

我腦中立刻浮現在阿根廷的無數可能性，深覺難以抗拒。我想像自己長途跋涉到巴塔哥尼亞，尋找傑出卻已隱遁的美食大師，而他身旁則環繞著大批受其廚藝誘惑的女子。

我正想得出神，忽然聽到卡明斯基說：「他在漢普頓斯有住所。」

搭配法則

要解決壽司問題——有關應該多常做自己眞正喜歡的事情的問題——有兩大難題。第一，選擇在於時間。問題不是要不要吃壽司，而是要多常吃。大多數人都無法輕易判斷不同消費比例的相對效果。例如，我就分不出每個禮拜或每兩個禮拜吃一次壽司比較愉快。此外，光是其他食物數量之多就夠難抉擇了。隨便哪一天我都可以吃三明治、披薩、雞肉、沙拉或其他無數菜色。但我多半會侷限範圍以利選擇。

第二，重複的經驗會導致習慣。有些感覺很快就會習慣化，就像布里克曼的研究證明人很快便適應財富一樣（見第二章）。其他有些活動會習慣得比較慢（性愛也許是其中之一），但這也依舊有待確認。除非你詳細記載每一天每個事件所提供的快樂程度，否則你可能永遠不會知道如何才是分配娛樂的最佳方法。

如此複雜的問題竟然會有答案，可能令人十分驚訝。其實解答不只一個，但無論動物或人類卻都一面倒地採用某一特殊方式，這也是已故的哈佛心理學家赫恩斯坦（Richard Herrnstein）畢生鑽研的主題。赫恩斯坦檢視的不是壽司，而是鴿子。他與同事藉由測量鴿子啄食的速度發展出一套理論，是關於動物如何分配與時間相關的選擇。

赫恩斯坦將鴿子關在附設兩根木條的特殊籠子裡。鴿子一啄木條，就能吃到食物，不過速度不同。鴿子輕易便學會如何在這種情形下分配啄食次數。如果木條A輸送食物的速度比木條B快一倍，鴿子啄木條A的次數也會多一倍。乍看之下，這種行爲似乎不合理。如果木條A每次送出的食物和木條B一樣多，那麼又何必再去啄木條B呢？而且不只鴿子如此反應，就連老鼠、猴子和人也都一樣。這種行爲的普遍性使得赫恩斯坦將其發現稱爲搭配法則，指的是動物在分配對不同選擇的反應速度時，會「搭配」牠們獲得食物的速度。⑤老鼠或鴿子有此行爲是一回事，但當人類也以同樣方式分配選擇時，必定有其更深層、不盡然依靠智力的作用。

將搭配的問題複雜化其實就是習慣化的過程。對壽司的喜愛也和所有事情一樣，到一定程度就會習慣。若想維持你十分喜愛的活動的樂趣，秘訣在於不斷抑止習慣行爲出現。每天吃壽司吃了一星期或一個月後，我可能就不再那麼喜歡。如果三明治變得比壽司更吸引我，我就改吃三明治，而且也像先前吃壽司那樣天天吃。當我厭倦了三明治，我會再改吃壽司直到兩者平均地輪流交換。這時候我便處於選擇的平衡狀態，我的選擇頻率與選擇所帶來的快樂程度是一致的。赫恩斯坦將此過程名爲改良倒是十分恰當，因爲事實上這個生物過程將美好的經驗降爲普通層級，並提升了平淡的經驗。

雖然經過改良後選擇能穩定混合,但這也是個陷阱。你一旦開始過度消耗某樣東西，並因此轉向平衡點，壓力也會隨之增加，就像有隻無形的手握住舵柄，導引你回到搭配法則所定義的舒適的混合狀態。然而，對新奇的需求卻直接衝撞這個過程，偶爾將你驅離搭配行爲。這時候你會感覺無聊與心癢好奇。

Kool-Aid 實驗進行到一半左右，蒙塔格和我忽然想到紋狀體在搭配行爲中或許扮演著某種角色。如我先前所說，紋狀體連接著行動與報償，因此假設紋狀體與選擇的分配有關並不離譜。我們這個靈感得自熊蜂的行爲。蜂或許不十分聰明，但採花蜜時仍得作選擇。在一系列簡潔的實驗中，生態學家麗爾（Leslie Real）建造了密閉的蜂群聚落，並在人造花中注入份量不等的花蜜。在其中一個實驗，藍花含有二微毫升的花蜜，黃花含有六微毫升。但其中有個圈套：只有三分之一的黃花有花蜜，另外三分之二則無。一般而言，藍花與黃花的花蜜量相等——即期望值相同——因此蜂應該不會表現出色彩偏好。⑥但事實卻不然，蜂群有八成四的時間會採藍花花蜜。⑦蜂和人一樣，都喜歡確定的東西。

蒙塔格當時一直在為簡單的選擇行為——具體地說就是熊蜂如何分配每朵花的採蜜時間——設計電腦模式。他的電腦模擬模式顯示腦部釋放多巴胺的情形或許可以解釋熊蜂為何趨避風險，以及人類為何有陷入搭配行為的傾向。有一天，他讓我看他設計的一個簡單的電腦遊戲。螢幕上有兩個大方塊象徵按鈕，左邊方塊標示著A，右邊標示著B。兩個按鈕中間擺著一條直立的報償槓。

「你用滑鼠選擇A或B，」蒙塔格說明道：「快慢隨你高興，但目標是盡量讓報償槓升到最高。」

聽起來很簡單，於是我按了A，報償槓也略為上移。我又按了A幾下，每次報償槓都會稍微移升。似乎太簡單了，因此我出於好奇便按了B。報償槓驟升將近一倍。我自然又多按了B幾下，但按了六七下之後，報償槓開始往下降。受挫之餘，我又回到A。就這樣持續到最後，我找到按完一次A再按兩次B的固定模式。蒙塔格讓我在不知不覺中作出純粹的搭配行為。

他設計的遊戲是根據最後四十次所按A與B的比例給予報償。如果按A的比例大約三成，A與B的報償相當，因此沒有明顯誘因去多按哪個方塊。如果A的分配比例從三成增加到五成，報償會降低。若是我多按A幾下，就會發現按A超過五成比例將得到更高的報償，若是百分之百按A則是最好的結果。然而，搭配行爲這條橡皮筋卻不斷地把我拉回固定的一：二混合模式。

幾名志願者作完MRI掃描後，我們要求他們玩玩蒙塔格的電腦遊戲。如果他們和我一樣陷入搭配行爲，便歸屬於保守類。如果他們避開了那個點，按A的比例超過五成，便歸屬於冒險類。我們利用手邊的 fMRI 數據，比較保守類與冒險類的紋狀體反應。並非所有人的行爲都像我這般保守，大約有一半參與者避開了搭配點，並發現遊戲的秘密。蒙塔格認爲冒險類與保守類的多巴胺系統有不同的設定點。我不那麼肯定，但既然已經著手進行 Kool-Aid 實驗，作個探究似乎不難。

我應該強調我們結合了兩個不同的實驗：一是利用 fMRI 評斷可預期性如何調節紋狀體活動（即 Kool-Aid 測試），一是決策的行爲測試。當我們以每個人玩電腦遊戲時的冒險傾向爲縱軸，以其紋狀體對於不可預期的 Kool-Aid 與水滴的反應強度爲橫軸畫出座標圖時，得到的是反比關係圖。⑧

為免你以為自己紋狀體的反應多少已經注定你的冒險面相，後續的一個實驗證明了冒險或追求新奇都可能受其他環境因素影響。我們以電腦演算法決定另一組受試者當中誰是冒險類、誰是保守類，並在遊戲中途開始滴入果汁試圖改變其行為。在冒險類者按B時滴入果汁，將他們推回搭配點，而在保守類者按A時滴入果汁，將他們推離搭配點。⑨結果發現冒險——追求新奇——的傾向絕非天生注定，而是可以調控的。

這是個好消息，因為在尋求完美用餐經驗的過程中，我正對新奇產生莫大的愛好。

烹飪課

我終於在一個陰沉的冬日上午，來到長島東側的漢普頓斯，與那位阿根廷大廚在他家中會面。屋外雨雪霏霏加上從曼哈頓長途駕駛而來，莫爾曼的家倒成了溫馨的避風港。爐火在書房內燒得劈啪響，還有唱著《費加洛婚禮》歌劇中一段二重唱的女高音響徹每個房間，那聲音一聽就知道是卡拉絲。

莫爾曼身為物理學家之子，很早便懂得鑑賞食物的化學特性，而且對烹飪物理學也相當有研究。在他成長的學術家庭中，他的雙親經常宴客。但令莫爾曼著迷的卻不是這類聚會常見的知性競賽，而是主辦宴會少不了的餐點準備。他十七歲便離家培養廚師技能，在舊金山的海特艾希貝里區遊蕩數年後才回到阿根廷幫忙經營餐廳。他到法國接受傳統訓練以增強技巧，結果發展出一種兼具法國與阿根廷特色的廚藝，被認爲是獨一無二。

莫爾曼在廚房裡忙著，一個人就佔滿整個空間。他的廚房很實用，陳舊的鍋碗瓢盆堆在開放架上，中間是用餐的地方。他稀薄的長髮和湛藍的眼珠讓我想起《巴黎最後探戈》中的馬龍白蘭度。他散發的氣質彷彿體驗過人生最深刻的情感。但他並未完全摒棄學術根源，因爲他說：「每天都要從一門烹飪課開始。」

他將法芙娜（Valrhona）巧克力塊放進雙層鍋中時，像捧著金塊似的。「巧克力是最能刺激感官的食物。」他邊說邊加入最後一塊，看起來約有一磅重：「它融化的溫度恰巧是人的體溫。」

沒想到最受世人喜愛的食物之一竟與人體搭配得如此密切，的確是個幸運的巧合。將高級巧克力含在舌尖其實會有涼涼的感覺，因爲它在融化的過程會吸收口中的熱量，本身的溫度卻不會升高。⑩

「不能過度加熱，否則會破壞口感。」他一面用電動攪拌器將奶油和糖打勻，目光始終未曾離開雙層鍋，等候著硬塊轉化成液體的神奇時刻，這幾乎只需一眨眼功夫，因爲巧克力融點極低。

他小心地將冷卻後的巧克力加進奶油之中，然後篩撒麵粉。他每次只加幾湯匙，直到巧克力糊從湯匙上緩緩地成直線滴落。慢慢地混合打過的蛋之後，他將巧克力糊倒入圓形烤盤，然後砰地放進烤箱。「別讓我把它給忘了。」他說。

烘烤蛋糕之際，我們就坐在廚房餐桌旁用玻璃杯啜飲熱茶。他的玻璃杯形狀類似一般玻璃水杯，但杯壁卻薄得多。每只杯子都裝著半滿的香草茶，散發出濃郁的茉莉花香。

「我深愛這些玻璃杯。」他說著拿起杯子讓我看。

「你總是用玻璃杯喝茶嗎？」我問道。看起來有點奇怪，我老以爲喝茶得用茶杯。

「玻璃杯的形狀對味覺有多方影響。」他解釋：「喝酒的時候更重要。杯子的重量、曲線，它如何呈現液體的視覺效果，又如何將液體送進你的嘴巴，都會影響品嘗的樂趣，即使喝茶也不例外。」

我於是對這杯茶另眼相看。當你能看得透徹，茶也有了不同樣貌。杯子的熱度讓我有多重的感官體驗，口舌品味著浸泡的香草之際，心眼凝視著色彩，手心則滿是溫熱。我的腦幹裡開始有個東西在蠢蠢欲動。

用心眼去感覺

我們都知道人有五種感官：視覺、聽覺、觸覺、味覺和嗅覺，但莫爾曼的玻璃杯卻清楚顯示在用餐過程中，所有感官——而不只是味覺——都扮演重要角色。雖然莫爾曼以廚師的觀點致力於建構多重感官經驗，但事實上近年來提出的神經生物學論述多與他的技巧一致。

你體內許多感覺都是由各種能量形式轉化爲電流之後傳送到腦部。眼睛經由視覺神經與腦相連，耳朵則經由聽覺神經；氣味經由鼻腔上端的嗅球到達腦；而味道則經由數條神經連接舌頭和喉嚨。但觸覺不同於其他感覺，乃是分布於全身，沒有任何神經能單獨將觸覺傳達到腦部。神經科學家一直認爲每個感覺與腦的某特定部位相連，原始訊號在此部位解碼後再傳到更高層的認知中心加以整合。事實上，科學家們仍將視覺皮質區與聽覺皮質區視爲腦內獨立的解剖位置。然而，在頂葉皮質數個部位的主要位置之間卻存在著多感官區，就好像位於腦背與腦側間的一個不明區塊，原始感覺在此匯集之後合併成爲統一概念。

例如玫瑰有顏色、氣味與觸感。所有的感覺都會以某種方法在你的腦中整合，產生獨特的玫瑰概念。頂葉皮質在此功能中有部分貢獻。這個區塊若是受損會導致奇特有如雜耍秀般的神經症候群，從無法辨識自己的手指到異手症（患者的一隻手似乎有其意志，奇愛博士〔Dr. Strangelove〕便是一例），不一而足。

乍看之下，感覺的途徑似乎是單行道，資訊由感覺器官流至腦部，不能反向而行。神經科學家概略地將神經分爲傳入（進入中央神經系統）與傳出（離開中央神經系統）兩類。感覺神經全都是傳入神經。可是一旦感覺資訊抵達腦部，資訊流的方向就很可能變得混亂。

視覺是最容易研究的系統。實驗者可以精準地控制視覺刺激，向躺在MRI掃描儀中的人展示。視覺皮質區位於腦背側，視網膜上的每個定點都與視覺皮質區的某一特定位置對應。皮質區最早接收到視覺輸入的部位名爲V_1（V代表Vision，視覺）。V_1內的神經元傾向於對基本視覺產生反應，例如明暗之間的界線或差異。接著 V_1 再投射到較高層的視覺資訊處理區——分別爲 V_2、V_3、V_4——由此逐步擷取眼睛所看到較複雜的表象，如動作與顏色。

我們總難免覺得眼睛視物的方式與攝影機的運作類似，但這種類比並不高明。攝影機能忠實地反映出鏡頭前的一切，而人的視覺卻充滿漏洞；你所「看見」的不只是眼睛實際觀察的結果，也是想像力的產物。例如，接近地平線的月亮看起來比頭頂上的月亮大，因爲在地平線上的物體讓你以爲月亮比實際距離更近。科學家所要解決的大問題是：非視覺過程對視物行爲的影響能有多大？你的心能影響 V_1 區內發生的情形，在你根本尚未察覺影像之前改變你看到的景象嗎？這個答案與美好用餐經驗當中的知覺有個驚人的關聯。正如卡明斯基所說，期望——即上菜前你對食物的想像——可能確實會影響到你如何享用這一餐。

想像的確可能影響你的所見。倫敦一群認知科學家利用 fMRI 顯示低層視覺可能受腦的其他部位影響。當受試者被要求偵測視野內不同區域出現的形體時，倘若事先有人輕觸他們的手，告知目標物會出現在哪一邊，他們的表現就會比較好。從手到眼睛的距離很遠，在腦內約有六吋遠，但倫敦研究團隊發現適當地碰觸受試者的手的確會影響視覺皮質區的活動。⑪在此過程中頂葉皮質扮演著關鍵角色，它接收到觸覺與視覺訊號，再將混合資訊的適當部分送回個別的大腦區塊，而手的碰觸則即時改變了視覺處理。

此過程能反其道而行嗎？你看到的能改變你的感覺嗎？我在亞特蘭大的同事薩錫安（Krish Sathian）利用不同的科技證明，觸覺與視覺都是雙向道。薩錫安利用穿顱磁刺激（Transcranial Magnetic Stimulation, TMS）干擾視覺皮質區，同時讓受試者用手指觸摸一連串隆起的金屬物後判定其隆起方向。TMS的運作方式是讓電流通過一個甜甜圈狀的儀器。當電流流入這個環圈，甜甜圈的洞便會產生磁場。線圈愈多，電流愈強，磁場也愈強。當線圈置於頭皮、通上電流後，產生的磁場會擾亂正下方的神經元。這種干擾只是暫時，電流切斷後神經元便又回復正常狀態。TMS在研究界愈來愈廣爲使用，因爲它引發的暫時性腦障礙讓科學家們基本上可以讓一部分的腦斷線，再檢視這對正常功能有何影響。薩錫安干擾了視覺皮質區後，受試者的觸覺分辨能力幾乎降到只剩碰運氣的水準。⑫

各種感官顯然不像以往人們所想的那麼獨立。如果你自以爲觸摸到的東西會突然在眼前改變，或者反之亦然，那麼感覺的界線其實就像畫布上的水彩一樣會互相滲透，由此產生的多感官經驗也不同於感官個體相加的總合。但關於這點，莫爾曼當然早已知曉。

感覺的融合

每個感官的知覺顯然都是可塑的，而現今的神經科學家與心理學家也大多接受了感官具有相互影響的能力的明證。一般而言，感覺的互動是天衣無縫也無須有意識地費力，但一小部份人的感覺卻可能變得十分紊亂，以致於味道有形狀或是聲音有顏色。所謂聯覺（synesthesia）就是感覺的合併，據統計每兩千人當中便有一人有此狀況。[13]

儘管與聯覺相關的文獻已流傳數百年，科學的剖析卻是一九八〇年代才開始，當時美國神經學家賽托維克（Richard Cytowic）出版了兩本書，描述幾位病患與其聯覺的形式。[14]每名病患都有獨特的形式，不過與色彩的連結最爲常見。而詞彙聯覺——即看到字母或詞彙便知覺到色彩——尤其普遍。關於聯覺的傳統解釋有二，一是病患謊稱自己的經驗（畢竟除了病患本身，誰也不知道他們的知覺爲何），另一個解釋較爲寬容，那就是這些人說話採用隱喻，如藍色的星期一等等。然而有一些研究證實聯覺者的知覺確實與他們所說相符。⑮怎麼會發生這種現象呢？部分研究人員認為答案在於交錯連結，舉例來說，腦中平常與文字相關的區塊和色覺相關區塊交錯了。⑯腦部造影研究確認了這個觀點，因為在聯覺者腦中，言語能活化位於 V_1 外的色彩區塊。⑰

根據推斷，交錯連結發生在成長初期。大多數聯覺者聲稱從孩提時代便有此現象，但假如成年後也可能發生聯覺，那我們每個人可能都是潛在的聯覺者，而且我想這個潛伏因子可能會在美好的用餐經驗中被揭發。⑱像LSD（迷幻藥）之類的毒品經常會引發類似聯覺的經驗，有些證據又證明幼兒有聯覺；因此只要在適當的條件下，任何人都可能產生感覺混合的情形。

烘烤蛋糕時，莫爾曼準備示範——稱之為表演或許比較恰當——多重感官經驗具有揭發內在聯覺特質的力量。

他的書房裡有張華麗的沙發，沙發腳邊放了一個鍍鋅鐵桶。若非他往桶裡削了幾片檸檬，這個十加崙的大容器似乎比較適合放在花園的庫棚內。莫爾曼請我坐下，把腳伸進去。桶中裝滿熱水，在此隆冬時節，赤著蒼白的腳泡入水中更覺得滾燙。泡著檸檬的水與洋蔥、茴香的嗆鼻氣味形成強烈對比。

「你覺得舒服嗎？」莫爾曼問。

「舒服極了。」我回答。

接著他拿布條蒙住我的雙眼，並遞給我一副連接著CD唱盤的耳機。小調樂曲的聲音逐漸明朗，單一的合成樂器彈奏著憂鬱曲調。我聽見莫爾曼的聲音像模糊的回音似的，以西班牙語朗誦：Que tus ejércitos militen el oro y la tempestad, Magnus Barfod。稍後他告訴我這是波赫士（Jorge Luis Borges）的詩作「寬大的敵人」（El enemigo generoso）中的第一句。[19]莫爾曼一開始就誦讀阿根廷偉大詩人的詩，的確理所當然，只不過這首詩乃是向英年早逝的挪威國王赤腳的馬格努斯致意，其深意我一直到後來橫越大西洋上空時才明白。且不論詩如何，我安坐著讓自己體驗一種混合著詩、音樂、香氣與觸覺的奇特感受。

那聲音開始說起法文，原本平靜的中低音轉換成急切的高音。J'ai tant rêvé de toi que tu perds ta réalité，這美麗的詩句的意思是：「你一再地入我夢來，最後終於失去眞實感。」[20]正當我隱約聽懂某個與日晷有關的片段，莫爾曼又改用英語唸起格雷夫斯（Robert

Graves）的詩，開頭第一句是：「他快速，思考以清晰影像，我緩慢，思考以破碎影像。」㉑

不知過了多少時候，莫爾曼幫我將加有檸檬與茴香的泡腳水換新。我處於另一個時空——也許甚至是卡明斯基時空——內在的超現實鋒利如箭。莫爾曼繼續以西班牙語、法語和英語交替讀詩，速度愈來愈快，最後轉入「白鴿」的二重唱——費洛索（Caetano Veloso）的這首歌因爲阿莫多瓦執導的《悄悄告訴她》而聲名大噪。莫爾曼唱起歌來，音準驚人。

莫爾曼挑選的每首詩都訴說著自身的現實，有些較尖銳，有些較寫實，但每一首都是建造於心的世界。這些世界並列著——無論我有無意識——再加上他輸入到我身上的感覺，產生了一種與單純加總全然不同的經驗，實在不知該如何形容。這是用餐、是詩、是音樂，還是芳香療法？

莫爾曼首次施行此儀式是在他位於巴西聖保羅的餐廳。「聖保羅，」他說：「其實很恐怖，但我很喜歡。那是個很工業化，很強有力的城市。但巴西人都非常快樂也很有耐心。」在完整的體驗中，顧客們不只像我這樣蒙起眼睛，莫爾曼還小口小口地餵他們吃他發明的食物。

「有些人會受不了。」莫爾曼解釋。那些能忍受強烈新奇感的人確實有特殊的收穫。「當你展現某樣不同的東西，大家會非常渴望試試。」

香檳夢

午餐時間到了。我們的巧克力蛋糕冷卻後，莫爾曼打開包鴨胸肉的紙，往鴨肉上撒海鹽和香草。

趁他用鐵盤煎烤鴨肉時，我開了一瓶香檳。我們一塊做蘿蔓萵苣沙拉，以紅酒醋、特級橄欖油和松露油調味，再磨一點帕馬森乾酪。準備沙拉之際，鴨肉也熟了。莫爾曼將杏仁片在平底鍋內烘烤過後，再撒到已經放在簡單白色盤中的鴨胸肉上。

我們爲兩人的合作乾杯，並發誓將彼此的領域拉得更近。鴨肉有秋天的味道，帶著燻香，而杏仁清脆得有如落葉。香檳一如往常讓我有些醺醺然，也許我太投入多感官經驗，但一頓平平實實料理的鴨肉與拉沙午餐確實凌駕於純粹的食物之上。

也或許是香檳的關係。酒精的效應無須贅述，誠如首位味覺生理學家布希亞薩瓦涵(Brillat-Savarin)所說：「酒是液體中的王子，能將味覺帶入最興奮的狀態。」㉒無論有無皇家貴氣，酒具有增進食物美味的效力是不容否認的。但是自布希亞薩瓦涵至今已將近兩百年，我們對於這兩者的結合仍不甚了解。

酒精可以視爲人類飲食的成分，因爲其熱量極高：一克酒精便有七卡熱量，僅次於油脂。除了原始熱量值之外，酒精還有刺激胃口的奇特特性。雖然一杯葡萄酒可能含有一盎司左右的酒精，或兩百卡熱量，但若是吃下相同熱量的一小塊奶油，不妨比較一下兩者對胃口的影響。油脂令人生膩，酒精卻促進食慾。

無論酒精有何效應幾乎都與其熱含量無關。酒精主要是透過與伽瑪-氨基丁酸（GABA）系統的互動對腦產生影響。GABA是一種抑制性神經傳導物質，會讓其他神經元較不容易激發。GABA神經元遍佈腦中，舉例來說，這些神經元會防止皮質在癲癇發作時激發失控。然而，酒精發揮效力主要卻是透過紋狀體與腦幹的GABA受體。紋狀體有九成以上由GABA組成，這個比例比腦的其他區塊都要大上幾倍。當實驗人員將阻斷GABA受體的藥品直接注入被訓練成喜愛酒精的老鼠腦幹後，老鼠的酒精消耗量隨之減少，但整體進食量卻不變，證明酒精上癮的特性發生在紋狀體。㉓

雖然紋狀體大半由釋放GABA的神經元組成，這些神經元卻也同時具有腦內最高密度的多巴胺受體，而且如我第一章所述，這裡接收的多巴胺多半來自皮質區。酒精會強化GABA的效應——主要是增加它在紋狀體內的量——並藉由至今仍不完全確定的機制刺激食慾。不過食慾的提升並非針對所有食物，酒精傾向於刺激鹹和油的食物攝取。在某實驗中，受試者喝完一杯酒後會多攝取百分之九至十七的熱量，其中馬鈴薯片所佔比例高得離譜。㉔

莫爾曼的鴨肉可不是馬鈴薯片。肥厚的皮已轉爲深褐色，其酥脆程度絕非任何零食可比。香檳肯定已經開始對我的紋狀體施法，但除此之外，我剛剛沉浸其中的多感官體驗似乎留下了些什麼久久不去。

誠如莫爾曼的多感官經驗證明，移除視覺後會加強其他感覺。酒精也會降低視覺系統的突出程度，讓你較不留意眼前的物體，同時充實紋狀體。在此情形下，其他感官系統便可自由地以新方式彼此連結。人類畢竟是視覺動物。將視覺移除，或至少減低其卓越性，一餐裡的味覺、嗅覺和聽覺就會多出相同程度的力量。酒精提升味覺的效果或許有一部分原因在於我們釋放出自己潛在的聯覺。在這諸多因素當中再加入新鮮感——例如新的食譜、餐廳或用餐夥伴——你便能確實激發紋狀體。但在結束此經驗之前，還需要最後一樣元素。巧克力。

愛戀巧克力

中午飽食鴨肉之後，幾乎不想再吃任何東西。除了巧克力蛋糕之外。每個孩子都會如此堅持，而每個父母也都會讓步：再飽的胃也容得下甜點。

巧克力爲什麼這麼好吃？多脂，是其一。烘乾的巧克力豆（又稱可可豆）有一半以上的重量來自油脂。從巧克力豆分離出來的油脂稱爲可可脂，由於其化學特性才會使巧克力一達人類體溫便融化，可可脂也才得以運用於非食品用途，例如化妝品與藥品。由於這些用途更有利可圖，因此大部分可可脂不會加入你吃的巧克力中。劣質巧克力製造商會以較便宜的植物脂取代可可脂，因此這種品質較差的產品中，純正可可脂含量只有百分之十五。反觀高品質巧克力則含有高達百分之七十的可可脂。

有一項造影研究針對的是巧克力對腦的影響。專攻味覺的神經心理學家史茉（Dana Small）研究的是吃下大量巧克力後的腦部情形。因爲必須吞下巧克力，因此將巧克力置於舌尖應該會導致釋放多巴胺與活化紋狀體。但史茉提出的問題更細膩：你獲得多少樂趣——即快樂成分——會不會改變巧克力的味道？史茉讓參與者在兩次掃描之間吃下多塊半苦半甜或牛奶巧克力，直到吃巧克力不再是件樂事爲止。當參與者吃厭之後，果不其然，紋狀體活動減少了。更有趣的是，當巧克力吃得愈多，腦內與味覺相關的腦島區和體感覺皮質區的活動便愈少，顯示吃巧克力的樂趣不僅限於報償中樞，還會影響味覺本身。[25]

莫爾曼開了一瓶黑比諾葡萄酒，然後開始將蛋糕切成三角形薄片。他搭配著少許原味優格並塗上一層焦糖牛奶。蛋糕滿是巧克力，甜度恰到好處，足以讓人目光旋轉卻不至於牙疼。酸酸涼涼的優格平衡了口感，顏色更與蛋糕本身形成強烈對比。最後加上焦糖牛奶組成三部曲，可謂味覺的聖三一。當時我眞希望妻子凱瑟琳也在場，一塊享用這道顯然專爲情侶設計的點心。

「我相信一切都和浪漫有關。」莫爾曼告訴我：「從你起床那一刻起，一切都有關。」

食物與愛情有關的說法由來已久，但我們不得不感謝薩德侯爵（Marquis de Sade）將巧克力的地位提升爲至高無上的春藥。薩德對巧克力十分狂熱，很可能是史上第一個有巧克力癮的人。據說他在某次惹人非議的宴會上請賓客吃的巧克力，摻有具催情作用的西班牙蠅，賓客們於是個個熱情如火難以自制。據當代某人士描述：「（宴會）墮落成像羅馬人那種放蕩狂歡的聚會。就連最尊貴的女性也無法抵擋體內騷動的慾火。」㉖據說有幾名賓客因縱慾過度而亡。

事實眞相很可能沒有如此精采，因爲薩德除了熱愛巧克力與性之外，更加愛好說故事。故事流傳得夠廣了，巧克力與熱情也從此難分難解。然而，我想巧克力與愛情這檔事可能還有點其他什麼的。油脂確實是活化多巴胺系統的要角，若是結合巧克力和少許酒精，就如同爲紋狀體加了火箭燃料——只待以新奇一點燃便是一場燎原大火。撇開新奇不說，巧克力對腦可能眞的有催情效果。

直到一九九四年以前，誰也不知道身體究竟如何與腦溝通其營養狀況。當時已知飽足感並非單純來自胃的機械式收縮，而是用餐過後腸道釋放出一些訊號所致。胰島素是明顯可能的因素，因爲食用過任何含有碳水化合物的餐後，胰臟都會分泌胰島素。胰島素一旦釋放進入血液，便會幫助細胞吸收剛剛攝取的熱量，不過胰島素卻是仰賴其他荷爾蒙影響飽足感。㉗

瘦體素——脂肪細胞分泌的一種蛋白質——是可能性最高的內生性飽足感荷爾蒙。

當瘦體素基因在老鼠體內去活化後，它對胃口的影響也變得明朗。這些被稱爲肥胖鼠（ob/ob mice）的老鼠因爲吃得過量而導致肥胖。瘦體素的影響與胰島素不同，不只是和一餐的短暫關聯，而是有二十四小時的分泌節律，其中多半發生於夜晚，這表示瘦體素會每天發出關於身體所需全部熱量的訊息。一旦釋放進入血液，瘦體素會循環至腦部對下視丘——一個管制食物攝取與生殖的小區塊——起作用。既然瘦體素由脂肪細胞製造，那麼儲存的脂肪愈多就會釋放愈多瘦體素，只不過即使經過體脂差異的控制，女性瘦體素分泌量仍是男性的兩倍。[28]

脂肪細胞產生瘦體素時會持續三十分鐘大量釋放。此外只有另一種荷爾蒙也會有同樣現象，那就是由女性下視丘分泌、會促進排卵的黃體化激素（LH）。就在排卵前，瘦體素與黃體化激素的脈動性分泌會同步發生。[29]瘦體素是女性的身體營養狀況、供給胎兒成長的能力與腦對生殖的「決定」等三者之間的直接聯繫。儘管你或許不是自身荷爾蒙的奴隸，卻可能是巧克力催情效果的生化基本要素流經瘦體素。

雖然一開始只是想找出壽司問題的答案，結果卻有更深層的發現。卡明斯基對莫爾曼的評語是對的。他是個感官主義者。而且他不只是詩人，還是個浪漫詩人。

一個令人滿足的用餐經驗，尤其是就莫爾曼的觀點，絕不只在於食物，也超越味覺之外，因爲即使有最好的食材，仍需要其他——一種新鮮感。莫爾曼創造出特殊的餐點，因爲他照顧到所有的感覺，使得用餐成爲一種多感官經驗。同時他還利用酒與巧克力提升新奇效果。與愛侶分享這種經驗是最好的情況，因爲若眞有所謂春藥，非此莫屬。

至於壽司問題，由於關鍵的新奇元素之故，我無法重複剛才令我如此享受的餐點——至少不能一成不變地重複。於是我只得到一個結論：極致的用餐經驗少之又少，最重要的必須天時地利人和。假如你有幸經歷一次，當下請細細品味，但不要試圖重複。下一次，得試點新的。

5 電刺激遊樂場

神經造影——特別是fMRI——是直視腦部運作的利器，但因腦中交錯的區塊太多，研究人員經常難以將各區塊的功能獨立分離出來。我在上一章提到的穿顱磁刺激（ＴＭＳ），使研究人員得以暫時讓腦的個別區塊斷線。ＴＭＳ能干擾腦的某個部位，這點連fMRI也辦不到。它揭露了腦內特定區塊對人類行爲的直接作用。我所能想到最令人迫不及待想使用ＴＭＳ的部位就是紋狀體，這項技術讓我們能夠觀察動機系統的運作。只可惜紋狀體藏在腦部深處，幾乎就在幾何中心上，ＴＭＳ的磁脈衝到不了那麼遠。當我們開始亂試一通想看看紋狀體的功能時，必須在此處植入電極。雖然對老鼠都是這麼做，卻沒有理由施行於人體。但這並不表示沒有人做過。一九五〇年代在紐奧良的杜蘭大學，有一名背叛傳統的精神病學家在人腦報償系統的所有部位都置入電極，通上電後，攝影機一面跑，他一面觀看發生的情形。

這些實驗的紀錄幾乎已消失殆盡，即使當時主要的醫師與病患大多已經過世，這仍是精神醫學界許多人寧可遺忘的時代遺物。我來到紐奧良希望看看唯一留存下來、記錄直接刺激人類紋狀體情形的影片，藉此探知一些關於人類報償系統的資訊，一些禁忌資訊。

一進入這個悠閒之都，我看見四面八方聳立著大大小小的墳墓。當道路降到海平面底下——這是此地常見景象——兩側的墓園彷彿夾人的刑具自動夾緊，那令人屏息的感覺讓我一時忘了自己此行的目的。形形色色的墳墓，有些簡單樸實，有些華麗壯觀。由於紐奧良大半土地都低於海平面，屍體會浮出地表，因此必須建造大片的地上墓園。生者走在死者群間的景象，恐怕只有這裡看得到。

杜蘭醫學中心昂然挺立，原本的沼澤平原已變成一大片外觀普通卻堅硬無比的花崗岩建築，其中的慈善醫院從一七二六年便開始服務當地貧苦之人。這間一度曾是全世界最大的醫院從這片雜亂的醫學建築群中心脫穎而出，儘管也已開始慢慢陷入密西西比三角洲的污泥中，卻仍傲然聳立。醫院較高樓層卡了一層像煤煙的東西，彷彿有部分建築剛遭遇過火災。但我很快便發現這是一種視覺假象：原來是花崗岩面愈往上色澤逐漸加深之故。

我穿越波旁街前往醫學中心時，有個妓女站在門口向我招手。她是個婀娜多姿的黑人，穿著白色緊身洋裝，裙身只到跨下一兩吋處。我聽見她在暗處說：「親愛的，怎樣能讓你快樂呀？」

她哪能知道呢？

切開全民腦葉

希斯（Robert Heath）已經去世十多年，卻仍持續影響著杜蘭。一九五〇年代初，他在此創立全國第一個結合精神醫學與神經學的系所，比當代的人提早數十年預見這種將腦生物學與精神分析過程合而為一的醫學型態。至今希斯的作為依舊爭議不斷，部分是因為他的大膽，主要則是因為大眾與同儕對他的發現有所誤解。

從一開始便有人批評希斯企圖控制人心。許多科學家認為他對精神病患與囚犯採行不人道的實驗，而心生反感。批評者對希斯的公開詆毀不僅針對他進行腦深層刺激效應的實驗，還有他使用催眠以及令人神智不清的藥物，其中包括大麻和LSD。後來幾年，更有人誹謗說他爲軍方與中情局研發洗腦技術。①對愛好陰謀論的人而言，希斯的工作提供了無盡的題材。儘管聲名狼藉，希斯仍是少數幾個研究過直接刺激人腦報償中樞有何影響的人之一。

一九四六年從軍中退伍後，尚未來到紐奧良以前，希斯在哥倫比亞大學完成醫學訓練。之所以選擇哥大是因爲當時只有在這所學校，才能同時接受精神醫學與精神分析的訓練。直到今日，精神分析的專業仍謹愼地與醫學院保持距離——這是自佛洛伊德被逐出維也納多所大學後流傳下來的傳統——只有在哥倫比亞大學例外。希斯向幾位神經生理學先驅學得相關技術，並同時在公園路開了一家精神分析診所，由前衛的分析師拉杜（Sandor Rado）擔任顧問。

拉杜是個反傳統的匈牙利人，一九三一年受徵召從柏林前來成立紐約精神分析研究所（New York Psychoanalytic Institute）。他的分析法的正字招牌就是引介生物學元素替代佛洛伊德所描述的力量的概念，例如無意識的本我與半意識的自我之間不斷產生的衝突。當佛洛伊德學說的信徒認爲拉杜的觀念過於偏激，他便脫離紐約精神分析研究院，自行創立一個融合生物學與傳統分析技術的精神分析模式。於是他從上東城橫越紐約來到哈林區，創辦了哥倫比亞精神分析訓練中心。拉杜與後來成爲他手下的希斯都相信，他們能找出腦深處的本我所在。希斯就把他最新學會的神經生理學技巧應用在人體上進行研究。

約莫同一時間，精神病學史上較晦暗的一章正逐漸告一段落。馬里蘭州貝什斯達的聖伊莉莎白醫院（Saint Elizabeth Hospital）有一名美國神經學家兼精神病學家富利曼(Walter Freeman)，儼然已成爲前額葉切開術的旅行業務員，向精神病患愈來愈多的醫院的管理者推銷此術。身爲這種所謂冰鑿腦葉切開術發明人之一的富利曼驕傲地說，只要一個下午，任何人——無論有無醫學背景——都能學會此手術。他和工作夥伴瓦茨(James Watts)——喬治華盛頓大學的神經外科醫師——一同研發出這個簡單的技術來治療精神疾病。過程中無須麻醉，也不需要複雜的手術室和昂貴的助理人員與護士。富利曼-瓦茨的腦葉切開術可以在五分鐘左右完成，需要的只是一張平台和一支普通的冰鑿。將磨利的冰鑿插入上眼瞼與眼球之間，微微向上推入直到冰鑿碰到眼球上端一層薄骨。再用榔頭用力一敲，讓鑿子穿過顱骨進入腦部。最後快速地左右一晃，程序便結束了，額葉與腦的其他區塊間的聯繫已被切斷。

因爲腦沒有感覺，眼球上方也幾乎沒有神經，因此富利曼宣稱這是無痛手術，但冰鑿切開術的效果卻和過程一樣快速而富戲劇性。原本焦躁、有妄想、精神異常的病患隨即變得溫順。前額葉切開術的應用很快便從病情最嚴重的精神分裂者遍及病情輕微的患者，症狀包括焦慮、強迫症、憂鬱與弱智等，其中又以小孩居多。

從一九三〇年代中到一九五〇年代初，大約進行了十萬起腦葉切開術，②但並非所有醫師都相信這個手術改善了病患的生活。腦葉切開術終止了破壞性的行爲，但也移除了許多身爲人類特有的內在對話。許多接受腦葉切開術的病患時時刻刻都活在現在，沒有過去與未來的觀念。雖然精神病院的管理階層因病患變得溫順而獲益，愈來愈多病患家屬的齊聲抱怨卻也致使哥大精神病學家著手進行一項研究。哥大的研究人員與紐澤西州莫里斯城格雷史東州立醫院（Greystone State Hospital）的同仁攜手合作，爲腦葉切開術是否有效作最後決定。③希斯身爲哥倫比亞-格雷史東計畫的顧問，直接便獲知切除術帶來的損傷。

希斯對腦葉切開術的疑問不只在於患者受到的傷害。既以腦葉切開術治療精神分裂症，就是預先推定病灶位於大腦皮質。但該手術的提倡者卻反向推論：因爲切開腦葉消除了許多精神分裂症的症狀，因而該病的病灶必定在此。希斯持不同看法。

希斯在拉杜的影響下提出另一精神分裂症理論，其基本觀點是較高層的思考位於皮質區，而情緒則源於腦幹。希斯認爲當一個人的自我意識能與眞實世界協調，亦即沒有精神分裂症的精神異常或妄想等症狀時，皮質區是主要活動區域。在幻想、快樂與憤怒期間，則由皮質下（即情緒性思考）掌控。當皮質系統（思考）與皮質下系統（情緒）失衡，就會發生嚴重的喚起障礙。希斯相信精神分裂的起因並不在於腦葉切開術者所認定的皮質，而是更原始的腦幹系統。醫師其實不必動手術切除皮質，只須利用電流活化腦幹，便能以更有效也更人道的治療方式恢復平衡。④

杜蘭大學精神醫學系系主任的位置出缺時，希斯差點就錯過了。杜蘭和紐奥良市不僅遠在南端還位於全國最窮的州之一，雖然對希斯而言這裡具有某種歐式魅力，卻幾乎毫無其他資源能供給像他這樣有才幹的人。紐約從來不缺精神病學家，此地同儕密度之高讓希斯從事革新工作時，難免會有其他十來名精神科醫師絆手絆腳。因此希斯搬到杜蘭的最主要原因，就是爲了能毫無阻礙地工作，並在比較孤立的環境中仔細推敲琢磨有關精神分裂症的想法。[5]

腦深層刺激

與動機密切相關的構造紋狀體坐落於腦幹附近。開啓腦深層刺激歷史的腦幹是一段四吋長的組織，介於大腦皮質區與脊髓之間，其體積雖小卻極爲重要，不僅傳遞著皮質與身體之間的絕大部分資訊，還包含數十群聯合起來具有獨特功能的神經元。例如，呼吸便是由腦幹中一小群神經元控制。希斯特別感興趣的是鄰接腦幹一個叫腦隔區的區域。腦隔區呈不等邊四邊形，由腦幹正上方延伸至皮質區底部，向兩旁延伸約五毫米，且涵蓋部分紋狀體。[6]這個區域受傷的動物非常容易激動，動輒暴怒，此現象稱爲「腦隔區狂怒」。相反地，當腦隔區以電刺激，動物會變得溫馴，縮進一個內在的快樂世界。希斯假設以電刺激精神分裂症患者的腦隔區，也能得到類似的安撫效果。

若想了解以電刺激腦隔區何以能獲得這樣的效果，必須先知道如何推論某件事物能使動物快樂。觀察動物（或另一個人）並試圖找出刺激此生物的動機，也許是個令人沮喪的經驗。例如，爲什麼大多數人總在飢餓時才進食，而不是一有食物就吃？有一個簡單但不完整的解釋：人類必須週期性地遵循一些天生的驅力，飢餓便是其中之一。藉由觀察動物行爲，我們可以推論其驅力，但無法直接測量。如果供應食物丸給老鼠但牠不吃，那麼這隻老鼠的進食動機想必處於低下狀態。若是十二小時不讓牠進食，再來無論餵食什麼，老鼠都會狼吞虎嚥。因此可以斷定對動物而言，食物本身並非快樂的來源，但滿足某種特殊驅力——如此例中的飢餓——卻是。佛洛伊德受到十九世紀十分熱門的驅力降減論影響，提出一個概念：本我是一種與生俱來的原始驅力，具有必須獲得滿足的特殊需求。既然已知除了生理驅力之外還有其他驅力——如新鮮感——這些其他驅力的來源揭露了人類行爲上重要的一面。

一九五〇年代，繼俄國生理學家帕夫洛夫（Ivan Pavlov）的行爲學派之後，實驗心理學家也發現動物和人類都能從學習獲得動機。例如，幼兒並非天生渴望金錢，而是在成長期間吸收了錢很寶貴的觀念。此一事實似乎與驅力論相互矛盾，因爲嚴格說來，該理論認爲驅力是天生而非學習所得。反觀史金納（B. F. Skinner）信奉的卻是操作制約學習理論，斷定動物能從行動的後果中學習。⑦科學家們對於驅力的興趣漸減，轉而專注於行爲以便了解行爲強化的原因。雖然報償的感覺是內在狀態，相關的強化概念卻能藉由觀察界定。假如老鼠學會壓下槓桿便能獲得食物丸，那麼便可說食物強化了壓槓桿的行爲。即便如此，觀察此強化現象無法使你得知動物的心態——亦即老鼠爲何持續壓槓桿。如果我想得沒錯，對新鮮感的天生驅力確實存在，那麼驅力理論與學習理論便相去不遠。但這卻不是一九五〇年代的主流觀點。

一九五二年，有一位年輕傑出的心理系學生名叫歐茲（Jim Olds），剛從哈佛取得博士學位後便搬到蒙特婁，在麥基爾大學（McGill University）研究動機的神經行爲基質。當時，腦內的網狀活化系統（Reticular Activating System, RAS）是熱門的研究區域，因爲它似乎與意識的調節關係重大。RAS是一群廣泛分布於腦幹各處的神經元，而令歐茲尤其感興趣的是RAS在動機中扮演的角色。他心想，藉由刺激RAS或許能改變動物的動機狀態。於是在一名大學部學生的協助下，他倉卒完成一個簡單的刺激裝置，將一個電極植入老鼠的RAS。他將手術後甦醒的老鼠置於大箱中，箱子四個角落分別標示A、B、C、D。每當老鼠試著靠近角落A，歐茲便對牠的RAS進行短暫電擊。值得注意的是，即使電流關閉後老鼠仍會不斷返回該角落。起初歐茲以爲自己可能刺激了某種好奇中樞，因此他開始在老鼠往角落B踏近一步時給予電擊。老鼠果然對角落A失去興趣，開始把時間花在角落B。幾分鐘內，歐茲已經可以操控讓老鼠在箱子裡兜圈子，他可以經由電擊刺激腦幹任意地強化行爲。⑧此乃一大壯舉，因爲它似乎指出一條通往腦的明路，而且這也可能是天生的強化物——如食物與性愛——的作用途徑。

歐茲仍不確定爲何電擊具有強化作用，便將老鼠置於史金納箱中。這個由心理學家史金納發明的箱子，裝設有各種燈光、槓桿以及數種獎勵與懲罰方式。箱子的設計目的是爲了讓動物自行發覺實驗者的強化物。在歐茲的實驗中，當老鼠無意中碰到史金納箱內的一根槓桿，RAS就會受到短暫衝擊。兩分鐘內，老鼠便會故意碰撞同一根槓桿以獲得更多衝擊，努力地自我刺激。後續幾年當中，歐茲與同事們有系統地畫出了掌管自我刺激的腦部區域圖。這條大腦迴路範圍極爲有限，只有不到十來個斷續的組成要素，後來被通稱爲報償迴路。其中某些部分——特別是下視丘與腦隔區等區塊——與每小時高達兩千次的超高刺激頻率有關。⑨

看來刺激肯定讓老鼠感到快樂，但老鼠對世界的主觀經驗與人類的經驗恐怕關係極爲薄弱。

昔日的衝擊

即使在希斯過世十年後，他的實驗室仍保留著他的名號。觀測窗蕭條地望著另一個空空的辦公室，周圍的廊道安靜得怪異，一個忙碌的學術醫學中心在大白天出現如此景象很不尋常。在一個和他的實驗室毗鄰的小房間裡，我用舊式的電影放映機播放了一系列十六釐米的影片。

第一部片一開始就是希斯站在一扇掛著布簾的窗邊。地點似乎是實驗室。有一張矮破舊的塑膠皮長沙發被擠在布簾右邊角落，其餘的裝飾則是零星單調。布簾似乎就掛在我剛剛離開的辦公室的觀測窗上，有點空隙但並無光線滲透。

希斯轉向攝影機，開始解釋即將發生的情形。他的外貌格外英俊，雖然影片已有五十年歷史，卻絲毫不減其特殊魅力。看似四十歲左右的希斯滿頭花白頭髮引人注目，耳朵上方的一圈迷人黑髮尤其醒目——這種時髦的髮型與其他年輕醫師及助理的平頭或小平頭明顯不同。

布簾拉開後出現一名年輕女子，平躺在一張醫院用的輪床上。女子頭部纏著繃帶，看不出年紀，但我猜應該是二十五六歲。她臉型略圓，有雙大眼睛，嘴角呈迷人的下垂弧度。雖然臉上沒有表情，卻也不顯得憂慮。她身後的牆上滿是電子裝置。

電子面板上的小指示燈就位在患者頭部上方。希斯的助理解釋說，每當有電脈衝送入患者的腦隔區，燈就會亮起。此時，螢幕上的畫面一分爲二：左邊是病患，右邊是她的十來個腦波圖開始印在紙上慢慢吐出。

女子頭上的燈也開始每一秒左右閃動一次。每閃一次，標示著「RP Sep」（右後腦隔區）的腦波圖便會出現尖峰。

病患露出微笑。

希斯問：「你爲什麼微笑？」

「我不知道。」她回答。她的聲音尖尖的，像孩子似的：「我大概是一直笑個不停吧。」她開始格格笑了起來。

「你在笑什麼？」

女子開玩笑地說：「我不知道，你們對我做了什麼？」

「你怎麼會覺得我們做了什麼？」

她又笑了。「不知道，但我通常不太會笑。」

希斯也開始竊笑。「我不懂，你這是什麼意思？」他說。

女子恢復鎮定後，微笑著說：「你們一定是瞄對了目標。」

測試員的聲音傳來「一百二」，表示送出了一百二十個脈衝。兩分鐘過去了，希斯繼續與女子聊天，儘管兩人年齡有一定差距，情色暗流卻明顯地持續著。

「一百八十個脈衝。」測試員說。

女子才說完自己手腳冰冷，便又微笑說道：「但我的腦子裡好像有什麼感覺。」

希斯好奇之餘毫不放鬆，重複了女子剛才的話之後口氣柔和地改變話題。「你想不想跟我談談你很喜歡的那個義大利人？」

女子又笑了，她顯然很喜歡這份關注，卻又軟弱地反駁：「你們為什麼要這樣對我？」

希斯再度假裝害羞地問：「嗄？什麼意思？我們做了什麼？」

「你們有陰謀。」她回答：「你們一定在搞什麼鬼，對不對？」

「搞什麼鬼呢？」希斯戲弄著她：「告訴我你心裡在想什麼。」

「我不知道。也許你們在刺激什麼東西。也許是某個好地方。」

「什麼樣的好地方？你爲什麼覺得我們在刺激一個好地方？」

女子又笑起來，受到極度關注使她容光煥發。「不然我爲什麼會笑？」

「兩百四十個脈衝。」測試員以低沉單調的聲音說。實驗進行了四分鐘，只聽啪的一聲，最後一段膠捲隨之快速翻轉。

我還看了希斯其他不少病患的影片，與其他人的情況比較起來，這名年輕女子對於腦隔區刺激的反應似乎與眾不同，我會以受到性愛刺激來形容。數年後，希斯在一篇自費出版的論文中寫道，雖然腦隔區刺激讓他多數的病患覺得快樂，卻並非所有人都有性愛歡愉感。⑩事實上，腦深層刺激的反應非常多變，在希斯看來，這不只是刺激的產物同時也受個人心態影響。刺激不會無中生有製造情緒，倒是比較像情緒的放大器。例如假使病患餓了，希斯發現腦隔區刺激會增進與食物有關的快樂感覺。

希斯的受試者當中只有幾位明顯體驗到性快感，這是由當事人的直接報告、勃起或高潮來判定，一旦發生這種情況，希斯都會大量記錄。較爲普通的反應，記錄也相對較少。如希斯本身所寫，大多數受試者對於腦隔區的刺激都只是「覺得舒服」，卻無法更進一步描述感覺。⑪希斯是否想要增強這些不明確的反應，這點並不清楚。當快樂的反應確實產生時，等於向希斯證明本我的力量可以用來塑造行為。他畢竟是接受佛洛伊德心理分析學派的訓練，在一九四〇年代末——亦即他接受訓練時期——該學派將本我視為壓抑的性驅力隱藏之所。希斯純粹是藉著尋求這派思想的生物源頭使其更往前邁進。

希斯的實驗推到極致之後顯示，腦深層刺激可以改變原本被視為心理而非生理基礎的人類特徵——例如性向。在許多影片中都出現過，希斯也作了大量記錄的B—19病患，被描述為患有顳葉癲癇的二十四歲男性。身為美國陸軍退伍軍官之子的B—19病患，才入伍一個月便因為「有同性戀傾向」而離開軍隊。經過數年的吸毒、慢性憂鬱症與多次自殺未遂之後，他終於得到希斯的照顧。B—19病患的毒品試驗最先從攝取香草精開始，接著一路從安非他命、大麻、肉荳蔻、吸入劑到最後的LSD迷幻藥。他在希斯引領下住進杜蘭醫院，表面上是為了治療嚴重的人格異常，其次還要治療同性戀。據說B—19病患從未與異性性交過。治療當中，他的腦深層被植入許多電極。根據他在刺激實驗中的回報，只有腦隔區的電極能引起快樂、機警與性興奮的感覺。

在歐茲的實驗中，當老鼠獲得電流控制權便熱切地刺激自己的腦隔區，希斯從這裡得到靈感，爲B—19病患配備一個自我刺激裝置。有一支影片示範該裝置的運作方式。顱內自我刺激機制（ICSS）是個大約四吋見方的鐵盒子，大小剛好可以繫在腰帶上。盒子表面有三個按鈕，分別控制通往三個不同腦部區塊的電流。當B—19獲許穿戴上裝置後，三個小時內便刺激腦隔區高達一千五百次。病患對於實驗時間必須限制在三個小時的結論提出抗議，並懇求讓他再多作幾次自我刺激。

實驗第二階段介紹的是行爲修正，我找不到相關影片但希斯有書面記錄。進行腦隔區刺激時，他們讓病患看異性性交的色情影片。第一個星期，病患對影片感到厭惡，但看了十天之後便逐漸變得興奮，也開始對醫院的女性工作人員產生興趣。他的治療在希斯爲他找來一名妓女後終於成功。當天下午，病患獲准自我刺激腦隔區三個小時。接著他與妓女見了面，並被帶進一間特別準備的實驗室，兩人得以獨處。不過，他的電極連接著記錄裝置，以便測量腦部幾個區域的自然電活動，其中也包括腦隔區。希斯描述如下：

> 緊接著在性高潮之前的階段……左側與右側腦隔區導程的驚人變化與癲癇狀放

電類似……一進入性高潮，腦隔區與視丘的腦波圖發展成尖峰慢波型的活動（痙攣）。⑫

B—19病患在希斯影片中，從頭到尾都不顯得患有精神疾病。⑬我反而覺得他很理性，能與人有眼神接觸，能表達所有的情緒，能進行適切的對話，而且沒有任何妄想或幻覺的跡象。尤有甚者，B—19病患似乎頗善於操控。對於施行於他身上的實驗過程，他大多顯得毫不在意——我發現他的聲音出奇地冷漠，甚至帶有嘲弄口吻，而且經常冷笑，便足以證明。他似乎有些成癮的傾向並樂在其中，因此腦隔區刺激治療好像只是個替代品，即使沒有這項治療他可能也會尋求其他來源。

在先前影片中，當希斯碰觸年輕女子的腦隔區時，她體驗到的似乎是希斯對她的吸引力增加了，然而B—19卻能控制腦隔區刺激，利用它來滿足自己的享樂需求。他平常比較喜歡與同性性交的事實，似乎並不重要——至少從影片看來如此。假如腦隔區刺激伴隨著經驗同時發生，他很可能可以和眼前任何事物交媾。

我從這兩名病患身上看到一個模式：直接刺激腦隔區會擴大而非改變隱藏的人格與

情緒特質。希斯就好像利用電刺激供應腦部對新奇的需求，由於繞過了自然的路徑，因此供過於求。雖然小小的刺激可能對這些病患有益，太多刺激卻會產生非常惡劣的結果。

不快的經歷

希斯的病患對大多數腦隔區刺激的感覺都是正面的，但有少數得到反效果。在性格易怒的病患身上，腦深層刺激揭露的反應與動物的腦隔區狂怒並無不同。一九五二年，希斯播放一名類似病患的影片給杜蘭的同事看。同事觀看後的反應和影片內容一樣非常激烈，並指責希斯對待病患不仁道且試圖控制他們的心志。[14]

A－10病患在軍中製造多起行爲問題之後，於一九五二年開始接受希斯照顧。因爲不服從、打架與行爲脫序而反覆受懲罰的他被診斷罹患妄想型精神分裂症。影片一開始，他躺在醫院用的輪床上。他的身材短小結實，體重大概有六十四五公斤，但顯然不是個好惹的人。他戴著毛線帽，帽子底下露出幾條細電線。

希斯轉向攝影機解釋自己在A－10腦幹植入電極的位置是蓋膜，這個區域比腦隔區更深入，希斯尚未檢視過。希斯設法探索蓋膜，因爲他認爲這裡能更直接通往腦隔區。

刺激啓動後，病患的眼睛前後上下快速地動著。他的頭晃了幾下，彷彿被蜂螫的狗，看樣子像是癲癇發作，只不過他的意識完全清醒。

希斯的助理問他：「怎麼了？」

病患沒有回答，反而是臉部扭曲做出幾個怪臉。

「怎麼了？」助理又問：「你看到重疊的影像嗎？」

病患的一隻手開始揮動繞圈，拳頭一握一放。他不斷地抹臉。「我看到重疊影像。」他終於回答。此時的他呼吸沉重。

一名測試員喊出他的血壓：「一百四／一百一。」

病患開始呻吟：「我覺得好不舒服。」他的眼皮再次快速眨動。

「怎麼樣不舒服？」

沒有回答。

最後病患喘著氣說：「我的頭後面。」

爲了確認他仍知悉當時的時空，助理問道：「你知道今天幾號嗎？你能告訴我今天禮拜幾嗎？」

面談者重複同一問題之際，病患在輪床上掙扎扭曲。最後病患口裡吐出正確的日期：「十一月二十四日。」

「十一月二十四？禮拜幾？」面談者又問。

病患重重地嘆氣、呻吟，並用手抓臉。

「現在又怎麼了？」因爲擔心病患扯下電極，他指示道：「手不要放在那裡。」

「我覺得好不舒服。我的頭，我的腳，我的眼睛。」

面談者仍不放鬆，繼續要求他形容自己的感覺。病患只是不停重重地呼吸，在輪床上扭動約十秒鐘。

最後才粗暴地說：「我看不清楚。好像影像重疊還是什麼的。」他呻吟說道：「現在又回到頭部了。」

「多說一點。」

但病患沒有再說一句話，只見他右手彎成爪狀，身子開始曲成胎兒的姿勢。至此刺激已經進行約三分鐘。

他愈來愈狂躁地大喊：「我腦子轉成這樣，根本沒辦法想事情。不行……我快昏倒了！我不想昏倒……唉呀，我的腦子！」

這時病患的聲音忽然改變，他尖叫的聲調高得令人無法理解。接著他開始抓衣服，想把襯衫扯下，並從輪床上坐起。

面談者說：「你在扯你的衣服。你知道你在扯自己的衣服嗎？」

病患幾乎毫無條理地用假聲尖叫道：「我不管！我就是要做點事情！我不管！我不管！」停了一會，他又開始想下輪床，還大吼：「我要把你剁了！」

畫面上出現好幾隻手將病患按下，綁住他的雙手。「停！停！」面談者指示。

病患瞪著攝影機發出不滿的噓聲：「我才不管他，我要殺了你。讓我起來。我要殺了你，把你剁得稀巴爛！」

發現的代價

這三名病患的影片顯示出希斯掌控著可怕的力量。有些時候，電刺激讓他的病患感覺比較舒服，有時候卻是反效果。根據影片判斷，刺激的感覺好壞並非由腦隔區（或腦幹）內的單一部位決定。相反地，我們看到主觀經驗非常容易受外界影響，但方向卻難以預料。我想，正是實驗中這種易受影響、反覆多變的情形讓希斯有了麻煩。以「病患其實都是尋求減刑的囚犯」的說法辯解並無幫助，⑮之所以引發爭論主要是因爲希斯進行研究時，民眾正陷於洗腦與類似電影《戰略迷魂》（*Manchurian Candidates*）情節的恐慌中。

希斯開始進行研究之初，慢性精神疾病患者的前途十分黯淡。我們也看到了，許多人被誤診爲精神分裂症，而在一九五〇年，該症的主要治療方法則是腦葉切開術、胰島素低血糖休克療法或未修飾電擊療法。⑯自一九五〇年到一九七〇年代初，希斯爲一百一十名病患進行腦深層電極植入。其中有六十六人的裝置深植入腦隔區。有幾名病患還同時插入細管，將化學物質直接注入該區。另外四十四名病患所植入的則是影片中所見、另一種類型的腦深層刺激器。該儀器名爲小腦調節器，希斯於後幾年引進，因爲他推測小腦的某些區域可作爲通往腦隔區的大門。裝有小腦調節器的病患有一部分尙在人世，偶爾儀器故障時還會出現在杜蘭醫院。

控制情緒的強力藥劑發明後，這數十年來腦深層刺激已然落伍。就在希斯披露電刺激的好處之際，他的技術已被藥理學排擠出局。Thorazine 與 Haldol 等抗精神病藥物爲較人道的精神分裂症療法鋪了路，抗憂鬱藥物與鋰鹽的發現更徹底改變了我們了解與治療精神疾患的方式。雖然有好一段時間，化學似乎超越了希斯的技術，但他對於紋狀體附近區域的功能所發表的見解卻流傳不墜。

不過即使藥物也有其極限。藥物並非人人適用，會產生副作用，有時則根本失效。在精神科藥物發現半個世紀後，腦深層刺激再度捲土重來應該不令人驚訝。現在這是治療帕金森氏症——希斯也曾研究此症症狀——常見的方法，此外有將近萬人植入迷走神經刺激器以治療癲癇，最近還用來治療憂鬱症。但即使希斯的理論最終獲得證實，控制心智的說法的陰影仍籠罩著他的工作。

當我走出杜蘭醫學中心，濛濛薄暮已降臨法語區，波旁街也開始熱鬧起來。三五成群的觀光客與集會人士一面用紙杯大口喝著摻水的雞尾酒，一面穿梭在酒吧之間，另外有馬車載著一家大小來來往往，但與醉漢保持著安全距離。波旁街不再顯得殘破。就連以全裸下空舞者爲號召的脫衣舞夜總會也成了一種自我嘲弄。這種極致的墮落是我所能想到最具代表性的享樂跑步機。

希斯的記錄工作與影片讓人得以一窺這部跑步機之奧秘。我們個人可能難以理解爲什麼自己會做某些事，又在事後編織理由。我們設法想找出動機與驅力的來源；我們協調矛盾的慾望；我們有時選擇最簡單的行動途徑，有時卻偏愛艱難路程，即使只因爲我們期望未來獲得報酬。希斯迂迴躲避這齣道德劇，試圖利用浮士德式交易直接控制驅力——這場交易他可以說是輸家，但有幾名病患卻是最終贏家。他也許僅憑一時興起，選擇病患所要經歷的過程。當希斯妨礙紋狀體的正常功能，也中斷了受試者經驗與行動的聯繫。

希斯的影片之所以如此令人毛骨悚然是因爲他控制了自然。看過影片後，我對於他數代同事的反應並不驚訝。我想對希斯的憤怒比較可能是因爲旁觀者看著他引發病患快樂與痛苦的情緒時，既感到著迷又覺得厭惡，而不是因爲對他的研究計畫違反道德感到不安。也許是對自己偷窺行爲的激烈反應，科學家們竟然隱藏了希斯的發現。除了一般人認爲他可能具有的挑逗性魅力之外，希斯也在無意中發現關於腦運作方式的深邃眞相。

如同我在希斯影片中所見，電刺激腦隔區局部會引起快感，但若將電極往某個方向移動一兩毫米，或是將電流稍微增強，原本快樂的感覺會頓時變成痛苦。腦深層刺激反覆無常的特徵——尤其是在人體內——表示痛苦與快樂並非由腦的不同區域控制，而是分享著同一迴路的元素。即使希斯沒有其他任何值得紀念的事，我們也應該記得他的這番發現。希斯在不知不覺中開發出腦對新奇的需求，對腦隔區進行探索時，更無意間發現一個能聯繫行動與結果、能增強動機、能讓人類渴望獲得更多資訊的區域，也就是紋狀體。雖然我已根據腦部造影分別得到這些結論，希斯的影片卻使得這個觀點更加明確：在腦深處，快樂與痛苦並無太大不同。重點只在於新奇罷了。

6 好痛快

疼痛的形式十分多變，除了普遍認同的不舒服感之外幾乎難以分類。有時候很劇烈，像是被榔頭打到拇指或是被針戳到手指。有時候像被蜂螫——結合扎刺和化學燒傷的感覺。有時候是慢慢湧現，像是睪丸受傷或子宮痙攣等內臟性疼痛。疼痛總是如影隨形，只等你一失足便張口咬去。疼痛——甚至包括減緩後的疼痛——導致的結果大同小異：焦慮、令被愛的人苦惱、看醫生、保險、律師。

一九七〇年代，麥基爾大學心理學教授梅爾札克（Ronald Melzack）與麻省理工學院（MIT）生物學家沃爾（Patrick Wall）在一篇具指標性的報告中宣稱，腦內沒有疼痛中樞。①希斯尋求的是快樂中樞，而梅爾札克與沃爾追求的則是疼痛中樞——儘管這並非坐落於單一位置。隨著腦深層刺激術的出現加上大量利用此術所做的研究報告，並無證據證明有特定結構行使著疼痛中樞的功能。梅爾札克和沃爾的概念是根據他們觀察的結果，發現腦可以控制神經系統內多層次的有害刺激，後來被稱爲門控理論（gate-control theory）。他二人推斷疼痛源自於三個系統的相互作用，亦即位於神經末梢的周邊感應器、脊髓內的門控系統，以及使肌肉脫離疼痛的行動系統。門控的觀念多少完完整整地持續了四十年，這對一個心理學說而言可說是罕見的功績。

我在醫學院所學的一切都指向疼痛是件壞事。疼痛表示發炎，是組織受損的跡象，必須找到源頭。如果無法確認起因，就只能以止痛劑舒緩症狀。似乎沒有其他動物比人類更在乎疼痛、更想避免疼痛；其他動物當然也會痛，但牠們或是糊裡糊塗地度過不適感，或是就此死去。

有時候人會故意讓自己疼痛。還記得珍芳達用力將骨盆推向空中，提醒婦女們「感覺那股灼熱感」嗎？凡是嘗試過那個運動的人都知道很痛，但卻又同時存在一種滿足的感覺。疼痛與快樂的難題有一個簡單的解決之道，但只是就語意而言。我們可以一致同意疼痛與快樂是不相容的，就像國際疼痛研究協會（IASP）一樣將疼痛定義爲「一種令人不快的知覺或情緒經驗，與實際或可能發生的組織傷害有關」。②

但是在某些情形下，燒燙之類的有害刺激可能不會讓人感受疼痛，而涼風之類的無害刺激卻可能令人疼痛。IASP的定義只留下一個不令人滿意的結論：疼痛是一種心態。但當我往疼痛的泥沼中繼續挖掘，卻獲得一些有趣的發現，那就是在對的情況下，疼痛可能既令人滿意又能滿足新奇的需求。

令人滿足的痛

從紐奧良回來幾個星期後的某日，我面對亞特蘭大一個單調的工業園區站著。低矮寬闊的建築成一直線延伸出去，正面只見窗戶與鋼板門穿插交錯。我開車經過這一帶至少有一千次，卻從未多想。白天裡，這些毫無特色的結構融入了市郊景觀，但入夜之後，這片建築便有了性格。且稱之為工業哥德吧。

多年來，建築的租用者——一個知名的「S and M」俱樂部——生意蒸蒸日上。我很快便得知，除了狀況外的單純百姓外，已經沒有人稱它為「S and M」。內行人都只說「SM」。週六夜對特殊性癖好與SM群眾都是大日子，從車子一路停到馬路上看來，我是挑對時間來探門路了。

凱瑟琳陪著我一塊來探險，她穿上低V字領衫和削窄的皮褲，搭配尖頭長靴魅力十足。我也入境隨俗，穿了黑色斜紋褲搭配黑色萊卡襯衫，外套一件皮夾克。我們花十元入場費，希望看看痛苦與快樂。

內部到處搭著大約四呎高的不鏽鋼平台，還有一些走道用清一色的黑布遮住裡頭的房間。一只大鐵籠做成太空船形狀，彷彿降落在舞池中央，鰭片上還懸掛著一副手銬。除了女性塗抹的深紅色口紅之外，所有顧客的外觀都屬同一色調——多半都是黑色皮革、乳膠、塑膠包覆著蒼白肌膚。整個室內迴響著Techno樂曲，一個個黑影自顧自地跳得渾然忘我，分不清是男是女。

有一對男女從我們身旁擠過。男的身材細瘦，鬍子刮得乾乾淨淨，長得有點像安東尼柏金斯。他的上半身穿著乳膠材質的羅馬式外衣，D環掛得琳瑯滿目，最醒目的則是脖子上那個四吋高的伊麗莎白頸圈，下半身穿的似乎是乳膠格子褶裙。他的女伴瘦如竹竿，腰圍可能只有二十吋左右，一張老鼠般的臉，腦後的金髮馬尾緊繃得像條香腸。她全身裹著黑色乳膠貓女裝，緊得恐怕一彎腰兩隻腳就會完全失去知覺。他二人不時用同一小瓶水互相噴灑，讓乳膠材質更閃閃發亮。

他們鑽進一條走道，消失在布幕後面。我和凱瑟琳忍不住好奇，跟了過去。那條走廊通往一個放著數種刑具複製品的房間。我瞥見有個男人被綁在角落的木架上，另一個角落則有四個男人正要將一名女子綁上X形的十字架，較遠處還有個男人趴在房間中央的一根橫木上，猴子般的紅屁股吸引不少人圍觀。

一個穿著法國女僕制服的大胸脯女人對著他尖叫：「你這王八蛋！」接著從身後拿出馬鞭抽打他的屁股。男子痛得大喊，卻只是惹得女僕更憤怒。

「我叫你閉嘴！」她取出膠帶，中央部份有個橡膠球，說道：「我看得把你的嘴巴塞住。」說著便將球塞入男子嘴裡，然後繼續鞭打。

我看不到那對乳膠男女，但這女僕與其臣服者四周倒是聚集了三十來名男性。其中大多數都僵直地靠在牆邊，似乎對這一幕興趣缺缺，寧可漠然地啜飲啤酒。

凱瑟琳悄聲問我：「這是眞的嗎？」

我指著男子大腿上幾個二十五分銅板大的腫塊，那些鞭痕不像造假。醫學上有句古諺「rubor, calor, tumor, dolor」，這是四大發炎症狀的拉丁文：紅、熱、腫、痛。我沒有去摸那人的屁股，但我敢說這四個症狀我們都看到了。

當組織受傷，細胞會釋出組織胺與緩動素等化學物質，和一種名叫趨化激素的化合物，此激素會集結其他細胞將細胞殘骸呑噬掉。這些化學物質會使血管擴張，因而發紅、發熱，血管擴張後血液流向感染區，因而腫脹。修復傷處的細胞——巨噬細胞、肥大細胞與噬中性白血球——會釋出引起免疫反應的化學物質。而這些化學物質——即名爲細胞激素的大型蛋白質——效力極強。腫瘤壞死因子（TNF）首先釋出後，致使肥大細胞製造第一介白質（IL—1）。③TNF和IL—1都能誘發腦內明顯的效應，促進所謂的生病行爲，亦即眾所週知有如感冒的症狀：疲倦、疼痛與沮喪。

細胞激素太大無法透過血腦障壁，卻可以經由腦室的幾個位置滲入腦內。如果像某些癌症病患一樣注射一劑細胞激素，肯定會遭受不愉快的經驗。既然細胞激素會引發不良效應，身體疼痛所獲得的滿足感必定有其他來源。除了調節免疫反應之外，細胞激素也與壓力系統相互影響。

壓力受到嚴厲譴責，我覺得很不公平。雖然有些研究人員主張壓力會損害腦，④但若無壓力，動物將會缺乏逃離獵食者的能力與動力。人類總認爲壓力應該避免，因爲感覺不好，然而這份恐懼忽略了相當明顯的一點。不斷克服一些小壓力的感覺其實不錯，其中又以克服身體壓力的感覺最好。

趴在橫木上那個人向我們透露了某些訊息。他的鞭痕確實證明組織正受到損傷，他的叫喊佐證了他屁股受抽打的疼痛。儘管出現從發紅到疼痛的所有典型發炎症狀，他還是可以隨時起身離開。但他為何不呢？結論顯然是因為與豐滿女僕的這項交易讓他獲得某種滿足。在此簡短附帶一段SM的歷史，將痛苦與快樂的神經生物學置於心理學的背景中。

施虐受虐狂

薩德侯爵（一七四〇～一八一四）被監禁三十七年後，以「警方病患」的身分死於法國的夏朗東（Charenton）精神病院。⑤他大量的文學作品幾乎全部在獄中寫就，其中大部分毀於法國大革命前後，如今僅留下斷簡殘篇。然而，在揮灑寫作才華兩百年後，這個非凡的人物仍一如他在世時般引發爭議、充滿神秘。「sadism」（性虐待狂）一詞的口語意義——藉由使人痛苦獲得快樂——在文化層面上已是根深蒂固，但薩德的著作在一九〇九年法國詩人阿波利奈（Guillaume Apollinaire）重新發現以前，若非被禁便是被視爲佚失——不過卻是直到最近數十年，薩德的多數作品才翻譯成英文。最近有幾篇熱門的學術報告深入研究薩德一生，並將這位侯爵從一般色情文學那淫蕩的背景噪音中提升出來，導正大眾經常將他的作品與色情連結在一起的錯誤聯想。

薩德侯爵的名號幾乎人盡皆知，但「masochism」（受虐狂）一詞的來源沙瑟-馬索赫（Leopold von Sacher-Masoch）卻鮮爲人知。這位烏克蘭小說家喜歡被穿著毛皮的女子綁起來鞭打，他對於痛苦引發快感的書寫甚至比薩德更豐富。這兩人因何合併形成施虐受虐狂的一元架構？這是二十世紀精神醫學的一項傳奇。

施虐受虐狂（SM）的單一構思十分有趣，因爲無論是薩德或沙瑟-馬索赫都未曾將這兩種行爲視爲互補。寫作時間比沙瑟-馬索赫早了一百年的薩德，當然很清楚受虐的樂趣。根據警方的記錄，薩德第一次被捕是因爲他召妓並要求她拿一條用火烤過的九尾鐵鞭鞭打他。⑥

一七八五年，監禁在巴士底獄的薩德完成他的第一本書《索多瑪一百二十天》。這部作品與其說是小說倒不如說是百科全書，書中利用虛構的故事情節列舉出五花八門的性行爲供後人參考。此書的內容很可能多半出自薩德的想像，而非眞實事件，但他個人的經驗無疑有所助益。《索多瑪一百二十天》是抄寫在五吋寬的紙上，再黏合成四十九呎長的捲軸，即使以今日的標準而言，其內容仍是驚世駭俗。書中記錄了四個浪蕩者一個比一個怪誕的行爲，此四人包括公爵、公爵之兄、法官與收稅官。薩德告訴我們這些浪蕩子在追求快樂時，對平常的性行爲早已習以爲常。因此他們雇來四名妓女，教導他們一些極端的性行爲形式。薩德分門別類列舉了一百五十種單純的激情、一百五十種強烈的激情、一百五十種「最嚴重違反自然與宗教律法的」犯罪激情，以及一百五十種謀殺的激情。此外，妓女還奉命找來其他男女，好讓這些浪蕩者以自創的荒淫行爲尋歡作樂。

薩德對受害者表示同情甚至以受害者自居，而沙瑟-馬索赫卻將受害者與施虐者的角色互換。對沙瑟-馬索赫而言，控制權在受害者手中。他在《披毛皮的維納斯》一書中，寫出他對一位名叫汪妲的俄國冰山美人的迷戀。汪妲是個紅髮美女，目光淩厲有如綠色閃電，作者將她比喻成米羅的維納斯。她的肌膚被形容成大理石，她的冷漠也有如大理石；作者向讀者介紹時，她披著毛皮外衣還打著噴嚏。汪妲永遠無法回報沙瑟-馬索赫的感情，因爲她無法愛上一個愛她的人，這當然也使她更具魅力。作者用來形容汪妲的意象，強調出她的難以企及與冷漠。汪妲警告沙瑟-馬索赫說：「像我這樣的奧林匹亞女神需要一大群奴隸。小心一點！」⑦她感受到他的好奇，便沙啞著聲音問道：「你願意當我的奴隸嗎？」

自沙瑟-馬索赫以來，現代人對ＳＭ的意象幾乎毫無改變：如今在ＳＭ界眾所認同的關係形式，依舊是「臣服者」與「支配者」之間保持冷漠距離，⑧只不過毛皮被乳膠與皮革取代了。沙瑟-馬索赫十分清楚自己與汪妲間的關係本質。她不是性虐者，也絲毫不以向他施虐爲樂，她只是化身爲他慾望的中性工具以滿足他的目的。一切由他這個受害者控制，他臣服於她正表達了這個事實。

合約對ＳＭ的性質十分重要，因爲合約會解釋臣服者眞正掌控的程度。由於合約太過重要，沙瑟-馬索赫還把它複製於小說中。內容如下：

立約人：杜納耶夫人（汪妲）與庫辛斯基（沙瑟-馬索赫）

庫辛斯基於今日終止與杜納耶夫人之婚約，並放棄所有相關附屬權利；相反地，他以身爲男人與貴族之名譽發誓，此後他將成爲她的奴隸，直到重新獲得自由爲止……

杜納耶夫人有權隨意懲罰奴隸，即使再輕微的疏忽或犯錯均不例外，此外她也有權因一時興起或純粹消磨時間而折磨他。只要她願意，更可隨時殺死他；總之，他是她不限制用途之財產……

杜納耶夫人方面亦同意身爲他的情婦，會盡量穿著毛皮外衣，尤其當她意圖凌虐奴隸之際。⑨

雖然合約出現在小說內容裡，沙瑟-馬索赫在實際生活中卻和妻子汪妲以及情婦貝妲娜（Franny Pistor Baddanow）都簽了類似的合約。⑩如果沙瑟-馬索赫的確毫無疑慮地喜歡疼痛與羞辱，他只須將自己交給她任由她處置即可，無須擬訂合約規定他二人必須做什麼又不得做什麼。法國哲學家德勒茲（Gilles Deleuze）有先見之明地指出，受虐狂的快樂來源不只是疼痛或羞辱，還有不確定感與幻想。藉由忍受疼痛來拖延快感，更能提升效果。無論多麼不舒服，臣服者都能從合約確定支配者不會超越雙方約定好的界線。正因爲有這個安全網，臣服者才能放心大膽地去做，ＳＭ文學也充滿了出竅經驗。⑪

在SM的經驗中，最重要的是期待而不是消費。例如，先想一個愉快的事件，不一定要與性愛有關。現在再想想經驗即將發生前的時刻。如果你必須在期待的感覺與眞實事件之間選擇一個，你會挑哪個？如果選擇期待，那麼你內心裡的SM或許比你意識到的還多。對新奇的需求有時會以意想不到的方式顯現。甜蜜的期待可能來自事先一點一滴的資訊，例如在SM的例子中，便可能是聞到皮革味或看到短馬鞭。這些元素本身或許不重要，卻可能引發對禁忌行爲不同程度的期待，讓腦的報償系統加速運作，預期接下來會發生什麼事。

性虐待狂與受虐狂合成施虐受虐狂的源頭並非佛洛伊德，而是十九世紀一名較不爲人知的維也納精神病學家克拉夫特-艾賓（Richard von Krafft-Ebing），「sadism」與「masochism」二詞便是他的發明。在一篇關於足以讓薩德自豪的性病理學的不朽概論中，克拉夫特-艾賓描述了兩百多個性變態案例。⑫其中許多案例與施虐狂及受虐狂有關，還有針對開膛手傑克的描述（第十七例）。這位維也納醫師偏愛的施虐狂定義爲「經由加諸自己本身或見證他人承受的殘忍行爲、身體懲罰而產生性快感的經驗」。他並將受虐狂定義爲施虐狂的反義詞。⑬克拉夫特-艾賓費了些唇舌爲自己創造「受虐狂」一詞辯護，引證沙瑟-馬索赫不僅是小說家，而且也「爲此異常行爲所苦」。十年後，佛洛伊德提出的推論使情況更混淆不清，他認爲受虐狂與享樂原則相牴觸，這其實是內轉向自我的施虐狂。依佛洛伊德之見，受虐狂有如呑噬自己尾巴的蛇，也是他所提出的死亡驅力（Thanatos）最完整的展現。⑭

雖然佛洛伊德／克拉夫特-艾賓對於SM的概念始終在大眾文化中屹立不搖，卻有跡象顯示另一個比較平衡的觀點已逐漸取而代之。我造訪的SM夜總會幾乎談不上異常，與電視媒體對受虐狂充滿猥褻的描述相比，這裡算是相當溫和。但期待的元素似乎在SM大眾化的過程中遺失了。依據沙瑟-馬索赫的描述，後來德勒茲也承認，痛苦的快感來自懸疑，而我認爲這是因爲腦渴望新奇之故。延後結果製造懸疑，正是爲經驗注入不確定因素的另一方式，也相同程度地提升了結局給人的滿足感。任何好電影用的都是同樣技巧。

疼痛機器

去過SM夜總會後，我開始懷疑究竟疼痛本身便是滿足的來源，或者只是因爲終止疼痛而感到滿足。這是個令人困惑的問題，因爲解除疼痛確實令人滿足。趴在橫木上的人如此狂喜是因爲期待解脫，或者他的確從受鞭打中獲得滿足？

爲了解答這個問題，我找了MIT的行爲經濟學教授埃萊里（Dan Ariely）。他的實驗室隱藏在MIT媒體實驗室角落一扇陰森的藍色門背後，爲前往痛與樂的世界提供另一條路徑。

經濟學與疼痛研究的結合看似不和諧，埃萊里卻藉此研究身體感覺如何影響人類所作的決定。直到最近以前，決策科學一向著重於客觀的認知歷程，如理性與風險趨避。有些人主張情緒對決策的重要性不亞於理性，⑮但埃萊里將問題延伸到合理的極致，判定身體的疼痛與快樂如何影響判斷力。若是處理不當，這項研究可能會被斥爲現代薩德或希斯之輩的荒謬行爲，但埃萊里不同。他對疼痛的親身體驗發生在十八歲，在以色列軍中服役時受到極度嚴重的燒傷。見到他的時候，儘管知道接下來會發生什麼事，但他握手的熱情與炯炯的眼神讓我放下心來。

實驗室不大，可能只有十呎見方，裡面塞滿了電腦設備和高科技熱泵。有一個大鐵桶——據說是殺菌槽——幾乎佔了一半空間。槽與加熱裝置之間連接著複雜的管線和幫浦，我認出了這是手術室的標準配備，能讓冷卻毯內的水產生循環，某些類型的手術會藉此降低病人體溫。埃萊里發現我瞪著這些設備看。

「我讓槽內的水保持在舒適的溫度。」他拍拍各個加熱裝置說：「然後用這兩個幫浦升降溫度。」熱泵和殺菌槽之間擺了一張調整式躺椅，並連接著雪白的橡皮軟管，此外幫浦處還盤起兩條管子等著與其他東西連接。

埃萊里遞給我一堆黑色氯丁橡膠材質的東西，說：「穿上這個。」

「這是什麼？」我問道。

「直昇機駕駛的飛行裝，可以保持舒適的體溫。」我感激地點點頭，埃萊里又加了一句：「不過我做了些許變更。」

我脫到剩下內衣之後開始努力地擠進飛行裝內。「什麼樣的變更？」

埃萊里忙著調整溫度控制器，顯然沒聽到我的問題。我之所以來到埃萊里的實驗室，是因爲聽到有關升降核心體溫導致疼痛的實驗，一路追蹤而來。當我問他做這類實驗背後的動機，他說他的主旨在於客觀地衡量快樂。但實驗環境很難引發快樂；憤世嫉俗的人類不容易一下就快樂起來，尤其是在實驗室。因此埃萊里論斷引發快樂最可靠的方式就是先加諸疼痛再將疼痛移除。

我不那麼肯定。因爲快樂和疼痛移除的解脫感不同。但誰知道呢？也許痛與樂是相連的。

飛行裝穿起來很舒服，合身但不會太緊。左袖被剪掉了，我站在那裡活像二十一世紀的神鬼戰士，只差左手上沒有盾牌。我全身包得密實，暫時感受不到冷空氣，馬上就熱了起來。飛行裝的布料混織著小管子，是爲了讓水循環全身專門設計的。埃萊里將管子末端接到熱泵上，打開一個閥門，冷水開始流進飛行裝。一陣微微的冰涼包覆我的雙腳，接著遍及身體其他部位——就好像泡進冰水一樣。當水到達胸部，感覺就像腹部挨了一拳。

「你設定幾度？」我問道。

埃萊里忙著調電腦，只是指了一下幫浦上的數字顯示。攝氏四度。

105

台北市南京東路四段25號11樓

大塊文化出版股份有限公司　收

廣　告　回　信

台灣北區郵政管理局登記證

北台字第10227號

地址：　市／縣　鄉／鎮／市／區　路／街　段　巷　弄　號　樓

姓名：

（請寫郵遞區號）

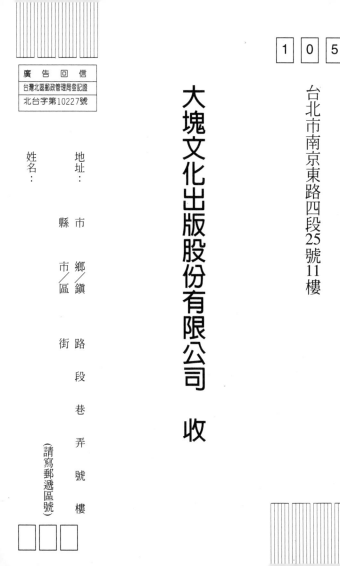

from vision 大塊文化 LOCUS to fiction

謝謝您購買這本書！

如果您願意，請您詳細填寫本卡各欄，寄回大塊文化（免附回郵）即可不定期收到大塊NEWS的最新出版資訊及優惠專案。

姓名：＿＿＿＿＿＿　身分證字號：＿＿＿＿＿＿　性別：□男　□女

出生日期：＿＿＿年＿＿＿月＿＿＿日　聯絡電話：＿＿＿＿＿＿

住址：＿＿＿＿＿＿＿＿＿＿＿＿

E-mail：＿＿＿＿＿＿＿＿＿＿＿＿

學歷：1.□高中及高中以下　2.□專科與大學　3.□研究所以上

職業：1.□學生　2.□資訊業　3.□工　4.□商　5.□服務業　6.□軍警公教

7.□自由業及專業　8.□其他

您所購買的書名：＿＿＿＿＿＿＿＿＿＿＿＿

從何處得知本書：1.□書店　2.□網路　3.□大塊NEWS　4.□報紙廣告5.□雜誌

6.□新聞報導　7.□他人推薦　8.□廣播節目　9.□其他

您以何種方式購書：1.逛書店購書 □連鎖書店 □一般書店　2.□網路購書

3.□郵局劃撥　4.□其他

您覺得本書的價格：1.□偏低　2.□合理　3.□偏高

您對本書的評價：(請填代號　1.非常滿意　2.滿意　3.普通　4.不滿意　5.非常不滿意)

書名＿＿＿＿　內容＿＿＿＿　封面設計＿＿＿＿　版面編排＿＿＿＿　紙張質感＿＿＿＿

讀完本書後您覺得：

1.□非常喜歡　2.□喜歡　3.□普通　4.□不喜歡　5.□非常不喜歡

對我們的建議：＿＿＿＿＿＿＿＿＿＿＿＿

＿＿＿＿＿＿＿＿＿＿＿＿

＿＿＿＿＿＿＿＿＿＿＿＿

「坐到椅子上。」埃萊里說：「放輕鬆不要拘束。」

「你說眞的嗎？」

「不盡然。」

有一條直徑約四吋、長兩呎的ＰＶＣ管直豎在引流盤中。埃萊里潛入幫浦背後，打開幾個閥門。室內頓時充滿水急速流出的嘶嘶聲，ＰＶＣ管開始注滿水後，管內也傳來尖尖的滴水聲。埃萊里要我將無袖的手臂放入盤中。起初流過的水會和緊身衣內循環的水一樣冷。爲了避免與此時十分溫暖的周遭空氣產生對流效應，埃萊里用具有逆向阻隔作用的絕緣毯將我包裹住。

經過十分鐘的冷水處置後，我開始打顫。「我以爲你說要讓我覺得熱。」

「計畫改變了。」埃萊里說：「我個人覺得熱比冷更不舒服，但你似乎對冷比較敏感，所以這樣的測試比較好。」

埃萊里打了幾個電腦按鍵，手臂的水溫隨即上升了幾度。我可以感覺微血管條的張開，一陣刺刺麻麻的感覺直竄上腋窩。

「感覺如何？」他問道。

感覺是痛苦與快樂交織。我的手臂覺得舒服，非常舒服。但與身體其他部位的對比卻幾乎令人無法忍受。我發現自己將所有注意力轉移到手臂上，就好像將自身的存在投注到身體唯一不感到疼痛的部位。精神病學家將這種行爲稱爲解離（dissociation）。

皮膚裡面有偵測急性疼痛——短暫的傷害事件引起的疼痛——的特殊受器。這些名爲傷害性受器的接受器其實是特殊的神經纖維，與將其他觸覺從皮膚傳導到脊髓的神經纖維並無不同。但傷害性受器卻不同於接收其他觸覺的神經末梢：前者對無害的感覺沒有反應（例如羽毛拂過），只對有害的刺激有反應。事實上，傷害性受器現在被視爲第六感——痛感。⑯無論是機械式的力道（如打屁股），或是燙傷（如溫度超過攝氏四十五度），或是化學傷害（如蜂螫或接觸酸），都可能活化傷害性受器。傷害性受器利用某種至今仍不十分明確的機制，將有害刺激轉化成電波傳送到脊髓，然後再到腦。關於傷害性受器的身分，最正確的推斷應該是一個名稱十分奇特的蛋白質家族——香草酸受體（vanilloid receptor, VRI）。VRI這種蛋白質會迂迴地穿透細胞膜，變形之際可使帶電粒子流入神經纖維，同時導電。

包括痛覺在內的所有感官訊號在到達腦以前，都會通過腦部一個約佛州萊姆大小的構造，名爲視丘。自一九二〇年代起，神經科學家大多認爲痛感來自視丘，因爲視丘特定部位受傷會阻絕痛感。⑰但功能性腦部造影顯示，主觀的疼痛認知牽涉到相當大範圍的腦部區域。疼痛刺激是否會活化腦的主要感覺區S_1，至今仍是爭議不斷。大多數腦部造影研究顯示的是正面結果，但事實上，活化程度卻會因注意力移到受傷部位而提高，因注意力移到其他部位而降低。⑱當我穿著埃萊里的痛苦裝，將意識全部貫注於手臂時，便是一例——當時，我腦內的S_1區很可能火力全開。S_1區處理的似乎是疼痛刺激的感官屬性，至於疼痛的情緒與臟器元素則由腦部其他區域整合。腦最深處褶紋沿中線處，特別是前扣帶皮質與內側前額葉皮質區，似乎除了預期疼痛外還會處理疼痛的情緒反應。⑲

埃萊里又問我一次感覺如何。老實說，我不喜歡身體的一部分覺得舒服，其他部分覺得難過。我低頭一看，腳趾已經轉爲暗藍色。「我想出去了。」

當我脫掉痛苦裝，原先的冷空氣頓時像一陣暖風。這才叫快樂。我穿上自己的衣服時，發現埃萊里露出微笑。

「你瞧。」他說：「移除不舒適感很不錯吧？」

沙瑟-馬索赫應該會完全同意，甚至包括冷意以及利用疼痛來延遲滿足感——像我的例子便是不再疼痛——的方式。脫去裝束感覺好極了，但這只是因爲我隨時有脫衣的選擇。雖然埃萊里控制著溫度，事實上控制我身體感覺的人卻是我自己，因爲一開始是我答應穿上這服裝的。我可以決定實驗何時結束。就如同SM。但假如我無法控制疼痛呢？

疼痛控制

我們必須先檢視疼痛減輕而非完全解除的情況，才能了解疼痛如何得以轉化爲滿足。對於疼痛生物學與其心理層面的了解，改變了痛與樂分處兩個極端的觀點。疼痛與快樂傳達到腦的生物路徑相似，再度證實SM群眾所知不差：在適當的情況下，疼痛本身可以令人感到滿足。

我發覺與其以單一的連續體來思考痛與樂，倒不如將其視爲同一主觀經驗中的兩個不同層面。想像由兩條線垂直交叉構成的圖表；橫線代表快樂，直線代表疼痛。我們大多數時間都處於兩線交叉點附近，幾乎沒有痛或樂的感覺。當手指被爐火燒傷，垂直的疼痛軸線立刻飆高；吃巧克力慕斯時，水平的快樂軸線隨即延伸。現在想想深層組織按摩。很痛。但也很舒服。因此按摩的疼痛與快樂程度都很高，座標位於想像圖表的右上方。催眠之類的心理狀態可以降低疼痛的知覺，但光靠思惟能將一個層面改爲另一層面嗎？

梅爾札克和沃爾提出神經系統有多個疼痛控制層次的理論後，梅爾札克研發出客觀測量疼痛的技術。他根據三個假設的層面（感覺、情緒與認知）構思一系列問題，如今被稱爲麥基爾疼痛量表（ＭＰＱ）。[20]梅爾札克要求民眾評估自身疼痛的特殊性質，以「抽痛」、「刺痛」與「咬囓之痛」描述疼痛的感覺元素。情緒元素由「令人感覺窒息」、「令人感覺受創」、「令人感覺危險」等詞評估，認知元素則由「不舒適」、「煩人」、「難以忍受」等詞評估。ＭＰＱ病患圈選適當的形容詞後，再以一至五級評定疼痛程度。梅爾札克將三個層面的強烈程度加總之後，根據獨特的疼痛側寫區分疼痛種類。例如，透過ＭＰＱ，我們便能客觀地區分經痛與牙痛。疼痛顯然有多種不同類型，但直至今日多數醫師仍只要求病患評估疼痛的劇烈程度。將一個多面的經驗濃縮成單一生理因素，其他有關病患對疼痛有何感受的元素便受到忽略。例如，焦慮會增加注意力，疼痛也似乎因而加劇。

其實可以想見，MPQ中的三個層面並非完全獨立，這也是該理論最受非難之處。有些科學家主張只需兩個層面便足以掌握疼痛經驗：即刺激強度與不愉快感。㉑刺激強度或許最爲重要，因爲強度輕微時的愉快感覺（如輕搔皮膚）一旦強度加劇就會變得痛苦。

當你受痛時，第一個直覺就是移除痛源，減輕痛度。假如疼痛來自外界（如小碎片），這容易辦。但在其他情況下，痛源則無法移除。例如，燒傷會引起持久的組織損傷，形成持續性的痛源。冰敷雖有幫助，卻只能減輕發炎反應，無法逆轉傷害。組織傷害復原所需的時間可能從數日到數星期不等，因此要想作任何疼痛控制必須針對更深層的神經系統，若非脊髓便是腦本身。

結果顯示脊髓的傷害性受器可能受到腦部傳出的訊號抑制。導水管周圍灰質區（PAG）與頭腹中側延腦區（RVM）等兩個腦幹系統，含有高濃度的類嗎啡物質，這些區域中的神經元沿著脊髓一路投射而下，然後就在有害訊號進入的地點少量地釋放這些類鴉片物質。PAG與RVM扮演的是下行性疼痛控制系統的角色，幾乎在源頭便已降低刺激強度。因此即使組織已經受傷，疼痛仍可由神經系統內部控制。PAG與RVM

阻絕疼痛的關鍵位置在脊髓，但細胞群本身卻位於高處的腦幹內——介於腦與脊髓之間；因此這兩區與皮質系統互動十分密切。ＰＡＧ與ＲＶＭ的皮質變化使疼痛得以經由思惟本身控制。如果你的心思能夠控制疼痛，又爲何不能將疼痛變成愉快呢？

醫生有時候會將疼痛控制稱爲「疼痛處理」，亦即以謹慎的態度承認疼痛其實無法控制。但過去十多年來，凡是接受過重大手術者都很熟悉病患自控式止痛裝置（ＰＣＡ）。一九七〇年代末，麻醉科醫師想到讓術後患者分配自己的麻藥劑量，或許能更有效地止痛。ＰＣＡ開發出來以前，病患注射過（通常是嗎啡）後，要等上一段時間才能要求護士再次注射。召喚護士，護士還得到藥局取藥，造成時間上的拖延，這段期間病患的疼痛也通常愈來愈劇烈。ＰＣＡ消除了拖延的情形，使病患控制自己的疼痛。當病患覺得好些之後，如果鎮靜與噁心等副作用過於嚴重，便會自動減少劑量。

對醫護人員而言，ＰＣＡ的效用不只是給予病患所需的麻藥量。許多人認爲ＰＣＡ的好處在於控制權由醫師轉移到病人手上。一旦能夠自行控制，病人感受的疼痛通常會緩和一些。在適當的情況下，單是控制的知覺便已足夠，相信自己有能力減輕自身疼痛

的病患更是如此。㉒

更普遍的情形是，只要具有調節任何一種壓力源的能力就會產生天壤之別。不可控制的壓力可能是外來的，像是老闆對你大吼，或是趕著去辦要事途中遇上塞車；也可能是內在的，像是頭痛與胃痛——雖然源自體內，感覺上卻不受控制。但也有其他如劇烈運動等的壓力源，可以藉由你承受的意願來控制。

不可控制的壓力幾乎總是引起不快的知覺，而可控制的壓力卻可能是可以忍受，甚至令人愉快的。針對老鼠所作的一系列經典研究證實，控制壓力的能力對於身體的舒適感有重要影響。在通電的籠子裡，隨時可能遭電擊的老鼠會感受到壓力。當老鼠受訓學會抬起槓桿切斷電源，便能消除許多不利的結果。在一些簡潔的實驗中，老鼠成對地關在籠內，中間以物分隔。每對當中有一隻老鼠能接近斷電槓桿，另一隻則不然。每當籠子通電時，控制的老鼠會爲自己和同伴解除電擊。雖然兩隻老鼠接受同樣的電擊，只有附屬的那隻顯示出長期壓力的跡象：體重減輕、潰瘍、罹患癌症機率升高。㉓控制權防止了衰退。控制壓力源對於生理與心理的正面影響，似乎是倚賴紋狀體的一小部分（依核）且來自於多巴胺——至少老鼠是如此。㉔

多巴胺有獨特的疼痛緩解特性，這與它在壓力控制方面的角色無關。事實上，釋放多巴胺的藥物（如古柯鹼與安非他命）具有止痛效果，在這數十年來已是眾所週知。布朗普頓雞尾酒（Brompton cocktail）是最早期治療頑固性疼痛的方法之一，這種由嗎啡和古柯鹼合成的萬靈丹在十九世紀極受歡迎，但如今已不使用。當藥物注入阻斷依核內的多巴胺受體，多巴胺的無痛效應便消失，這表示多巴胺的止痛功效最可能發揮於依核內。㉕多巴胺的無痛效應也出現在人腦其他部位，但疼痛閾值高者，依核內的多巴胺也較多。㉖

疼痛與快樂結合的始末又再度回到紋狀體，其中依核所佔體積雖小卻十分重要。紋狀體或許不是決定疼痛或快樂之處，但當腦部網路在評估我們所接收到的所有訊息——包括疼痛與快樂——時，它卻似乎是關鍵因素。

是痛還是樂？

到目前爲止，我所提到有關疼痛的一切都不會讓人聯想到快樂。但有兩個腦部造影研究顯示在適當的情況下，有害的刺激可能直接活化紋狀體。

哈佛精神病學家布萊特（Hans Breiter）首先論證疼痛對於紋狀體的影響。我與布萊特第一次碰面是在墨西哥亞加普科的一間酒吧，當天的精神醫學會議早已結束。之前我只看過他發表的文章，如今見他相貌堂堂，頭頂稀疏加上一把奇特的紅鬍子，嘴邊咬著十吋長的古巴雪茄，令我十分驚訝。

他一跟斗便翻進自己的世界裡，毫無保留。我本想談談他最近所研究有關人腦內古柯鹼的影響，不料卻聽到疼痛的故事。布萊特描述他剛剛完成的一項 fMRI 研究，一起合作的哈佛同事波蘇克（David Borsook）是專攻疼痛治療的神經學家。布萊特與波蘇克利用熱探針使受試者的手背快速變熱，然後來回交替地施以溫刺激與熱刺激。當兩人比較腦部對熱刺激與對溫刺激的反應時，發現活化現象不僅發生於 S_1、視丘、腦島與前扣帶皮質等腦部傳統疼痛網路，也發生在包含紋狀體、杏仁核與腦幹等部位的報償迴路。這些發現讓他們斷定受有害刺激活化的報償系統，並非只限於處理愉快的事物。[27]

幾年後，另一項 fMRI 研究更加明確地分離出紋狀體預告疼痛的角色。多倫多一個以卡普爾（Shitij Kapur）為首的團隊對手指施以短暫電擊後發現，活化紋狀體的並非疼痛本身，而是電腦螢幕上預告即將發生電擊並產生疼痛的警示燈。[28]由於紋狀體的活化早於疼痛本身，卡普爾的發現顯示紋狀體是腦部的早期警告系統，預報重大事情即將發生，必須採取行動。

也許有些研究專家仍主張紋狀體純粹是快樂中樞。例如在卡普爾的實驗中，紋狀體只表現出期望解除即將發生的電擊。但卡普爾作了一個後續實驗，針對的是當燈熄滅後——代表苦難結束、人已安全——紋狀體有何變化。由於紋狀體的驅動不在於燈號熄滅，而在於燈號亮起，因此卡普爾斷定紋狀體的活化不可能如先前所想源自於對解除電擊的期待。相反地，紋狀體是在預示有重要的事情即將發生。

直到此階段爲止，有關於腦比較在乎資訊本身而不管資訊是好是壞的觀念，都是根據使用正強化物——即令人感覺舒服的事物——的實驗而來。波蘇克與布萊特以及卡普爾等人的研究顯示，對資訊——尤其是新資訊——的需求與武斷的好壞二分法不能相容。但這並不表示分辨快樂與痛苦對腦不重要，而是腦內引發行爲動力的關鍵結構紋狀體比較不在乎身體的愉悅感，卻比較在乎如何利用它接收到的每項資訊來預測未來。

與皮質醇齊飛

紋狀體除了是各種不同資訊的交會點，也在如何將疼痛消除或轉為快樂的過程中扮演重要角色。我們並不完全明白這種情形發生的起因，但發炎反應是一大關鍵。

誠如我在SM夜總會所見，發炎的三大症狀紅、腫、熱顯示受傷組織附近釋放出細胞激素。但細胞激素不會持續隱藏在周邊組織，而會慢慢地進入腦部，當下視丘感應到它的存在便會傳送促腎上腺皮質素釋放因子（CRF）到腦下垂體。㉙懸垂於腦下方的腦下垂體會分泌促腎上腺皮質素（ACTH）進入血流，隨後流到位於兩腎上方一團脂肪內的腎上腺。除了釋出腎上腺素之外，這些腺體還會分泌腎上腺皮質醇，也就是典型的壓力激素兼身體前線的類固醇。

醫生們早已知道類固醇對於精神治療的效果。合成類固醇（如強體松〔prednisone〕）的效力要比天然類固醇（如皮質醇）強十倍，有時候會導致情緒與思惟變得怪異。許多年來，無論合成或天然類固醇都被認為對情緒有負面影響。然而在一九九〇年代，專家在腦內發現兩種類固醇受體，分別對情緒有特殊影響。鹽皮質素受體（MR）是一種集中在海馬體的類固醇受體，而糖皮質素受體（ＧＲ）則遍佈腦內各區，但以邊緣系統與紋狀體爲多。類固醇對情緒的整體影響似乎與ＭＲ及ＧＲ的活化比例有關。㉚

類固醇——尤其是腎上腺皮質醇——能改變情緒是因爲與紋狀體的多巴胺系統相互作用的結果。例如，當實驗室中的動物感受壓力便會釋放腎上腺皮質醇，但若有辦法，動物會毫不遲疑地給自己古柯鹼之類釋放多巴胺的藥物。要想終止這種尋求藥物的行爲，必須給予阻斷腎上腺皮質醇而非多巴胺的化學物質，有幾種著名藥物都可以抑制腎上腺皮質醇。抗黴菌藥物 ketoconazole 會阻斷腎上腺皮質醇的合成，而墮胎藥 RU-486 則會與糖皮質素受體結合，防止腎上腺皮質素影響神經元。當已經被訓練成要依賴古柯鹼與安非他命的老鼠被施以這些藥物後，尋求藥物的行爲隨之減少。㉛

腎上腺皮質醇與多巴胺的交互作用很可能便是疼痛的滿足感的關鍵，我還懷疑腎上腺皮質醇與ＳＭ的快感有某種關聯。數十年來，精神病學家都是利用荷爾蒙的壓力測試來診斷憂鬱症。傳統的測試是將一種合成的糖皮質類固醇迪皮醇注入血流。在健康的個體內，迪皮醇對下視丘與腦下垂體的作用都有如皮質醇，會抑制ＡＣＴＨ的釋出。沒有ＡＣＴＨ，腎上腺便不會製造皮質醇。因此這個過程稱爲迪皮醇抑制測試（ＤＳＴ）。內分泌科醫師會利用DST診斷腎上腺與腦下垂體的問題，但嚴重的憂鬱症形式也和DST異常有關。在神經醫學研究上，廣泛使用此一測試來闡明壓力與情緒間的關聯。㉜

腎上腺皮質醇自由地移入腦部，也包括直接進入多巴胺神經元。與安慰劑相較之下，皮質醇更能顯著地提升情緒、集中注意力，在適當的情形下甚至能增強記憶。㉝產生這些正面效果的皮質醇劑量似乎介於二十至五十毫克之間，或大約相當於腎上腺每日的正常分泌量。㉞若是一次注射超過四十毫克會損害注意力，並經常導致過度興奮與焦慮。如果我對多巴胺與腎上腺皮質醇的關係認識正確，那麼適量的腎上腺皮質醇應該能讓令人愉快的事物更令人愉快。

腎上腺皮質醇在任何超市都買得到。許多廠牌的止癢軟膏中的主要成分氫化可體松，與腎上腺皮質醇的化學構造相同。在你大量塗抹之前，我得指出一點：皮質醇經由皮膚進入血液的量少之又少。要獲得相當劑量的皮質醇，必須以注射或口服的方式——無需處方籤便可購買的乳膏都不可能辦到。醫師開立處方的皮質醇呈錠狀，每日二十至兩百毫克的處方劑量，可用來治療腎上腺功能低下。類似劑量的皮質醇有時也用來治療各種炎症，如皮膚炎與氣喘。

爲了徵詢關於腎上腺皮質醇的意見，我必須與歐文斯（Mike Owens）接洽，他是艾默里大學的藥理學家也是神經生理學專家，曾在研究中使用壓力激素。我走進歐文斯的辦公室，看見他斜躺在椅子上，騎單車騎出的一雙鋼管般的腳翹在桌上，周圍全是專業單車騎士的照片。

「我想做DST。」我對他說。

他無動於衷地點頭說：「那簡單得很。」

「但我想用皮質醇而不用迪皮醇。」

歐文斯思索片刻後說：「不行。加入皮質醇就不能測量內源性腎上腺皮質醇的抑制。」

「沒關係。」我回答：「我只是想將皮質醇提高到壓力程度，看看有什麼感覺。」

「如果你想提高皮質醇濃度，爲什麼不去運動？」

「因爲那會痛。」我不是怕痛，只是不想把皮質醇的效果和釋放皮質醇的壓力源搞混了。

歐文斯嘆了口氣，打開抽屜，取出幾個小塑膠瓶說道：「用這個裝你的唾液。」由於腎上腺皮質醇在體內無所不在，因此幾乎任何體液都能用來測量，唾液也不例外。歐文斯自己也保留了幾個唾液瓶，他說：「今晚我要作一次劇烈的騎單車運動，看看皮質醇升高的濃度和你有何不同。」

腎上腺皮質醇的分泌有一定週期，早上醒來以前最高，就寢時則已減半。下午三點，已經接近我每日皮質醇分泌量的最低點。我將測試劑量設定爲二十毫克。二十毫克相當於十公里賽跑等劇烈運動後的釋出量。在幾項關於皮質醇的研究中，接受一百毫克的注射並未引起任何副作用，因此二十毫克算是低劑量，應該安全無虞。

我在第一只瓶內吐了口唾液以取得皮質醇的基本濃度，接著呑下兩顆十毫克的錠劑後才回家。

荷爾蒙在我體內悄悄起了作用。不是安樂感，不是興奮，而是清明。就好像夏天來臨前早春的某一天，一堆堆的積雲飛越過太陽，每道光都顯現出一片聚焦過度的景致。紅黃色的鬱金香彷彿在逐漸復甦的草地上灑落一塊塊壓克力。也許只是我的想像吧。

我回到家時，孩子們似乎比平日更爲熱情，奔上前來抱著我親了好久好久，他們的笑容似乎也比平常多停留了千分之一秒。凱瑟琳顯得好美，晚餐的義大利麵也多添了一些義大利味。

我想，這必定就是疼痛的滿足感的秘訣，我開始了解ＳＭ夜總會裡的人如何能體驗到快樂。毫無疑問地，腎上腺皮質醇與多巴胺共同作用——即使是日常釋放的多巴胺也一樣——產生了某種非常類似滿足體驗的感覺。腎上腺皮質醇來自壓力，尤其是身體的壓力，而多巴胺則來自新奇。兩者結合起來，不難看出新奇的體能挑戰可能是獲得眾所渴望的滿足感的最佳方式。

7 滿足馬拉松

高量的皮質醇沒有持續太久。到了九點，我已經累得滿身大汗、癱成一團，就和四小時前才蹦跳前來迎接我的孩子們一樣。原本看似美好無比的晚餐仍囤積在我的胃裡。我診斷自己顯現出輕度腎上腺功能低下的所有症狀：噁心、疲倦、虛弱。和宿醉倒是相去不遠。

第二天，歐文斯進行唾液皮質醇的分析。攝入後的三小時期間，我的皮質醇濃度比平日同一時段上升了十至二十倍。歐文斯的運動——沒有以人工方式提升濃度——結果幾乎同樣驚人，濃度比平時高了五至十倍。由於我一次攝入的腎上腺皮質醇爲一日的分泌量，而皮質醇的半衰期爲數小時，因此我的評估值與預期相當。①

儘管我的經驗具有啓發性，卻不能藉此找出最終證實令人滿足的活動。腎上腺皮質醇是一種分解代謝類固醇，會使幾個身體系統產生退化效應。需要長期使用氫化可體松等類固醇的病患，總是受諸多副作用所苦，其中包括體重增加、腸胃出血、糖尿病、高血壓與骨質流失。但從歐文斯的運動可知，除了口服之外還有其他方法可釋出皮質醇。

任何壓力源，特別是身體上的壓力，都會導致皮質醇的釋放。皮質醇與多巴胺在紋狀體內的生化性相互作用顯示，這兩種化學物質與獲得滿足感或甚至卓越感有關。若是單靠一己之力，則兩者皆無法提供類似滿足的狀態。多巴胺或許與短暫的安樂感有所關聯，但仍需要皮質醇才能得到那種滿足的感覺。因爲壓力是釋放皮質醇最有效的方法，所以要擁有滿足的體驗就非得通過不適的考驗。

心流

不適感是獲得滿足感的必要元素，這種主張並非人人同意。也許不適感這個說法太強烈了。一九九〇年，芝加哥大學心理學家奇克森米海伊（Mihaly Csikszentmihaly）出版了《快樂，從心開始》（*Flow*）。他根據二十年的研究成果寫就此書，書中主張快樂就是達到他所謂的「心流」狀態，而獲得快樂的兩大要素則是技能與挑戰。②當挑戰與個人的技能相當，便會產生心流；例如，一個傑出的鋼琴家會在彈奏挑戰性高的曲目時產生心流，而較爲平庸的鋼琴手，卻只須彈奏較不複雜的樂曲便可產生心流。活力感對於心流的概念十分重要：一個人要達到這種狀態就得接受挑戰，然後經由挑戰有所改變。

就定義本身而言，挑戰總會引起某種不平靜，不適感也應勢而生。想找出適當程度的挑戰是個困難的平衡行爲；太大的挑戰不只難以克服，企圖面對這種挑戰所產生的不安也可能擴大成赤裸裸的、令人氣餒的焦慮。反之，如果挑戰不夠大，則會使人厭煩。在這兩個極端之間，奇克森米海伊發現了心流渠道。

這個觀點中有一個角度被忽視了。如果超越自己目前的技術程度就能產生心流（或是我們現在討論的滿足感），那麼個人的成長便無可避免。凡是學過一段時間鋼琴的人都知道，即使將「表演藝人」（The Entertainer）彈得純熟，經過二十次演奏之後便不再令人滿足了。換句話說，自然演化會讓你不得不繼續練習愈來愈困難的曲目，以獲得相同程度的滿足感。你一旦達到心流狀態，便會渴望接受更複雜的挑戰。我此時描述的是一種不同於享樂跑步機的跑步機，不過這兩者都根源於腦對新奇的需求。

透過知性方式達到心流狀態並非不可能，就像完成一個精彩的解謎遊戲獲得的興奮心情，但我卻是費了好大功夫才找到一個和身體挑戰一樣令人滿足的心理挑戰。到頭來，要達到心流狀態並獲得溫暖的滿足感，身體活動似乎還是最有效的方式。身體活動——尤其是具有挑戰性的活動——最能確保腦內釋放出多巴胺與皮質醇的結合物。

跑步就是這種類型的挑戰，從它愈來愈受歡迎的情形便可證實人們從中獲得的滿足感。當然跑步也分不同程度，從一星期慢跑幾英哩到參加馬拉松比賽都包含在內。不過超越馬拉松之外的超級馬拉松——跑一百英哩——也吸引了一小群人，且人數日益增多。這類賽跑不僅需要持續二十四小時的體力，跑完後的精神疲累也讓人懷疑怎麼有人願意做這麼辛苦的事。稍早之前，我提到新資訊會改變腦的分子結構。身體活動也一樣，而超級馬拉松正是極端的版本。除此之外，在如此長時間的努力期間所產生的身心變化，也透露了某些關於腦如何運作——以及我們的滿足感——的重要訊息。

滿足長跑

西部百哩耐力賽跑（Western States 100 Mile Endurance Run）是超級馬拉松的祖師

爺，不是因爲難度最高而是因爲歷史最悠久。自一九七〇年代起，每年六月都有三百名左右的跑者齊聚在加州斯科谷（Squaw Valley）的起跑線，準備朝正西方跑一百英哩。在二十四小時內跑完全程者可獲得令人垂涎的銀帶扣，上面刻有「100 miles—one day」（一日百哩）的字樣。在時限三十小時內抵達終點者可獲得刻有「100 miles」（百哩）字樣的銅帶扣。比賽沒有獎金，收穫只有個人跑完全程的滿足感以及其他參賽者的敬意。

這場賽事起源於一八四九年淘金熱時期。故事是這樣的：當馬歇爾(James Marshall)在亞美利加河（American River）——約位於沙加緬度（Sacramento）與塔荷湖（Lake Tahoe）間的半途——河床發現少許金塊，便在河畔爲薩特（John Sutter）建造一座鋸木廠。最後，五十萬名所謂的「四九礦工」（forty-niners）紛紛來到這些山腳下，希望一夕致富。從東部來的人，所經路徑十分艱險。美國橫貫鐵路直到一八六三年才開始在沙加緬度動工建造，因此要到淘金鄉只能徒步或騎馬穿越內華達山脈。

由「四九礦工」開闢的路徑後來被稱爲「西部山徑」，從塔荷湖附近的斯科谷開始向上陡升至海拔八七七四英呎高的移民啞口（Emigrant's Pass）。在啞口處有一塊獨立的火山岩石碑，內戰初期的礦工稱之爲桑特堡（Fort Sumter）。③從移民啞口開始，路徑隨著內華達山脈的山脊向西延展，雖然偶爾鑽進陡峭的峽谷，但大多仍與亞美利加河平行，最後終止於奧本鎮（Auburn）。冬季期間，由於高山地區積雪很深，小徑幾乎無法通行。若有人質疑小徑的艱險，想想淘金熱前兩年杜納團隊（Donner Party）在北方二十哩處遭逢的悲慘命運，應該就會想起這個西部地區充滿什麼樣的危機。

要在西部山徑跑步、步行或騎馬就像是回到過去，因爲沿路絕大部分都仍未開發。事實上，這可能是現存的東西向歷史山徑中，唯一仍與一百五十年前的狀況大同小異者。西部山徑基金會的成立有一部分是爲了保存這個自然資源，並紀念早期拓荒者的精神。除了努力保存路況之外，基金會還贊助兩大活動：西部一日百哩賽馬（即泰維斯盃〔Tevis Cup〕）與西部百哩耐力賽跑。

泰維斯盃始於一九五五年，當時騎士彼此挑戰在一日內騎完全程，以紀念昔日快馬郵遞的精神。如今，這項體力與毅力的挑戰仍是騎術的極致考驗，賽後騎士與座騎都會獲得獎勵。耐力賽跑始於一九七四年，曾參加過泰維斯盃的安斯雷（Gordy Ainsleigh）捨棄了座騎，徒步走完全徑——費時二十三小時四十二分。一九七七年舉行第一次正式比賽，有十四個人一字排開準備與馬競賽。除了水之外，一切補給品都由參賽者自行準備。其中只有一人在二十四小時內完成，但另外有兩人自行繼續比賽，費時二十八小時三十六分。有鑒於這兩名跑者跑完全程的決心，三十小時的絕對時限於是成立。一九七八年，賽跑從賽馬中獨立出來，兩個賽事也從此分別籌辦。

在偏遠山區籌辦百哩越野賽事必須面臨後勤事務的挑戰。但由於賽事深得人心，每年總能吸引超過一千三百名志工，平均每位參賽者約可分得四人。沿途設有二十五個檢查站與護理站，以確保參賽者供給不缺且隨時可獲得醫療協助。儘管支援行動如此細心規劃，情況還是可能失控，也確實失控了。

二〇〇三年，有一位名叫懷廷（Floyd Whiting）的參賽者來自內華達州雷諾，年六十一歲，已是資深的超級馬拉松選手。他跑到九十八哩處，腎臟被肌紅蛋白（肌肉受傷後的產物）堵塞，只得退出比賽。連續費力地跑了九十八哩，部分肌肉受傷是難免的，但懷廷的肌紅蛋白含量過高，阻斷腎臟的過濾機制，結果導致他幾乎無法排尿，而排出的尿液也呈深棕色。懷廷的情況過於嚴重，必須進行洗腎，經過一個多禮拜腎臟才恢復功能。

體溫過高與中暑的情形比腎臟衰竭更常見，卻同樣危險。峽谷中的溫度可能高達攝氏三十八度，許多參賽者由於沒有作好防熱準備而被迫退賽。攝取充足水分是必要的；二十四小時當中，跑者所喝的水分可能重達本身體重的三分之一。但只喝水卻肯定會出事。當五十磅的體液被水取代便會稀釋天生含鹽的血漿，導致可能致命的低血鈉症。當體內鹽分含量快速下降，對內部器官的影響就和泡澡一樣，組織——尤其是腦組織——會膨脹，而當腦膨脹時，唯一擴展的方向就是往下——由顱底的枕骨大孔脫出。一旦發生這種情形，此人幾乎必死無疑。低血鈉症若是輕微，通常只是噁心與略微嘔吐，並無生命之虞。④

終極挑戰

每年十二月，籌辦單位都會抽選三百六十九名參賽者。史上的參賽者大多住在加州。二〇〇四年，有五名來自喬治亞的參賽者贏得名次，幾個月前我和其中兩人碰了面。安德森（Janice Anderson）年三十八歲，是家居用品公司 Home Depot 的系統工程師，跑超級馬拉松已超過十五年。她在二〇〇三年的西部耐力賽跑中獲得第十名，因而受邀參加二〇〇四年賽事（前一年前十名的男女選手均無須參與抽籤）。二〇〇〇年期間，女子百哩賽跑的六次最快紀錄當中安德森便包辦了五次，其中百哩越野賽跑的世界紀錄，使她贏得年度最佳女子超級馬拉松選手的頭銜。同樣三十八歲的裴特莉（Ragan Petrie）是喬治亞州立大學的經濟學教授，也是安德森的友人兼練跑夥伴。裴特莉之所以獲得參賽資格是因爲她以不到十八小時的成績完成佛蒙特百哩賽事，這是她首次參賽，而西部百哩將是她的第二次。

我從不認識能跑這麼長距離的人，所以不太確定會看到什麼樣的人。專業長跑選手多半骨瘦如柴，本以爲會出現兩個骷髏架，但一看到她二人健康正常的模樣倒讓我鬆了口氣。那天傍晚她們練跑完後，我們約在一家素食咖啡館見面。安德森個頭嬌小，棕色長髮及肩，帶有一種靜默的熱忱。儘管她在超級馬拉松界展露鋒芒，卻並不強調自己的成就，甚至謙稱是我謬讚——或許因爲我不是超級馬拉松選手，也或許因爲跑了這麼多年，新奇的因素早已消磨殆盡。但我從無片刻將她的謙虛視爲能力不足的象徵。我心想，競賽時間一到，安德森應該兇猛無比。

我一眼看到裴特莉就喜歡她。她有一頭深金色的長髮和令人心動的光彩。雖然還是超級馬拉松界的新秀，她卻顯露出一種不同於安德森的決心。兩個月前，她跑步蹓狗時意外跌斷鎖骨，但她已下定決心要參加西部耐力賽——並在二十四小時內跑完。裴特莉從研究所時代開始跑超級馬拉松，她覺得這種賽跑提供了清楚的目標。「超級馬拉松有起點有終點，」她說：「和寫論文時看不到終點的感覺恰好相反。」

我指出較短距離的賽跑也一樣有始有終，安德森和裴特莉都回答說自己喜歡超級賽的挑戰。無論準備得多麼周詳，疼痛都是超級馬拉松經驗中不可缺的一部分。

「跑起來很痛。」安德森強調。

儘管她二人都沒有多說，我想二十四小時賽跑的痛必然與一般馬拉松的不適感迥然不同。除了親自下場之外，我所能做到的最大程度就是就近參觀一場類似的比賽。

斯科谷

當參賽者聚集在西部耐力賽跑的競賽中心時，斯科谷立刻籠罩在緊張的氣氛中。古色古香的奧林匹克村——一九六〇年冬季奧運會址——地面鋪上鵝卵石，禁止車輛進入，參賽者可以和自己的啦啦隊成員（以親友居多）到處溜達。參賽者與少數登山客及山區單車騎士很容易區別，因爲他們都有結實的雙腿和磨損不堪的雙腳，還會穿著一件從其他超級馬拉松賽中得來，且多半已經因練跑無數哩路而褪色變髒的T恤。有一件T恤上還誇口道：問問我一天如何減重六公斤！

有一群首次參賽者群集在通往山頂的電車站外的草坪上。四十九歲的史威尼（Mike Sweeney）是該賽事的老將也是前十名選手之一，正在主持賽前簡報。

「在這場比賽中，你們要對抗場地，要對抗大自然，」史威尼大聲宣布，然後瞪著眾人警告道：「還要對抗你們自己的問題。」

史威尼繼續針對沿途特定區域提供建議，像是「魔鬼拇指」——中途點一處一千五百英呎長的陡坡。「魔鬼拇指前有一條小溪，」他說：「如果水瓶快沒水了，把它加滿。鞭毛蟲的問題等四天後再擔心不遲。」

眾人想到可能罹患痢疾不安地笑起來，史威尼則繼續說：「魔鬼拇指的頂端有一個醫護站。醫護人員會問你們一些有陷阱的問題，比方說：『你叫什麼名字？』」

大夥又笑了，但他們緊張的眼神卻透露更多訊息。

史威尼感覺到這群菜鳥的憂心，便解釋道：「他們想知道你們的清醒程度，例如你們花多少時間回答。還有你們一站上體重計血壓就會下降，必要的話要抓著某個人。

「拉奇恰奇（於七十八哩處跨越的河流）。」史威尼說：「水溫（攝氏）十度，所以渡河時可能會發生體溫過低的狀況。穿上長袖衫，上岸後要繼續走動。自然的身體移動會讓體溫回復。」

聽他說著，我發覺參賽者根本不可能記住這些。

「從羅比岬（九十九哩處）開始，你們想要有多少人陪跑都行。家人、小孩，一律不拘。」史威尼頓了一下，然後以鼓舞的口吻說：「你們要記住：跑進那個運動場的感覺是無可比擬的。」

換腦

且先將超級馬拉松暫擱一旁；即便是溫和的運動也會影響腦，只不過我們才剛剛要開始發掘這過程的來龍去脈。智力與體適能之間的關聯幾乎在五十年前便已確認，當時發現體適能佳的人各種紙筆測試的成績也較好。這些結果維持了數十年不變，但直到最近才有人提出因果議題：是運動增進了智力功能，還是健康的人也比較聰明？要想設計一個實驗來回答這個問題恐怕不容易，因爲首先必須找一群不健康的人，讓他們開始運動，其次還得設法測試這些人是否因爲運動而變得聰明。

無論如何，實驗專家已經從他們最喜愛的動物——老鼠——身上取得豐富的資料，明顯指出運動對認知功能有益。對老鼠來說，環境中多了攀爬設備與探險場所之後，導致突觸增加，促進微血管生長與神經元新生——亦即在腦內製造神經元。⑤提供攀爬裝置除了讓老鼠有身體活動之外，也同時提供新奇感，不過運動本身促進腦部發育的功效卻比新奇更重要。一九九〇年代初，伊利諾大學香檳分校的神經生物學家葛林諾（William Greenough）發現，當老鼠受到鼓勵去玩滾輪，而不只是穿越繩橋、爬過障礙物時，小腦內的微血管密度升高。⑥根據後續針對老鼠與猴子的研究，有氧運動會提高皮質內的血管密度。單就腦內血流量增加這點，無法證明運動能提升認知能力。但有一些針對老鼠的研究顯示，運動有助於某些種類的學習，其中以迷宮之類的空間關係最爲明顯。⑦

大多數神經科學家原來都認定成人身上不會有神經元新生，直到最近才有了改變。然而，腦的主要構成元素並非神經元，而是環繞神經元的膠質細胞。一九六〇年代起，科學家便已知成人的腦會製造細胞，但在研發基因標示技術前，誰也不知道這些細胞是神經元或膠質細胞。假如爲動物注射一種化學結構與DNA某一構成分子相似的物質，便能解開謎底。5—溴脫氧尿嘧啶核（BrdU）便是這類物質，它會被分裂增殖的細胞攝入，可使用螢光顯微鏡觀察。

BrdU技術證實成人的腦細胞確實會分裂，同時製造神經元。在最早期利用此方法的研究當中發現，豐富化的環境有助於海馬體內的神經元新生，而海馬體則是重要的記憶構造。⑧另外幾個結果相同的研究則證明腦的其他部位（如前額葉皮質）也有神經元新生的現象。到了二〇〇四年，已累積足夠證據證明神經元新生確實會發生在成人身上，新神經元分佈的位置則是腦內處理最新獲得資訊與記憶儲存的重要區域：海馬體與前額葉皮質。⑨跑步甚至比單純提供一個有趣的環境更能有效地促進神經元新生。事實上，某研究顯示運動可能使海馬體內神經元新生的速度加倍。⑩

在這些研究以前，任何形式的壓力都被認爲可能抑制神經元新生。受戰鬥壓力——也就是現在所謂的創傷後壓力症——所苦的人，海馬體比一般人小，而且暴露在戰鬥中的時間愈長，海馬體會縮得愈小。⑪根據許多研究專家所言，導致海馬體縮小的正是腎上腺皮質醇。因皮質醇分泌過量而罹患庫欣氏症候群的病患，海馬體也較小；和罹患戰鬥壓力症的軍人一樣，海馬體縮小的程度可能與血液中皮質醇濃度有關。老鼠被注射皮質醇後，海馬體內的神經元新生減少了。這一切發現或許證實了壓力對腦有害的概念⑫——只有運動引起的特殊類型的壓力例外。

無論根據任何定義，運動都會產生壓力。所有平時的壓力標示（如皮質醇）都會在運動期間攀升。儘管皮質醇濃度升高，運動卻不會抑制反而會促進神經元新生。因此，若非運動期間會釋放出其他保護腦的因子，便是「壓力對腦有害」的假設不正確。

關於運動如何導致神經元新生，最大的可能性就是透過釋放生長因子。⑬身體的活動會增加腦源神經營養因子（ＢＤＮＦ），這是一種在神經元中合成的蛋白質，除了製造突觸之外，還能促進神經元新生並防止壓力導致海馬體內細胞死亡。⑭運動還會釋出紅血球生成素（一種由腎臟分泌的蛋白質）與血管內皮生長因子（ＶＥＧＦ），兩者都能促進腦血管的生長，也是維持更多神經元與更多突觸的代謝需求的必要物質。在紋狀體內，運動可以保護動物不受帕金森氏症的退化影響——此一好處又可追溯到另一生長因子（膠細胞源生長因子ＧＤＮＦ）。⑮

無論從哪個角度看，運動都對腦有益。運動不僅能增進整體的健康，還能促進神經元新生——幾乎可說是腦的再造。運動甚至比解謎遊戲等腦力體操更能提供保護效果。雖然這些效果的實際機制不明，其中關聯卻很明顯：運動會保護腦遠離身體與非身體的壓力源——是治療一切煩惱的萬靈丹。覺得憂鬱嗎？運動吧。覺得緊張嗎？運動吧！

但即使得出這些結論也無法解釋超級馬拉松的魅力。沒有任何神經元新生的研究暗示人必須跑一百英哩才能獲得運動的好處。程度相當溫和的活動應該便已足夠。

腦的食物

簡報的第二棒是從西部耐力賽一開始就擔任醫護主任的林德（Bob Lind）。在北卡阿帕拉契州立大學任教的林德與其學生，是少數研究超級耐力活動期間體內生化變化的團隊之一。即使在二〇〇五年，相關資料仍寥寥可數；例如，大多數的長跑研究並未控制二十四小時不眠不休的重大影響。

我懷疑資料之所以如此缺乏，是因爲贊助這方面研究的資金難尋。超級馬拉松不是疾病，至少不是傳統定義的疾病。相關研究的動力大多來自科學家自身的熱忱——其中有許多人本身就是超級馬拉松跑者——研究經費十分拮据，主要是各方私人捐助與西部耐力賽的部份費用勉強湊得。

即便一個看似基本的問題，像是比賽期間應該吃多少東西，也仍未有答案。雖然早在數十年前便已知賽跑的代謝值，這卻是在理想的狀況下（如在跑道上賽跑）估算的數值。根據這類研究的估算結果，每跑一哩會燃燒一百仟卡（食物的一個卡路里其實就是一仟卡〔kcal〕的熱量），但這個近似值只適用於一百五十磅重的一般男性在平坦跑道上跑步的情形。⑯

二〇〇三年西部耐力賽期間，同樣是阿帕拉契州立大學的生理學家丹姆克（Charles Dumke），試圖測量自己實際參加越野賽跑時的代謝情形。身體能量的產生若非透過有氧代謝（需要氧氣）便是透過無氧代謝（無需氧氣），但既然耐力賽跑幾乎完全都是有氧運動，因此測量攝氧量與二氧化碳產生量便可計算出代謝率。以前測量氧與二氧化碳都需要龐大設備，使得研究只能局限於實驗室內，直到最近才開始使用可攜式系統。丹姆克的實驗其實只是測試其可行性，因為他只在西部耐力賽期間且只在自己身上進行；實驗結果顯示代謝所需熱量可能高達每哩一百三十四仟卡，亦即比大多數跑者假設——甚至很可能確實——所需的熱量高出百分之三十四。

不過無論跑者每哩消耗一百或一百三十仟卡，以適當數字乘以一百英哩之後，表示他們在比賽期間的消耗量介於一萬至一萬三千仟卡。⑰人體絕大部份的熱量都儲存在脂肪內，因此即使像超級馬拉松選手這種很瘦的成人，也有超過八萬仟卡的熱量儲存在脂肪細胞中。⑱相較之下，只有二千五百仟卡的熱量以肝醣——一種碳水化合物，可經有氧燃燒快速產生熱量——形式儲存。肝醣儲存在肌肉與肝臟中，但消耗完後，身體便會轉而燃燒脂肪產生熱量。熱門的艾金斯（Atkins）減肥法就是剝奪體內的碳水化合物，迫使身體代謝脂肪。

碳水化合物和脂肪均可用作熱量來源，而兩者的相對貢獻程度則由幾個因素決定。⑲只有低醣飲食與耐力運動等極端情況才會耗盡體內的碳水化合物，迫使身體增加脂肪的消耗。若是不劇烈的運動，如快速馬拉松跑者的速度，熱量多半來自碳水化合物，其中又以儲存在肌肉中的肝醣爲主。一旦耗盡肌肉肝醣，運動員就會突然感到疲倦。⑳已知百哩賽跑所需的熱量，那麼跑者就必須在賽跑期間攝取八千仟卡以上的碳水化合物，否則就得燃燒脂肪。

幸運的是運動能促進脂肪分解，分解速度可達休息時的十倍，因此運動比節食更能有效減肥。雖然確切機制仍不明，但耐力訓練本身會增進運動期間的脂肪使用率，使身體成爲更有效的脂肪分解機。這些細節都很重要，因爲身體的燃料來源對腦有特殊影響，而這些影響或許便能依序闡明爲何這許多人無法克制長跑的慾望。

碳水化合物——葡萄糖與肝醣——會燃燒得很乾淨。葡萄糖的有氧代謝產生熱量之餘，留下的廢物只有二氧化碳和水。脂肪也是由碳、氫、氧組成，因此和葡萄糖一樣，燃燒到最後只剩水與二氧化碳，但卻因爲脂肪輸送到組織的方式而使其代謝變得複雜。脂肪的熱量鎖在三酸甘油脂中，這些是脂肪細胞內的大分子。雖然脂肪細胞含有極高熱量，將熱量分配給重要器官時卻必須克服一個基本問題：脂肪與水不相容。人類隨時都大約有四升的血液在循環流通，其中紅血球約佔三分之一，其餘爲血漿——由水、電解液、蛋白質與懸浮脂肪組成的溶液。但是用水輸送脂肪有點棘手。人體發展出一些機制將脂肪隔離成小滴狀，以防止脂肪糾結在一起（這些便是低密度脂蛋白，簡稱ＬＤＬ）。雖然ＬＤＬ會將脂肪輸送到身體各處，卻有許多器官無法直接代謝脂肪，尤其是腦。

內分泌學有一條基本原則：腦是個特權器官。人體會盡一切努力取悅腦，讓腦存活。腦最喜歡什麼？葡萄糖。當葡萄糖開始變少，其他器官就會調整代謝減少葡萄糖的使用，將剩餘部份留給腦，當葡萄糖儲存量實在太低，腦便會略帶遲疑地改選另一種熱量來源。儘管腦無法使用鎖在脂肪內的熱量，但在某些情況下，腦的部份區域卻能使用脂肪代謝的副產品——酮體——作爲熱量來源。

肝臟在此過程中扮演主要角色，因爲它負責協調葡萄糖與脂肪的轉化。脂肪代謝的第一階段就發生在脂肪細胞內，此時三酸甘油脂會分解成兩種成分：一是小的甘油分子，可轉化爲葡萄糖，一是大的游離脂肪酸。與三酸甘油脂不同的是，游離脂肪酸略可溶於水，且能由血液輸送。到達肝臟後，脂肪酸便分解並部份代謝成兩個更小的分子：乙醯乙酸與β－羥丁酸，兩者皆屬於酮類化學物質。酮可溶於水，體積也夠小可以滲入任何組織，包括腦在內。㉑

酮體最早是在昏迷的糖尿病患的尿液中發現，而罹患糖尿病酮酸中毒者口氣中帶有水果味，則是由於乙醯乙酸自發轉化成丙酮之故。因爲與糖尿病扯上關係，酮體自然聲名狼藉。但到了一九六〇年代，科學家發覺酮體在正常情況下能對人體發揮重大功能，酮體的惡名終於獲得平反。㉒

腦尤其喜歡酮體。當酮體直接注入體內，腦便立刻用它作爲熱量來源，而你也不用餓肚子。丹麥神經學家將β—羥丁酸注入志願者的身體後，發現腦使用葡萄糖的比例下降百分之三十三，轉而使用酮體。㉓不過腦使用酮體的程度，各個部位不同。例如多巴胺神經元所在的腦幹使用酮體的量就不如皮質區。㉔

酮體作爲醫療用途已有幾千年歷史，主治癲癇。希臘羅馬人倡導的抗癲癇飲食法必須餓肚子並攝取催吐劑，如此便能確保提高體內的酮體濃度。現代版的生酮飲食於一九二〇年代引進，由脂肪攝取的熱量約需爲碳水化合物的四倍。㉕雖然沒有對照試驗，但生酮飲食據說降低了一半以上癲癇病患的發作情形，甚至在兒童身上可能更有效。㉖根據一項理論指出，腦轉而利用酮體作爲熱量來源會引起神經傳導物質的下游效應。酮體會刺激產生GABA（我在稍早的美食探險中已提過此抑制性神經傳導物質）以及紋狀體中的主要神經傳導物質。㉗此外，酮體也經證實可以防止阿茲海默症與帕金森氏症中的神經退化。㉘

酮體對於帕金森氏症患者可能產生的好處激起不少人的興趣，尤其是該物質爲我們帶來了希望：即使因爲生病或老化流失了多巴胺，也不一定會導致太悲慘的後果，而無法獲得滿足的經驗。人類大約從二十歲便開始流失多巴胺神經元，因此任何可能的防護措施都是好的。除了運動的一般好處之外，也許正是在一次次長時間的身體活動當中產生的酮體，才使得多巴胺系統的活動額外激增。超級馬拉松選手當然也享受到此一好處。

改變後的狀態

比賽前一天，我被分發到位於九十三哩處的醫護站。由於我的任務是監看跑者經過此處時的身體狀況，我便好奇想知道他們賽前的狀況如何。當天量體重時，他們賽前的體重與血壓都記錄在腕帶上。到了每個醫護檢查站，跑者的體重都會和起始體重作比較。根據氣溫不同，跑者比賽完後的體重可能會減輕百分之三至五，全都是水分。減重超過百分之五的跑者，可能被迫在醫護站中補充水分。倘若比起始體重少了百分之七，跑者恐怕就得被迫退出比賽。

我看著參賽者一一踏上體重計，他們的體重整齊得令人吃驚。無論男女，幾乎每個人都在五十九到七十三公斤之間，這也證實了我的最初印象：他們和超瘦型的奧運賽跑選手不同。跑一百哩的身體需求與跑馬拉松不一樣。健康狀況極佳的人只要具有忍痛毅力，很可能都能跑馬拉松。即使要花五個小時，若能適當補充碳水化合物，身體便有足夠的熱量跑完二十六點二英哩。但是跑百哩卻需要截然不同的訓練。超級馬拉松選手的體重略重，就表示他們的身體需要持續不斷補充的熱量或儲備的熱量以應付二十四小時賽程。

上午十點左右，已有許多參賽者報到完畢，前去休息、冥想，或是爲隔天即將展開的賽事作心理準備。我從起跑點出發，體驗一下最初幾哩的感覺。

太陽已經高掛空中，眼前萬里無雲，陽光無情地刺射在移民啞口。我從閒置的纜車底下走進山徑，沿著履帶式曳引機車道而行，這是冬天用來整理滑雪道用的。空氣中的絲毫濕氣似乎都已蒸發，儘管我只是步行，隨身攜帶的一公升水幾乎都嫌不夠。

當我正氣喘吁吁地朝空氣逐漸稀薄的山上爬去，有一小群參賽者一天也不肯休息，慢慢從我身旁跑過。一個半小時後，我踏著尚稱穩健的步伐通過樹木界線，來到一片草原，四周環繞著積雪的峭壁。有一條黃色帶子固定在一道花崗岩陡坡底下，表示山徑方向改變。粉筆箭頭往上指。我本以爲這應該是場賽跑，不是爬山探險。在岩石面爬一百公尺後，我來到整個賽程中唯一有雪覆蓋的路段，移民啞口的陰影中結了一層冰雪。這算幸運的；一九九五與一九九八兩年，前二十四哩路全部被雪覆蓋，相較之下，今年的參賽者倒只須應付炎熱。

從山頂上，小徑蜿蜒向西穿越接連天際的遼闊峽谷。我轉過身，看見塔荷湖上籠罩著藍色霧氣。有人正穿過積雪往上走。

「你怎麼樣？」他說。

他說自己叫「湯哥」帕拉佐，五十七歲，在長島開卡車，是無可救藥的超級馬拉松迷也是參賽者。他說自己的綽號是一九九九年參加「惡水一三五」（Badwater 135）超級馬拉松賽時得來的：自從梅爾史都華（Mel Stuart）拍了紀錄片《奔向太陽》（*Running on the Sun*）之後，這個賽事也從此永垂不朽。「惡水」賽很可能是最艱難的超級馬拉松賽，在七月間從北美最低點死亡谷（Death Valley）跑到加州最高點惠尼山（Mount Whitney），全程超過一百三十五哩。他被起綽號的地點就在賽程一百零六哩處。由於無法吃下任何固體食物，帕拉佐對親友團成員抱怨：「眞他媽的荒唐。我實在餓死了！」他的兩名友人受命往回走十五哩去找湯，回來以後卻只聽他暴怒道：「我不想知道你們去哪裡了。你們離開之後，我又走了十二哩路。」正當要囫圇吞下一杯蛤蜊濃湯時，帕拉佐又虛弱地補了一句：「我都快虛脫了。」

我們走回山谷的途中，帕拉佐誇稱自己跑過二十六場超馬賽。我問他為什麼。就在我們通過樹木界線時，他仰望著一排加州松，沒有回答我的問題卻反問道：「你想這些樹在這裡多久了？」

至少兩萬年了吧，我心想。

他沒有等我回答便說：「比我們活著的時間還長。」接著又說：「我賽跑是為了挑戰，為了填補空虛。」

雖然沒有參加二○○四年的西部耐力賽，帕拉佐卻來到現場陪伴友人跑最後四十哩。他解釋說比賽時最難熬的是心理部份，所以參賽者需要有人陪跑。「你必須轉移跑者的注意力，要讓他跑到下一個醫護站。」

「跑的時候是什麼情形？」我問道。

帕拉佐搖頭回答：「在山徑上大家不會說話，只會告解。」

「會不會產生幻覺？」

「會啊。」他說：「尤其是晚上。黑影愈看愈像人，或是動物。」

睡眠不足會產生這種現象。上一次針對睡眠不足徹底進行的身體研究，已是數十年前的事，不過睡眠不足造成的心理影響到是資料充足。到達某一地步——很可能是完全剝奪睡眠約十天後——便會導致死亡。你應該可以想像，睡眠究竟是純生理或心理的必要元素實在很難判定，想找出答案就得有一些創新方法。

當動物（或人）被剝奪睡眠時，需要愈來愈具有傷害性的刺激使其保持清醒。在一九八〇年代前，誰也不知道睡眠不足產生的有害結果是來自缺乏睡眠本身，或是來自爲了保持清醒所施加的外界刺激。一九八三年，芝加哥大學的研究人員設計出一個方法，可以控制使動物保持清醒的影響。㉙他們將老鼠置於灌滿水的樹脂玻璃籠內。籠子一側有個突出一半的圓盤，老鼠可以在上頭避水。圓盤另一半則伸入隔壁籠內。每當目標老鼠開始入睡，圓盤就會轉動，將老鼠喚醒並迫使牠朝轉動的反方向跑，以免落入水中。每組都有兩隻老鼠，但圓盤轉動的設計只會讓其中一隻保持清醒。雖然對照鼠也會被圓盤轉動吵醒，但當圓盤靜止、同伴清醒之際，牠卻可以睡覺。所有睡眠不足的老鼠都開始衰退：牠們不再理毛，毛色變黃，皮膚出現傷口，腳掌腫脹，協調有問題，而且臨死前腦電波便呈現一條直線。睡眠不足的老鼠壽命約爲五至三十三天，研究者檢查鼠屍時還發現嚴重的感染現象：肺積水、胃潰瘍、腸道出血，而且大多有腎上腺肥大的情形。

雖然對照的老鼠也會被同樣的刺激喚醒，卻沒有以上任何症狀。結果顯示睡眠確實是生理上不可或缺的。

除了死亡之外，專家推斷人類長期睡眠不足會導致精神異常。[30]經過進一步檢視，睡眠不足還會引起錯覺與幻覺，但實驗室中從未發現精神異常的行爲。一九六七年加州大學洛杉磯分校（UCLA）作了一項研究，讓四名志願者連續二百零五個小時（八天半）不睡覺。三天後，如帕拉佐所描述的那種錯覺便已十分普遍。一九八〇年代末期，在華盛頓的華特利陸軍研究中心（Walter Reed Army Institute of Research）進行的一項研究發現，只要二十四小時不睡覺，視覺扭曲的情形便會激增。四十八小時後，有八成的人若非視覺扭曲（就像電視畫面不斷晃動），便是產生幻覺（就像看到「研究助理的屍體逐漸腐爛」）。[31]

但睡眠不足也有個好處。精神病學家從一九七一年起便知道不睡覺具有提振情緒的效果。若只是短短一夜不睡，可以立刻讓人走出嚴重的憂鬱，這可說是簡單的療法，有效率爲百分之六十——效果與大多數抗憂鬱劑相當。[32]只可惜效果通常都很短暫；因睡眠不足產生反應的病患中，有一半在睡過一夜後效果便消失了。欣快感的生物學也同樣與睡眠不足之後紋狀體內多巴胺增加有關，㉝這一定是跑超級馬拉松能獲得滿足感的原因之一。

比賽當天

參賽者帶著緊張的活力在起跑線附近繞來繞去。清晨四點五十五分，天還沒亮，但度假區裡已經打開一些平日作爲夜間滑雪照明用的汎光燈，一路沿峽谷表面向上延伸四哩長，彷彿聖誕樹的燈飾。

主辦的負責人索德蘭（Greg Soderlund）以奧運的開場白祝福參賽者：「毋須求勝，只求勇氣。只要你能堅持，就等於給了自己榮耀，更重要的是你也給了我們所有人榮耀。」㉞

有人彈了一下開關，荒野之狼樂團演唱〈註定狂野〉（Born to Be Wild）的歌聲從擴音器大聲傳出。林德對空舉起獵槍，比賽就在鳴槍的轟然巨響中展開。

頂尖的參賽者立刻在親友團的歡呼與叫嚷聲中衝出去，其餘的跑者則是緩緩前進，保留體力迎接後面的賽程。當最後一批跑者離開後，我做了所有正常人都會做的事——

回去睡覺。

直到八點過後，太陽才從山谷東緣升起，光線隨之灑進我的飯店房間。參賽者已經出發三個小時，領先者很可能已經快接近二十四點六哩處的羅賓遜平頂，亦即第一個主要檢查站。我如此推算後才有動力前往四十九號公路，我被分配到的醫護站。

我的醫護站位於西部山徑與四十九號公路交叉處，是最後一站，距離終點只有六點七哩。雖然沿著山徑只有九十三哩遠，從斯科谷開車卻要繞一大圈，當我到達時已經下午兩點。雖然此時峽谷中酷熱許多，而且因公路對面的採石場之故塵土瀰漫，空氣卻仍極度乾燥。

脾氣暴躁的醫護站主任蕾恩指著一堆桌子，要我去排好。本站的核心是一輛大型休旅車，其他志願者陸續抵達後，擺出許許多多食物，待運動員跑過時來一個味覺夾攻。

七點鐘，我們正等候第一批跑者到來之際，醫護站已經開始忙碌運作。帕拉佐說的很清楚，許多參賽者吃不下固體食物，因此到此階段，湯成了最重要的食品。蕾恩從休旅車搬下一個棧板的雞湯罐頭（每罐一加崙裝），在瓦斯爐上架起十加崙大鍋後，再將雞湯倒入。每個醫護站都有自己的招牌餐，她也開始煎她的招牌餐點，這也是貓王的最愛：

花生醬培根三明治。其餘的自助餐點則全都是比較傳統的選手食物：M&M巧克力、香蕉、鹹餅乾和一種名叫GU_2的電解質飲料。喝開特力還眞有濃濃的七〇年代風。

現年三十歲的朱瑞克（Scott Jurek）是來自西雅圖的物理治療師，也是前五屆西部耐力賽優勝者。七點半剛過，他便飛奔而過醫護站。以破紀錄的速度欲贏得第六面獎牌的他，並未停留太久。跳上體重計秤過體重並裝滿水瓶後，便和前導者再次出發。他更進一步地贏得比賽，創下十五個小時又三十六分鐘的新紀錄。第二名卻直到一小時後才到達，隨著夜色漸深，原本相隔許久才出現的選手身影也加速到固定每十分鐘左右便出現一人。

由於通過醫護站的參賽者人潮漸漸湧入，進駐的加油團隊也隨之增加，他們看起來當然和選手一樣疲憊。這些親友團成員醒著的時間也一樣長，開著車一站一站跑，爲選手供應吃了舒坦的食物、乾淨的襪子，並一路地加油打氣。到了凌晨兩點，醫護站簡直忙翻了。爲了達到二十四小時的標準並獲得銀帶扣，參賽者必須在三點以前通過此處。此時氣溫已經降到攝氏十度，許多親友團成員沒有準備禦寒衣物，便裹著毛毯和睡袋等候自家選手。

我不停忙著替進站的選手量體重，詢問他們的狀況，檢查他們有無精神混亂的跡象。比賽至此，能在二十四小時內完成賽程的人，看起來體力都還不錯。有些人意識到即將到達終點，高興得陶陶然。有位短小的金髮女子險些從體重計上摔下來，立刻有三名淡金色頭髮的女孩（其中最大的頂多十歲）圍上來，異口同聲地喊：「媽咪！」見她抱起女兒，我幾乎掉下淚來，她們的出現多少給了她一股新能量。她親過三人後，躍起身重新出發，同時說道：「幾個小時後我們終點見！」

裴特莉約在兩點半到達。她看起來體力還不錯也十分靈活，只不過吞下幾錠異丁苯丙酸時顯得很痛苦。她後來告訴我，當時她心神已經出竅。由於股四頭肌疲累不堪，山徑只要稍有斜坡，她的速度就會像走路一樣慢；再加上整個人的倦意與四周的漆黑，她開始產生奇怪的視知覺。然而她會達成她的目標，以二十三小時二十分鐘跑完全程。安德森大約落後裴特莉一個小時。

轉變

要決定是否將跑者拉出比賽，林德曾說過：「要注視他們的眼睛，看看他們的靈魂是不是出竅了。」

選手們在山徑上確實會發生一些事情。出竅經驗、幻覺、神秘的頓悟——無論如何形容該現象，對我這個旁觀者而言都像是一趟迷幻之旅。精神病學家曼德爾（Arnold Mandell）於一九五〇年代期間在希斯手下受訓，也正趕上接下來二十年間將幻覺研究應用於精神醫學上的巓峰時期。他曾對我說他將跑者的愉悅感比擬為佩奥特仙人掌與梅斯卡林（mescaline）藥物所導致的意識擴展。㉟

「跑者的愉悅感」（runner's high）一詞很可能起源於跑步人口暴增的一九七〇年代。但即便至今，關於這種愉悅感是否存在，以及假使存在又是何種屬性等問題，卻始終處於爭論階段而非科學研究範圍。當我問裴特莉與安德森關於跑者的愉悅感，她二人都顯出揶揄的神色。安德森認為此觀念不可信，這只是不專業的跑者將跑完後的疲憊與某種超絕經驗混淆所產生的想法。

我想對於跑者的愉悅感的混淆，多半是因為腦內啡與跑步結合的結果。自一九七三年發現腦內的鴉片受體起，再加上三年後確認了自然產生的類鴉片物質，熱門的跑步雜誌一報導跑者的愉悅感便一定會提到腦內啡。㊱由於愈來愈流行以所謂有機的或是非幻覺的方式擴展意識，這番解釋也就更如虎添翼了。此外，專家發現腦不僅有類似嗎啡化學物質的受體，還能製造類鴉片物質，想必更強化這種迷思。賽跑顯然很痛苦，因此以邏輯推論，腦必定會釋出腦內啡讓運動員能繼續馬拉松賽程。

當科學家檢視長跑選手的血液時，確實發現腦內啡濃度較高。[37]不過，「腦內啡」這個用詞並不精確，它指的是由身體產生、效果有如嗎啡的任何類鴉片物質。因此，有幾種不同類的胜都具有這種特性，其中包括β—腦內啡本身、腦啡（又稱安克啡林）與強啡。

以上三種胜一開始都是長得多的蛋白質，再從中分裂出活性元素。[38]例如，β—腦內啡一開始是一種由二百六十七個氨基酸組成、名爲前腦啡黑細胞促素皮質促素（簡稱POMC）的前驅物。POMC只能在腦內幾個部位製造，其中又以兩個小小的腦幹核爲主：即弓狀核與孤立徑核，後者接收絕大多數來自舌頭的感覺訊息，因此是個重要的味覺中間站。下視丘內豆大的細胞群弓狀核則更爲有趣，因爲除了合成POMC之外，其神經元還有瘦體素受體。這些細胞內的瘦體素受體被去活化之後的老鼠會變得肥胖，顯示瘦體素、身體熱量儲存與POMC之間有重要的相互作用。[39]弓狀核與腦的邊緣系統聯繫甚廣，POMC便是在此釋出，影響情緒、動力與痛覺。

POMC的中段會衍生出含有三十九個氨基酸的ACTH（在第六章已介紹過），尾端則會衍生僅有三十一個氨基酸的β－腦內啡。如稍早所述，ACTH這種荷爾蒙會向腎上腺發出釋放皮質醇的信號。在有壓力的運動期間，β－腦內啡濃度會上升並非巧合。只要是釋放POMC的狀況都會促進ACTH與β－腦內啡的製造。由於運動期間皮質醇系統必須活化才能維持熱量平衡，因此ACTH便會附帶產生更多的β－腦內啡。假如此一推斷屬實，那麼β－腦內啡就可能與跑者的愉悅感無關。

但早期的血液分析並未將這些合成物與從中分裂出來、不具生物活性的蛋白質加以區分。當血液分析發展到能夠將眞正的β－腦內啡與其他無用之物分離時，對劇烈運動的受試者進行檢驗，卻發現只有一半的人眞正的β－腦內啡增加了。㊵即使運動會釋放眞正的β－腦內啡進入血流，科學家也不知道這有何益處，因爲鴉片受體位於腦與脊髓內。運動是否會釋放腦內啡進入中央神經系統，這才是眞正的要點。

說了這麼多，卻不代表跑者的愉悅感並不存在。我想這感覺確實存在，只是並非來自腦內啡。無論跑者如何描述賽跑時的精神狀態，都絲毫不像鴉片劑的效應。像可待因、嗎啡與海洛因等鴉片劑會誘發神智模糊，可能導致脫離內在與外在不愉快來源的狀態。但我所遇見的跑者在形容此運動時，從未與鴉片引發的欣快感有絲毫的相似。曼德爾認爲最初的跑者愉悅感產生於身體疲勞期，有如一記閃電似的激勵運動員。[41]當雙腳的疲勞消失後，空氣變得更清新，樹木變得更鮮明，你的心思不斷運轉，思緒互相交戰，眾多偉大計畫瞬間似乎都變得可行，只不過一沖完澡也隨之化爲烏有。聽起來像是多巴胺。還有皮質醇。

最後階段

日出時，剩下的參賽者有不少人看起來情況不佳。山徑從樹林間竄出，蜿蜒下坡約一百公尺來到我們這一站的所在，只須看參賽者跑來的步伐便能清楚知道他們的狀況。我正假寐之際，和我一起負責量體重的救護技術員布萊恩用手肘碰醒我，指著一個朝我們走來的佝僂身影。「看看他，」他說：「這就是你所謂的水泡步行法。」那可憐的傢伙每走一步，就痛得縮腳。他坐了幾分鐘，卻拒絕讓我們治療他的水泡。「只要貼上膠帶就好。」他說。

清晨一分一秒過去，三十小時的截止時限也快到了。凡是沒有在上午九點十五分以前來到我們這個醫護站的參賽者，都會喪失資格。工作人員騎著馬在山徑中巡視，尋找無法達成三十小時目標的跑者，必要的話順便拉他們上馬。當優勝者洗過澡、舒服地睡一整夜時，在清晨才到達的人已經在山徑中超過二十四小時了。直到此時，還沒有任何人失去百分之三以上的體重，但日出後不久，便開始出現失重超過百分之五的跑者。有名男子散發出酮體的氣味，顯示他進食不夠，比起始體重輕了百分之六。我們強迫他坐下，要他喝下一杯流質之後才能離開。他的前導人搖頭說道：「有什麼用？他還是會吐在山徑上。讓他走吧。」我們照做了，他也完成了。

九點十五分是最令人心碎的時刻。就在主辦單位吹響號角之前，有個六十出頭的男人搖搖晃晃地抵達。比賽規定跑者必須在號角響起前離開醫護站，但必要的話還是可以返回且不會喪失資格。我們全都圍在他身邊，就像職業賽車場上的維修人員圍在賽車選手身旁一樣。蕾恩告訴他如果他馬上離開醫護站，還是可以再回來加油然後重新上路。我想讓他站起來，但他搖頭說：「結束了。」

「眞的嗎？」我說：「你還有機會的。」

「不，沒關係，眞的。」

蕾恩身爲醫護站主任，有責任剪斷他的腕帶，正式取消他的參賽資格。她剪完後，抱著他並在他耳邊不知說些什麼。

最後有二百七十八人完成賽程，完成率高達七成五。裴特莉表現非常出色，不到二十四小時的成績排名女子第十三名，全體第六十五名。安德森的表現卻不如她預期的好，但還是以二十五小時多一點的時間跑完，女子排名第十九，全體第九十六。

這是個令人震撼的經驗——對參賽者自不消說，但對旁觀者也一樣。眼看運動員全憑意志力迫使自己將身體推至極限，你無法不受感動，你也無法忽略身體疼痛與疲勞等嚴酷考驗的明顯影響，我們知道這讓腦產生了變化。身體會痊癒，但我以爲對腦的影響可能比較持久。雖然不知道改變究竟從何而來，但多巴胺與皮質醇確實有嫌疑。只要能促使這兩種荷爾蒙一起釋放，即使只是少量，都可能讓你有轉變的體驗。改變畢竟是我們的目標，也是滿足新奇需求的最佳方式。

8 冰島經驗

當我注視著超馬選手強忍明顯的痛苦完成賽程，我發現到藉由控制源頭便能避免不快感，甚至能使其轉化爲快樂。即使控制只是一種錯覺，保持錯覺或許便足以矇騙大腦製造大量的多巴胺。多巴胺系統在許多情形下都可能失常——不論是因爲重度憂鬱或帕金森氏症等原因——這闡明了多巴胺、情緒與動機之間關係微妙，而這三者都是創造滿足經驗所不可或缺的。看著裴特莉之輩硬是保持二十四小時以上的清醒，咬牙跑完百哩，更清晰地顯示出睡眠與情緒之間的密切關係，以及睡眠與獲得滿足的能力間的關係。我在第三章已解釋過，想獲得「啊哈！」經驗也需要睡眠。爲了找出睡眠的快樂來源，我向神經病學家萊伊（Dave Rye）求助，他是我在艾默里的友人兼同事，也是全球數一數二的睡眠疾患專家。

我可以肯定地說，睡覺從未令我感到特別滿足，這大半輩子以來，我很可能都是寧可做其他事情也不願睡覺。我顯然是少數族群，因爲當我要求學生列出他們認爲最有價值的活動時，睡覺緊跟在做愛與吃東西之後排名第三，這是二十出頭年輕人的典型選擇。但至少我並不孤單，因爲萊伊也附和我對睡眠的看法，只是他的理由不同。他是因爲多巴胺問題。

立正站好的萊伊身長六呎七吋多一點，倒像是美式足球場上魁梧壯碩的線衛。每回我去辦公室找他，總有點膽怯。大學辦公室的標準大小是十二呎見方，加上一張L型辦公桌、幾張椅子和一個資料櫃，幾乎已無多餘空間。而萊伊使用學術界人士最常用的檔案收藏法：堆積，更惡化了空間問題。除了門和椅子之間留有一條破舊通道外，每吋地板上若非擺著箱子就是堆著紙。他辦公時有如一隻關在籠裡的熊，腳邊的紙堆則像是粗心大意的動物園管理員忘了清理而發出陣陣臭味的排泄物。

他的門開著，我直接走進去。萊伊正在打電腦。我等了約莫十秒鐘，他才抬起頭來卻一言不發。

「萊伊？」我叫了他一聲。

他悶悶地說：「我得去冰島。」

他對冰島一向有十分的熱忱，我便說：「你怎麼好像不太高興。」

他一面起身一面伸展上背部，發出劈啪響聲，然後像個剛剛作出重大決定的人似的，微笑並堅定地說：「我要去看幾個病人。你想不想去？」

萊伊專攻睡眠醫學，雖然一想到和睡眠不足的病患談話就令人昏昏欲睡，但我卻很有興趣。他知道我最愛研究，雖然我常看到萊伊提著陳舊的看診皮包在醫院走廊晃來晃去，皮包外頭還露出一大截神經科醫師的正字標記反射槌，但我知道他不是問我現在想不想去看病患。他指的是他在冰島的病患。

萊伊治療的睡眠疾患種類極多，但最令他好奇的是腳部躁動症候群（ＲＬＳ）。ＲＬＳ倒也不算疾病，之所以稱爲症候群是因爲症狀因人而異，不過最主要的標記則是腳忍不住要動來動去，而且幾乎都在夜晚較爲嚴重。其病因不明，但萊伊卻緊盯著ＲＬＳ可能與多巴胺相關基因有關的線索。

冰島靠近北極圈，晝夜的極端差距對居民情緒的影響，近年來才開始有人研究。就萊伊看來，更重要的是冰島人是個同質的小族群，用來研究多巴胺系統的基因突變再適合不過。此外我對冰島人大概只有一點認識：他們是全世界生活滿意度最高的族群。①前往這個冬之國度，除了能讓萊伊研究他感興趣的睡眠基因學，似乎也是了解冰島人爲何是全世界最滿足的人的大好方式。

我並不知道我即將發現的事實，幾乎與我到目前爲止所研究的那些相當單調乏味的新奇形式毫無關聯。

我沒有多想便接受提議：「好啊。你什麼時候走？」

「兩個禮拜後。」他說：「你只要訂機票，其他的我來處理。」

令人備受煎熬之地

前往雷克雅未克的航程一路平淡無奇，直到最後十五分鐘才有變化。在北大西洋上空飛了一夜之後，最後下降時穿過一片低低的雲層，接著一片黑色熔岩與綠色青苔的荒涼景致搖搖晃晃地浮出海面，迎接引擎聲隆隆的七五七客機。

飛了一個小時左右，萊伊用手肘碰碰我，指著走道對面一個膚色蒼白的中年男子。

他已經睡著，餐桌沒有收起，喝剩的琥珀色混合飲料滑來滑去。他正輕輕地打呼。

我吞下一顆安眠藥，希望能睡上一覺，當我正要把頭埋進貼在窗邊的枕頭時，萊伊說：「你看他的腳。」

那人脫了鞋子，腳上穿著深藍色襪子，後跟處已經開始脫線。

萊伊興奮地說：「你看。」

什麼也沒有。

「等等。」萊伊慢慢地數拍子，像個交響樂團指揮。「好了，開始！」

那人的大拇指往上抽了一下，緊接著他的腳踝、膝蓋和臀部很快地曲了一下。他嘟噥一聲，改換姿勢，卻並未醒來。整個過程持續不過幾秒鐘，而且每三十秒便重複一次。

「很酷吧？」萊伊誇張地說：「那個人有週期性肢動症，PLMD。我敢說他也有腳部躁動症。」

最早描述腳部躁動症候群的可能是一六七二年的英國醫師威利斯爵士（Thomas Willis）。威利斯以拉丁文撰寫，直到十三年後才被翻譯成英文：

有些人預備就寢時，很快地手與腳便發生躍動與肌腱抽搐，四肢躁動搖晃極爲嚴重，使得患者無法入睡，彷彿置身令人備受煎熬之地。②

萊伊和其他睡眠研究專家相信RLS的發生機率比最初的發現還要頻繁。目前估計約有百分之二至十五的人口患有RLS（其中以老年人較爲普遍，女性罹患機率則爲男性的兩倍），但萊伊認爲眞正的數字應該加倍。RLS是失眠的第四大原因，有高達百分之二十的懷孕婦女在懷孕期間出現此症狀。幸好，幾乎少有人症狀如威利斯所描述那般嚴重。RLS大多很輕微，只是小腿隱隱作痛。RLS症狀輕微時，感覺就像皮膚底下有蟲子在爬，但若情況嚴重，雙腳就會感覺逐漸蔓延且不斷拉扯的疼痛。大多數患者表示症狀到了夜裡比較嚴重，若是久坐不動也會惡化。所有的病患只要起身走動，便能緩解病症。③

PLMD是比RLS更具體的診斷。幾乎九成的RLS病患也都患有PLMD。雖然PLMD通常發生於腳部，但也可能出現在手臂，而且至少已有一個骨盆PLMD的案例。④就像機上這位沒有穿鞋、打著盹的乘客的情形，PLMD的特色便是四肢（通常是腳部）短暫抽動。每次抽動只是短短幾秒，間隔時間一般都在三十至九十秒之間。抽動會使人半醒過來，但患者通常並不記得。

家族遺傳可能是ＲＬＳ與ＰＬＭＤ最令人好奇的一點。有多達一半的患者表示自己的父母親或兄弟姊妹也有同樣疾患，此一事實顯示基因可能是ＲＬＳ的一個病因。萊伊每年往返冰島數次，爲的就是這個遺傳形式。由於冰島人的家譜記錄甚至比摩門教徒還詳細，因此很可能是萊伊解開ＲＬＳ之謎的關鍵。

會晤維京人

飛機降落以後，我通關出來看見萊伊站在主航站外面。當時大約攝氏十五六度，涼爽的海風吹來，空氣中帶有些許濕氣。萊伊只穿著襯衫，咧開嘴笑著說：「太棒了，對吧？」

我不那麼肯定。兩個星期前，萊伊要我隨他到冰島看看ＲＬＳ病患的提議似乎是件新奇的事，但此時站在雷克雅未克機場外頭試圖清醒過來的我，已經開始想念家人。凱瑟琳雖然表達支持之意，卻也不希望一個禮拜都在交換一些聽多了也會麻痺的幼稚對話。臨分手前她對我說：「我愛你，」緊接著又嚴肅地悄聲說：「你可不許碰那些冰島女人。」

爲了補充咖啡因，我們中途光顧位於首都市中心、國會正對面的「巴黎咖啡館」。儘管店名時髦，這裡卻是一般遊客主要的會面場所。那天早上的顧客還包括當地的商務主管，以及一手推著嬰兒車一手端著拿鐵啜飲的年輕母親。除了女人之外，這裡簡直就像美國市郊的星巴克。

砰一聲坐到窗邊的座位上之後，便聽到甜美的女性聲音說：「Góðan daginn」（早安）。爲了尋找這輕快美麗的聲音來源，我猛一轉頭差點扭斷脖子。我一旋過頭，視線正好落在一片黃褐色的腹部，她的肚臍處有隻銀馬回瞪著我，我迅速往下一瞥，那雙腿果然無止境地延伸。如果我要點餐，當然就得往上看。抬頭四十五度角，首先映入眼簾的是她淡黃色的辮子，再往上一瞧，正好對上一雙和北極天空同樣湛藍的眼睛，兩旁的顴骨則尖得幾乎可以切割玻璃。

她端來了我們的早餐，現煮的咖啡香混著她身上的花香香水味，十分宜人。她優雅地俯身將杯子放在我們面前。當她縮手重新端托盤時，手輕輕掠過我的手臂。肌膚之間冰涼的私語僅持續千分之一秒，卻已足以誘發洶湧澎湃的自主神經反應。微血管賁張，手臂上的毛髮豎直，我可以感覺到熱氣湧向我的脖子，然後我的臉。

我很快地拿起咖啡。杯子的熱度與升騰的蒸氣足以壓制任何留連不去的熱意。誰也沒有發現。

冰島女性普遍可見的金髮碧眼主要源自於斯堪的那維亞（也就是北歐）的基因；然而，大多數冰島人與遠親挪威人並不相像。維京人是在九世紀時從挪威航行到冰島定居。冰島土地貧瘠，不適合耕作，因此經濟主要仰賴海洋。儘管北大西洋與北極海的冰冷海水提供了豐富的漁場，但在此高緯度地區的強風與難以預測的天氣卻也使得海上生活充滿危險。冰島與英國及挪威的距離大約相等。如今的愛爾蘭位於英倫群島最西端，曾是維京人最喜愛的停靠點。

維京人中途停靠塞爾特人的土地時，並非總是保持友善。在冰冷的大西洋海水中捕魚數星期後，維京男人心裡想的恐怕已不只是鱈魚。塞爾特婦女的長相當然和冰島的北歐婦女不同，這些棕髮大眼的異國女子想必讓寂寞的水手們印象深刻。維京人便帶著許多塞爾特婦女回到冰島，作爲妻妾。或許因爲這些故事都記錄在冰島的歷史傳說「薩迦」

(saga)中，大多數冰島人都相信自己有一半斯堪的那維亞一半塞爾特的血統。

身爲一個比俄亥俄州略小的島國，冰島從未能負擔眾多人口。目前約有二十七萬人口，其中大約一半住在首都雷克雅未克。由於斯堪的那維亞一向有完備的出生記錄，幾乎每個冰島人都至少能回溯八代的族譜，有些人還可以追溯到最早期的移民。⑤

「解碼」公司

宗譜記錄完整加上所有居民基本上都住在相同環境，冰島可能是全世界最適合進行基因相關病因研究的地方。人類基因組估計含有兩萬到兩萬五千個基因，⑥因此想找出哪些基因可能引發特定疾病是個艱鉅的任務。目前針對治病基因的研究有兩大方式。其一對於人類基因的排列完全不作假設，只是尋找特定疾患病人中重複出現的形式。這種有如大海撈針的方法稱爲全基因組掃描，非常需要精密的電腦演算來確認出現頻繁而不只是偶然的形式，尤其是針對一家人。而另一個截然不同的方法則是人類基因組定位，此法已經大舉披露許多基因的大概位置。有部分遺傳學家認爲這種定位法可以將病因的搜索集中在確切的基因組片段中。⑦

倡導全基因掃描最有力的人士之一卡利（Kári Stefánsson）是解碼基因學公司（deCODE Genetics）的總裁兼創辦人，該公司總部設於雷克雅未克。卡利⑧是土生土長的冰島人，透過宗譜可追溯到最早期移民至此的祖先。他曾在芝加哥大學擔任多年的神經學教授，萊伊於一九八〇年代便在此受過他的訓練。萊伊第一次與卡利實際接觸就在芝加哥，當時他已經散發出——我想是培養出——現代維京人的氣質，最大特色就是大量引用詩句以及隨時握著一把無形劍準備大戰一番。他六呎三吋長的身體全是肌肉，加上他又偏愛無領緊身的黑襯衫而不喜穿襯衫打領帶，更加突顯肌肉的效果。

以咖啡因提神後，我們驅車前往「解碼」的總公司。解碼座落在冰島大學校園對面一大片草原上，是一棟四方形鋼筋建築，有三排窗戶和一道頗有品味且幾乎樸實無華的木框大門。警衛櫃檯位在一個貫通三層樓的玄關內，有一男一女到此迎接我們。從他們身後的玻璃牆可以看到一個寬廣的公共區域，員工們正在排隊用餐。萊伊指著等候用餐的隊伍說：「每天免費供應午餐。你準備好品嘗冰島的魚了嗎？」

我想吃東西可能有助於調節生物時鐘，此時的我已經感覺到時差了。由於夏至才剛過兩天，時差問題更形嚴重。在這個時節的冰島，日光有一種瞬息萬變的特性，彷彿由四面八方射來，連普通物品都光芒耀眼。到冰島這個緯度，夏至期間便是永晝。我們找了一張公共餐桌坐下，托盤上端著魚湯、剛出爐的全麥麵包和一種像優格的甜點名叫skyr。

這個公共區域其實是個開放直達屋頂的室內庭院，而屋頂基本上則是個大天窗。區域兩旁盡是一道道窗戶，窗內可見實驗室與辦公室。其中一個房間裡，有幾位穿白袍的技術員快步走來走去，一會兒將樣本放置在五十來部DNA定序儀當中的幾部，一會兒檢查樣本。在另一個房間裡，黑色實驗檯面上除了整齊排列著裝滿紅色綠色螢光化學物質的燒瓶之外，還擺滿了離心機與許多吸量管。

「解碼公司的人到底都在做什麼？」我問道。

「解碼公司，」萊伊說：「利用全基因掃描想從冰島的人口中找出疾病的基因標記。他們在第一階段使用的是微衛星。」

微衛星是由鹼基對交替重複所組成的DNA片段。重複的序列長度可能短到只有兩個鹼基對，也可能長達三十個或更多。重複的部分多半都在無法轉譯成蛋白質的基因組（即所謂的垃圾DNA），而且長度因人而異。雖然微衛星不能正常運作，卻是坐落在正常基因附近，因此可以標記有關的基因。實際操作時先取一個DNA樣本——通常是由血液分離出來，再以聚合酶連鎖反應（PCR）放大——然後利用離心機讓它聚集於試管底部。接著將與相關微衛星配對的合成DNA模子與這一小團物質混合，然後再次以PCR放大。結果便有了許多可以以大小分類並由電腦測量的DNA片段。這項技術創造了基因指紋，這也和眞實的指紋一樣，每個人都不一樣。

萊伊繼續說道：「微衛星形式與冰島人民廣泛的族譜樹有關。幾乎每個冰島人都能追溯五代以前的祖先，有些人甚至可追溯九代。」

「他們是怎麼做的？」我問道。

「在《冰島人之書》、《移民之書》和薩迦傳說中都有。」萊伊回答：「冰島人對自己的根源非常執著。」

「可是那是神話呀。」我反駁：「那裡頭有多少部分是眞實的？」

「卡利檢測過了。」萊伊說。

「什麼意思？」

「解碼公司的人檢視了冰島男性Y染色體的DNA指紋，並與其他歐洲國家的男性進行對照。」

「然後呢？」

「這些人似乎約有百分之七十五挪威、百分之二十五愛爾蘭的血統。」

「那又如何？」

「他們也針對女性作另一項研究。」萊伊說：「他們分析僅來自母親的粒線體DNA的基因型，發現女性的遺傳血統與男性不同。」⑨

「怎麼可能？」

「薩迦傳說裡說了，」萊伊回答：「維京人入侵愛爾蘭，掠奪當地的女子。」

「這個資訊對你有什麼用？」我問道。

萊伊似乎有點氣惱：「記得我跟你說過RLS會遺傳嗎？」

「記得。」

「解碼公司可以取得冰島自有出生記錄以來的所有記錄。幾乎相當於兩百年，也就是十代的族譜樹。我到這裡檢查RLS病患，並且讓他們夜裡戴上腳部監視器，以便衡量情況有多糟。解碼就利用這個資訊搜尋他們的資料庫，看看這些病患之間有何關聯。

在這裡每個人彼此間都有關聯。」

遺傳性的疾病可能對某些家庭造成較嚴重的打擊，因爲疾病代代相傳。在美國，由於移民之故，大部分家庭都沒有完備的記錄可以追溯大型族譜樹，因此萊伊來到冰島。一旦建立起廣泛的家族樹，便能進行測試，看看疾病形式是否隨意發生或者隨著血脈相傳。

「我們一旦確定病患得了RLS，便要求他們作血液的DNA分析。」萊伊繼續說：「解碼再用他們的微衛星指紋確認哪些基因組片段可能帶有與疾病相關的基因。」

利用微衛星最能快速掃描整個基因組，但在此過程中產生的DNA仍然太大，每一塊當中都可能含有幾百個基因。「可是微衛星無法讓你辨識基因。」我插嘴道。

「沒錯。」萊伊說：「接下來就要SNP上場了。」

SNP是單一核酸多型性的縮寫，指的是DNA序列中單一鹼基的差異。SNP已經逐漸變成遺傳學家鑽研微小基因組片段的首選工具，雖然SNP非常精確，但其數量將近五十萬，因此最重要的是必須知道集中於哪些SNP。

並非所有遺傳學家都認同基因組掃描法。最受批評的一點是基因掃描只能探測到以簡單形式遺傳的疾病。我們的兩個DNA複本，一個來自父親一個來自母親。由於人與人之間的差異，父母親的每個基因複本（亦即等位基因）可能不相同。有些等位基因可能因爲突變或受損而變得有缺陷，但由於每個基因都有兩個複本，至少有一個健全基因的機率通常還算高，因此除非你很不幸地遺傳了兩個不良複本，否則不會有壞的影響。藉由族譜樹首先確認出來的遺傳疾病之一泰薩克氏症（Tay-Sachs），是一種自體隱性遺傳疾病（亦即只有兩個基因複本都有缺陷才會發生的疾病）。有時候只要兩者之一產生突變便足以致病，漢丁頓舞蹈症就是一例。⑩

雖然大多數疾病都至少有一部分的遺傳因素，卻並非單一基因突變所致。幾乎所有一般常見的疾病，如癌症、冠狀動脈疾病與阿茲海默症等，都是因爲數個基因發生變化。如果在族譜樹中搜尋數個基因，可能獲得的基因組合數目很快就會超過全基因組掃描技術所能偵測的範圍。

「但RLS不太可能是單一基因所致。」我反駁道。

「當然。」萊伊說：「我們已經發現女性罹患RLS的機率是男性的二到三倍。第一次懷孕年紀愈輕的人，愈可能罹病，而且缺乏鐵質也會使情況惡化。罹患RLS有許多因素，但假如可以找出一個元素，基因元素，就能把那個基因定爲治療目標。」

「你怎麼治療RLS？」

「多巴胺。」萊伊回答：「治療帕金森氏症用的左旋多巴胺（L-dopa）效果很好，不過有副作用。較新的D_2作用劑似乎也很有效，耐受性也好得多。」

萊伊說的這種藥物會活化腦內特定的多巴胺受體D_2受體。活化單一多巴胺受體的藥物不會像左旋多巴胺胡亂提升多巴胺濃度，而是以那些受體集中的腦內區域爲標的。D_2受體密度最高的區塊正是我最喜愛的紋狀體。紋狀體剛好也是腦內鐵質最豐富的部位，我懷疑缺乏鐵質與RLS之間的關聯是否可能與此有關——紋狀體內低多巴胺與低鐵質的雙重因素。

「你知道怎樣能刺激釋放多巴胺嗎？」我語帶玄機地問。

「做愛？」

「對。」我說：「不過新奇感比做愛效果更好。也許在冰島，新鮮事不夠多。你說過冰島人非常執著他們的過去。如果你的病患能在生活中增添新奇，或許就能減輕RLS的病症。」

萊伊思索片刻後說：「也許他們下意識已經嘗試著這麼做了。年輕懷孕與RLS之間的關聯或許正是某種渴望新奇的跡象。年輕女孩以性愛作實驗或許就表示她們渴望新奇，年紀大了以後卻罹患RLS。」

「這只是你的推測。」我說。

「對。」萊伊承認：「但我可以告訴你，RLS最貼切的形容就是感覺很像幽閉恐懼症。你非得站起來做點什麼，什麼都行。」

「你怎麼知道？」

「因爲我有這種病。」萊伊回答。

隱身者

若想對遺傳學有所助益，族譜樹所含資訊就不能只是誰和誰有親戚關係。若在族譜中標示誰患有特殊疾病，研究人員便可以開始鑑定形式。如果疾病的遺傳學很複雜——例如病因不只關係到一個基因——那麼不詳細檢驗也難以區別。如今，電腦可以勝任這個艱難的工作，搜尋出肉眼可能忽視的疾病遺傳形式。在檢查完最後一組RLS病患的部分族譜樹，並討論還需要對多少病患作最後的基因掃描之後，萊伊結束了在「解碼」的工作。我們返回飯店，睡了幾個小時，接著再去和萊伊的另一個冰島友人見面。

波瓦（Bodvar Thorisson）是北歐與高盧混血的典型。他那五官突出的北歐面孔流露出沉穩的神色，但被海風吹得亂蓬蓬的紅髮卻透露了他的愛爾蘭血統。萊伊使用的睡眠監視設備便是波瓦服務的冰島公司所製造，包括有數位式腦電圖與腳部躁動時的運動監視器。萊伊對波瓦的公司崇拜有加，每回造訪總要隨他探險一番。這回我也跟著他們前往南岸，找尋晚餐要吃的龍蝦和鯨魚肉。

我們三人搭著地主友人那輛裝備齊全的ＳＵＶ，才上路不到十五分鐘，波瓦便將車停到路邊說：「你們看，這就是我生長的地方。」

只見道路一側延伸出一片堅固無比的住宅，紅紅綠綠的波浪屋頂陡斜而下。每一戶都有個十分狹小的前院。三色堇在美國東部通常是冷天開放，卻在冰島的仲夏季節盛開，紫白相間的花瓣點綴著許多庭院。

道路另一側則是一大片剛剛修剪過的草地，草地側邊隆起一堆覆蓋著青苔的岩石。

波瓦望著草地難過地說：「他們割得太靠近岩石了。」

「什麼意思？」我問道。

「喔，沒什麼。」

萊伊本來正在翻找我們買來的魚乾，忽然暫停下來瞥了我一眼，問道：「那又怎麼樣呢？」

波瓦靜坐一會之後，熄火說道：「你們看這條路。」

我看了。和一般道路似乎沒有兩樣。「路怎麼了？」

波瓦接著說：「有沒有看到它繞過石堆？」

我又看一遍，這才留意到先前沒有發現的事。我們身後的道路筆直，前面的路直行約一百公尺之後，忽然繞過突出的岩石堆。

「這些石堆是個特殊的地點。」波瓦解釋道：「英語裡面沒有對應的說法，我們叫做huldufólk。」

「什麼，這些岩石？」我說。

「不，」波瓦回答：「是住在這裡的人。最接近的翻譯應該是『隱身者』。」

萊伊和我都無話可說。

波瓦繼續說道：「huldufólk 就像你們說的精靈和洞穴侏儒。」

「你該不是眞的相信吧？」萊伊說。

波瓦有點著惱：「這不是相不相信的問題——你看看道路。路繞過了岩石，這是千眞萬確的事。你還需要什麼證據？」

他說的有理。但萊伊還是不死心地問：「你看過他們嗎？」

「沒有。」

「那你怎麼知道他們存在？」

「因爲路被移動了。」波瓦回答：「而且不只是在這裡。從地熱區輸送熱水到雷克雅威克的管線也有類似的轉向情況。我哥哥是公共工程部門的員工，他們都會請教相關專家以找出適當的興建位置。」

「波瓦，」我說：「你是個科學家。」

「沒錯。」

「你不覺得這種事有點奇怪？」

「不會。」波瓦說完便啓動車子。

我們在怪異的沉默氣氛中往前行駛。過了十分鐘左右，波瓦終於說：「如果你們眞的想了解我們的文化，我可以介紹你們參觀幾個地方。」

「什麼樣的地方？」我問道。

「你喜歡聽故事嗎？」

「當然。」

波瓦說：「如果你喜歡聽故事，就得去找雷科特教會的牧師。雷科特在冰島文學上是個特殊的地方，七百年前我們有一位著名詩人就在這裡被處決。雷科特教會的牧師承襲了詩詞傳統，只有最博學的說故事者才能成爲當地的牧師。他們的地位十分崇高。如果你去找他，也許他能解釋我們宗教信仰的由來。」

「那就太好了，那麼關於隱身者呢？」

波瓦說：「如果你想知道更多關於 huldufólk 的事，就得前往斯奈菲尼斯半島(Snaefellsnes)爬到火山頂上去。」

萊伊精神一振問道：「火山頂上有什麼東西？」

波瓦微笑著說：「據凡爾納（Jules Verne）的說法，那是通往地心的入口，不過你得去問問住在那裡的人。有些人相信那個地方具有特殊力量。」

「爲什麼？」我問道。

波瓦笑說：「你得親自去瞧瞧。」

上帝之光

隔天傍晚，我和萊伊來到一百四十個人口的雷科特鎮時，六點剛過不久。天空下著毛毛雨，彷彿一道灰色帷幕蓋住小鎮。沒有教會的路標，但才幾分鐘我們就看到深紅色尖塔突出於一排水泥建築上方。

萊伊解釋道：「波瓦說教會底下有個博物館，要去問那裡的教士。」

「你想他們知道我們要來嗎？」

我們把車停在空空的碎石停車場。蓋在山側的教會對這麼一個小鎮而言，顯得出奇巨大。教會與教區主任牧師住宅之間有一個玻璃走道相連，下方便是博物館入口。我們走到雙門前面，朝裡頭漆黑的接待室看。沒有燈光，門也上鎖了。博物館六點關閉，已經是十五分鐘前的事。

「現在該怎麼辦？」我問道：「我很想上廁所。」

「我們繞過教會好了，」萊伊說：「也許可以找到教士。」

「是牧師。」

「對，牧師。」

雨已經變小爲濛濛霧氣，當我們沿著博物館側邊走的時候，看見兩個男人正在花壇上比手畫腳。檢視土地那人穿著長袖連身工作服，另一個年紀較大的紳士留了一把紅色的范戴克式鬍子，身上穿著毛線背心還套了一件粗呢運動外套。他拄著一支收得整整齊齊的雨傘，一面似乎與另一人爭執著該如何整理花園。

我們走近時，他們不再說冰島話，反而怯怯地看著我們。萊伊無疑有如巨人，而我相較之下恐怕就像他們傳說中的侏儒了。

我想說 fyrirge fðu ——冰島話的「對不起」——卻卡在拗口的顫音「r」，怎麼也發不出來。

那兩人只是瞪著我們。

萊伊說：「我們想找教士。」

「我就是。」年紀較大的紳士說：「你們是什麼人？」

「我們是美國的醫生，」萊伊說：「到冰島來作研究。我叫萊伊，是神經科醫師，這是我朋友柏恩斯，他是精神科醫師。」

「是嗎？我是蓋爾。」

「聽說你是冰島最會說故事的人之一。」萊伊說。

牧師笑著說：「誰告訴你的？」

「波瓦。」萊伊說：「你認識他嗎？」

這個問題倒不見得很荒謬，因為就像我在解碼公司所見，每個人彼此間多少都有點親戚關係。

「不認識。」牧師回答。

萊伊不慌不忙地接著說：「我們從很遠的地方來，你有沒有時間跟我們談談？」

牧師思考了一下，說道：「是這樣的，今天晚上教會有個管風琴演奏。如果你們能來聽演奏的話，也許之後我們能聊聊。」

這個交易聽起來不錯。而且我覺得聽點古典樂應該很舒服。

萊伊低頭看看自己褪色的牛仔褲，問道：「我們需要換衣服嗎？」

「上帝不會在乎你的外表。」牧師說：「上帝會看到你的心臟和你的腎臟。」

一點也沒錯，我心想。

演奏會結束後，蓋爾帶我們到教會底下的博物館。我們三人坐下來一面喝咖啡一面聊天，展覽室內擺設有古代旗幟，牆上則懸掛著中古世紀冰島人的服飾樣本。萊伊和我都沒有明確表示想聽什麼樣的故事，我不禁好奇蓋爾如何看待我們的要求。波瓦所說的隱身者已經撼動了我原先對冰島社會的想法。我沒有想到像冰島這樣一個科技進步的國家，竟也同時存在著已有一千多年歷史的信仰系統。如果道路爲了讓隱身者通行而移位，那麼便可以說共同信仰讓一些隱形的事物眞實化了。我希望蓋爾能對此略作解釋，因爲即便是當時，我也感覺到他的答案可能會影響我對滿足感生物學的探索。與精靈、侏儒、隱身者同住的原型經驗存在已久，可能已經慢慢滲入冰島人的基因當中。聽起來或許瘋狂，但信仰會主導決定，其中也包括生育的決定，以五十個世代刺激DNA形式產生變化已是綽綽有餘。冰島人的滿足感似乎與過去有關——就像是不斷持續發展的故事——而且似乎開始與美國版的滿足感有所差別，美國人主要注重的是幸福的追求。

蓋爾從外套口袋掏出一個細長的角狀容器，靈巧地打開一端的蓋子，往虎口上輕輕彈出幾公克鼻煙。他以手就鼻熟練地吸入那黑色粉狀物質，只有些許粉粒黏在鬍鬚上。

「可以開始了嗎？」蓋爾問。

我們熱切地猛點頭。

「詩在古代非常重要。」蓋爾開始說道：「你們想必知道，我們所在的這間教會在冰島歷史上具有特殊意義。」

蓋爾指的是史諾里（Snorri Sturluson，一一七九～一二四一），他不僅是冰島最著名的詩人，也是寫下古代北歐神話的主要作家。⑪我們今天對北歐諸神的認識大多來自史諾里的作品。他的才華不只在於收集維京神話，也在於他記錄神話的方式。維京移民從挪威引進了對異教諸神的崇拜，但到了十一世紀由於基督教普及，這種異教儀式終於受到壓抑。史諾里出生於十三世紀，當時的冰島正值動盪之秋。這段時期記錄了許多傳說，以半史實半史詩的形式敍述流血紛爭。到了史諾里的年代以基督教爲主流，雖然異教諸神未遭廢除，卻不許人民公然崇拜。生於貴族世家的史諾里最後變得十分富裕，並憑仗這份財力兩度獲選冰島議會的發言人。但他的政治力量不只來自金錢。他從小到大學習了幾個主要語言，對於冰島最受崇仰的詩的形式——吟唱詩——更是涉獵極深。

吟唱詩是一種格律固定的詩。詩人必須遵守嚴格的規定，與日本的俳句不同，詩中還運用大量的隱喻，稱爲「kenning」——通常是以兩個字組成的詞表示某一事項。例如，「鯨道」可能代表「海」。吟唱詩極可能是史諾里以前的詩人最喜愛的手法。到了他那個時代，由於人民學識較豐，已轉而尋求各種散文形式自娛娛人，吟唱詩傳統便和許多維京習俗一樣開始式微。

史諾里的偉大貢獻便是重新喚起人們對這項藝術形式的興趣。他獨具巧思地創作了一部關於詩學的書，爲了吸引讀者的興趣，他利用古代北歐諸神的故事作爲說明。他這本名爲《散文體愛達》（或《新愛達》）的著作是專爲年輕詩人所寫的教材，[12]將詩的藝術提升爲異教諸神的語言——在基督教統治的中世紀，這是駭人聽聞甚至近乎褻瀆的行爲。但由於書只是以教材形式撰寫，北歐諸神也只是用以闡述觀點，作者才得以逃過一劫。幾乎吧。由於他沒有遵守協議在冰島爲挪威努力爭取利益，結果挪威哈康國王（Hakon Hakonarson）下令在雷科特教會將他亂刀砍死。

「史諾里雖是基督徒，」蓋爾接著說：「卻非常尊重古代神話。他很喜歡古代諸神的複雜性格，而且故事不只有趣也深具哲理，從故事中我們可以看到人性，看到恐懼、忌妒、貪婪、命運。

「史諾里的《愛達》是許多著名藝術作品的參考來源。華格納的歌劇〈尼貝龍指環〉就不用說了，還有最近托爾金的作品。例如，甘道夫是《愛達》裡一個侏儒的名字，但他的形貌卻與偷取神聖詩蜜酒的北歐諸神之父奧丁如出一轍。

「如果你們不會太累，」蓋爾說：「我們也許可以說說這個故事。」

「什麼是神聖蜜酒？」我問道。

蓋爾取出他的鼻煙容器，又吸了一撮煙。「詩非常珍貴，」他說：「你們瞧，國王們都得仰賴詩人爲自己歌功頌德。沒有詩人，就不會有人知道這些豐功偉業，所以詩人獲得非常豐厚的報酬。要想了解詩這門神聖的藝術，就得回到非常古老的年代，也就是埃西爾神族從亞洲前來侵略斯堪的那維亞的時候。

「埃西爾神族本來只是凡人，但他們侵略的土地非常富裕繁榮。他們死的時候，家人都不想提。因此儘管去世已久，人們仍繼續紀念埃西爾移民，即使已經不復得見，人們還是敬他們爲神。像雷神索爾和主神奧丁都是這個神族的成員。

「可是埃西爾神族與斯堪的那維亞當地的神族瓦尼爾長期爭戰不休。埃西爾是好戰的神，而瓦尼爾卻是繁殖的神。」

「這些神也有名字嗎？」我問道。

「有啊。」蓋爾說：「例如弗雷是繁殖之神——有大大的生殖器——而他妹妹芙雷雅是愛神。她坐著一輛貓拉的車四處遊蕩。」

「貓？」萊伊問道。

「貓。」蓋爾重複地說：「弗雷和芙雷雅這對兄妹似乎做了什麼……」蓋爾的聲音愈來愈小，只見他搖搖雙手，暗示兩人之間有亂倫關係。

「埃西爾與瓦尼爾打了很久的仗，但最後雙方都累了，便決定休戰。」蓋爾說：「爲了維護這個和平，他們所有人都把唾液吐在一個罐子裡。」

「我不懂。」我插嘴道：「你說詩是神聖之物。可是他們都不是基督教徒。」

「不錯，但異教徒也有神聖的東西。」蓋爾回答：「這些神吐完唾液，就有了一大罐的唾液。他們該如何處理這些唾液呢？結果他們用唾液創造了一個人。可是這個被命名爲克瓦西爾的人卻沒有發揮功效。他只是遊訪人間，所到之處無不受到熱烈歡迎，因爲他知道所有問題的答案。他無所不知。你只要問他一個問題，他就會回答。他畢竟是由兩族的唾液創造出來的，當然聰明絕頂，但他卻沒有靈魂。有一回旅行途中，他來到兩個邪惡侏儒的住處，被他們用屋門上方的巨石給砸死。

「侏儒榨乾他的血，混入蜂蜜，釀成最神奇的蜜酒。凡是喝了由克瓦西爾血液釀成的蜜酒的人，都會成爲詩人。由於這蜜酒非常珍貴，侏儒便將它分裝成三大壺。

「有一次，侏儒釣魚時翻船了，他們大聲呼救，有個也在釣魚的巨人前來搭救，卻拿走了蜜酒作爲報酬。巨人選擇他的女兒甘蘿德來守護這些詩蜜酒。甘蘿德是個美麗的名字，意思是『邀戰之人』。」

「在冰島，打仗好像是件大事。」萊伊說。

「是啊，打仗和信仰奧丁有密切的關係。」蓋爾解釋：「奧丁一心只想獲得知識。他就像美國中情局幹員、蘇聯國安局幹員和美國聯邦調查局幹員的綜合體。他必須無所不知。他坐在一個寶座上，從這裡可以看到世界每個角落，但他仍不滿足。」

蓋爾直視著我，我忽然感到一股寒意竄下脊背。「他有兩隻烏鴉，叫胡金和穆寧。」蓋爾繼續說著：「胡金代表『心思』，穆寧代表『記憶』。」蓋爾頓了一下然後略帶輕蔑地說：「和你們的兩個信仰有密切關係。」

我們不安地笑起來。

「這兩隻烏鴉每天早上會飛出去監視世界，每天晚上又飛回來停在他肩膀上，將所見所聞告訴他，但他仍不滿足。」這回蓋爾看著萊伊：「奧丁有一個以特殊方式保存的巨大古人頭顱，可以和他溝通。他可以問這個巨頭關於古代的秘密。他卻還是不滿足。」

蓋爾轉向我說：「他挖出自己一顆眼珠，放在世界之樹根部的井底。奧丁的眼睛可以從那裡看到宇宙不爲人知的奧秘。這還是不夠。他從痛苦中體驗知識。他脖子套上繩圈在樹上吊了九天九夜，身體還被長矛刺穿。」

這讓我想到埃萊里的痛苦裝。

「而這個對他來說還是不夠。」蓋爾繼續說：「爲了求得智慧，他不惜忍受屈辱，甚至和自己手下的人有了性交易。我要提醒一下，這種行爲在古代是會被處死的。總之奧丁所代表的一切就是求知、求知、求知。」

萊伊和我都呆了。

蓋爾又接著說：「奧丁看得到詩蜜酒在哪裡，便決定去取酒。他易容之後，騙甘蘿德把酒交出來。」

「他是怎麼做的？」我謹愼地問。

「誘惑她。」蓋爾回答：「他們每晚共寢的時候，甘蘿德都會讓他喝一點壺裡的液體。奧丁與她同眠了三夜，每夜各喝一個壺裡的酒。然後他化身爲獵鷹飛回家去，但甘蘿德的父親當時正在釣魚，看見獵鷹便心裡有數。於是他也化身爲鵰，朝奧丁追去。

「奧丁因爲攜帶著沉重的蜜酒，十分費力才能不被鵰追上，有些蜜酒卻從他的嘴巴洩出，有些則從臀部流失。這些酒散落到了全世界，你們小時候應該都曾試圖捕捉雨點吧？」

我不知道他這麼問有何用意，便點點頭。

「這些雨點當中可能有些不是雨，」蓋爾解釋：「而是蜜酒，如果你抓到一滴蜜酒，那麼你雖然稱不上好詩人卻還是可以寫詩。而奧丁將其餘的蜜酒帶回家後，又吐了出來。

奧丁保存著這神聖的蜜酒，只有眞正的詩人才能喝到。」

蓋爾說到這裡又再次倒出鼻煙，我們則陷入沉思。

蓋爾又接續道：「奧丁所代表的就是知識。他也一心想知道未來。他不久便聽說世界末日時，諸神之間會引發大戰。於是奧丁開始募集凡人軍隊。凡是死於戰場的凡人都歸在奧丁麾下，因此奧丁當然會煽動戰爭。戰場上犧牲的人愈多，他的軍隊規模就愈龐大。

「所以你們瞧，」蓋爾下結論說：「信仰奧丁是多麼危險！你也許能獲得知識，甚至寫出美麗詩篇，卻得付出昂貴的代價。信奉奧丁就會引發戰爭。」

我看看時鐘，已是凌晨兩點。蓋爾已經說了將近四小時的故事，卻仍無意停止。他不可能知道我想尋求什麼，但從他述說奧丁與神聖蜜酒的故事看來，也許他感受到了我的渴望。

也許我的不安太過明顯，他終於說：「我想今晚說的故事夠多了。」

我們三人走出教會，外頭的天光已逐漸轉亮。我謝謝蓋爾，也很抱歉讓他熬夜，尤其此時已是星期天清晨，再過幾個小時他還得主持禮拜儀式。

蓋爾聳聳肩表示無所謂，並且對天張開雙臂說道：「上帝創造這美麗的光線，不是爲了讓人睡覺的。」

黃金圓圈

那天上午稍晚，萊伊和我出發前往下一站——斯奈菲尼斯火山。當我們行駛過平坦無樹、綠意青蔥的鄉野時，我更深入地思考對奧丁的信仰。我也是他的信仰者之一。我想成爲科學家的野心不也是對知識的追求嗎？不是所有科學家都渴望能有重大發現，以便名留青史嗎？如果我猜的沒錯，蓋爾應該是在警告我，這趟小小旅程是在與危險打交道——這項知識力量太強大，凡人承受不起。

開了幾小時的車，仍然看不到火山。我們出雷科特之後往西北走，繞過幾個峽灣，但最後這一個小時，卻是朝正西方進入斯奈菲尼斯半島。斯奈菲尼斯是個民俗傳說豐富的地區，對冰島人具有特殊意義。直接伸入大西洋的斯奈菲尼斯幾乎可說是冰島的極西點，面對所有往東橫掃的天氣系統都是首當其衝。我們愈深入半島，天氣愈惡劣，原本只是輕薄霧氣此時已變成大風雨。

根據我們的地形圖，這座名為斯奈菲約古（Snaefellsjökull）的火山位於半島末端，應該就在我們正前方。然而此時只見聳立在右手邊的懸崖峭壁上方籠罩著濃密烏雲，左手邊則是白浪翻騰的法克沙灣（Faxaflói）。若是天氣晴朗，原本可以看到海灣對岸、五十哩外的雷克雅未克。可惜運氣不佳。

「凡爾納是怎麼來到這裡的？」我意有所指地問。

「他沒有，」萊伊回答：「他寫《地心之旅》的時候根本沒離開巴黎。」

凡爾納這部半遊記、半成長小說的故事，敍述年輕人阿克塞與叔叔李登波克教授前往冰島並進入地心的歷險過程。李登波克是地質學教授，無意中發現十六世紀一位煉金術士寫的舊手稿，作者聲稱發現了通往地球內部的通道。以密碼寫成的手稿宣稱：

> 七月朔日之前，爬入史卡塔利斯陰影籠罩的斯奈菲約古火山口，勇敢的旅人啊，你將會來到地心。此乃我親身體驗。沙克努森。⑬

阿克塞和李登波克歷經千辛萬苦，從德國漢堡穿越挪威海來到雷克雅未克，接著又遠行一百二十哩路前往斯奈菲尼斯，在夏至期間（「七月朔日之前」）爬上火山。地心通道籠罩在火山口尖端的陰影之下。在盡責的嚮導漢斯協助下，阿克塞和叔叔經由這條通道到達目的地，最後他們從西西里島的埃特納火山坡上重出地表。

自從凡爾納於一八六四年發表這個故事之後，便有數以萬計的遊客冒險爬上斯奈菲約古火山坡，試圖尋找地心通道，可是凡爾納寫作時，還沒有人爬上過這座火山。雖然一八〇〇年代初便有英國人試圖登上火山坡，但富比士（Charles Forbes）卻是第一個認眞計畫攻頂的登山專家，結果一八六〇年的這次行動，卻因爲火山渣錐頂端冰河之間的危險裂隙終告失敗。[14]約莫四十年後，終於有人成功攀登斯奈菲約古火山。這座山海拔高度四七四四英呎，其實不高，可是上層的兩百呎終年覆蓋著移動冰河，而且由於火山位在半島末端，多少有點像是孤立於大西洋中。此地天氣足以比擬兩萬呎高處的暴風雨強度，冬天尤甚。

有一個不祥傳說就像長年凝聚不散的烏雲一樣，恰如其分地將這座山包覆在神秘的氛圍中。巴達爾——北歐同名傳說故事中的悲劇主人翁——爲這座山起名，十分受到好評。巴達爾只是半人類，他是洞穴侏儒與巨人的後代。不幸的是，他女兒海嘉在法克沙灣畔玩耍時，被表兄弟推上浮冰。巴達爾得知後勃然大怒，一手各抓住一個姪兒上山去，其中一人被他摔撞山壁折斷了脖子，另一人被丟入深邃的裂隙中，還沒落地就死了。⑮事後十分懊悔的巴達爾最後離群索居，隱居在山上一個洞內。如今也是huldufólk（隱身者）的巴達爾是此山的守護神，不時幫助遇難的旅人之外也保護山坡不受好奇人類的破壞。身穿灰袍、腰間繫著海象皮的巴達爾，據說會帶著兩頭削尖的楞杖和羽狀刀巡視山區。

海嘉是個迷人的女子，而且所作所爲不讓鬚眉。她一路漂流到格陵蘭，引起當地開拓先驅埃里克的注意。海嘉後來和埃里克的一位事業夥伴史泰吉在一起，結果卻發現他已經有妻子。最後海嘉離開史泰吉回到冰島，但卻找不到幸福。她在冰島遊蕩，住在洞穴中。海嘉也和萊伊的病患一樣難以入眠，爲了自我安撫，她總在每晚夜深時分彈奏豎琴。她可能是冰島第一個有文獻記載的RLS病患。

我和萊伊繼續開車深入斯奈菲尼斯半島之際，我心裡想著海嘉和她失眠之夜的徘徊遊蕩。我彷彿可以聽到由海灣吹來的風中夾雜著她如淒如訴的豎琴旋律。

由於天候愈來愈糟，我們便離開大路轉向海灣邊上一小群低矮的房屋。有個招牌寫著「布雷克包爾旅館」。

我們駛上一條碎石車道，將車停在一棟有個晃藍色波浪屋頂的杉木建築前面。屋子正前方豎了二十根白柱，每根約十呎高，整整齊齊地圍成直徑約三十呎的圓圈，頂端則架著橫柱。圓圈中央獨立著一根高約十五呎的細柱。

「巨石群嗎？」萊伊指著環狀列柱說道。

「如果是的話，模仿手法實在很拙劣。」我回答。

我們走進一個通風良好的前廊。旅館大門背後，有個可以眺望海灣的小室，很吸引人。柔軟的沙發和大抱枕隨意擺放，四面牆邊全是書架。不知從哪裡傳來陣陣新世紀風的豎琴樂聲。

有一位身材高大、容貌仍不脫稚氣的年輕人，以完全不像冰島人的熱情招呼我們。「嗨！我們正在等你們呢。」他高興地說。

「眞的嗎？」我問道。

「是啊。你們是那間睡眠公司的人對吧？我叫哥利。」

萊伊說：「我們是從美國來的，不過波瓦想必是訂了房間。」

他往那個迷你巨石群比了一下，問道：「那是什麼？」

哥利微笑著說：「你們還是問我父母親比較好。你們要在這裡用餐嗎？我們只用有機食材。而且如果你們眞有興趣，吃過飯後，我父母親一定會很樂意和你們聊聊。」

我已經開始覺得餓，便說：「聽起來不錯，就這樣吧。」

晚餐有南瓜湯、混合的青菜沙拉和燜羊肉配馬鈴薯。我在冰島還沒有吃過難吃的羊肉；只是經過簡單熬煮的羊肉，香甜柔順、入口即化。

萊伊和我一面喝著香草茶一面等候哥利的父母。夏日太陽掠過天際的雲層背後時，海灣上光彩閃耀。此時，大約是晚上十一點，夏至剛過三天。我們討論著第二天能否看到火山，又能否爬上火山。我們可以騎雪上摩托車登上山頂，但天氣若不晴朗，也沒什麼好看。

我們正在考慮陰天登上火山的可能性，一位五十來歲、動作敏捷的婦人靜靜地坐到我們旁邊。她有北歐人特有的高顴骨，圓圓的臉上一對圓圓的灰藍色眼珠強烈暗示她具有高盧血統。

「我叫古德倫。」她的神情有點嚴肅，比哥利更像冰島人：「我兒子說你們想問一些事情。」

「古德倫這個名字很有名。」我說。

她露出微笑，略爲放鬆了些。「你知道我們的歷史?」

「一點點。古德倫是拉克斯戴拉傳說（Laxdaela Saga）中的女主角，故事發生的地點就在這一帶。」⑯

「沒錯。」她說：「古德倫是冰島有史以來最美麗的女子，而且她聰明絕頂。如果你們去海嘉菲爾參觀她的墳墓，可以許三個願望。不過不能把願望告訴任何人，而且絕對不能回頭看。」

「這個地區好像有很多特殊力量。」我說。

「是的。」古德倫說道：「所以我和我丈夫才會興建這個旅館。你們知道斯奈菲尼斯火山，但你們知道這裡是全球七個能量線集中地之一嗎?」

萊伊和我困惑地互看一眼。

古德倫接著又說：「有一些特殊的地方具有強力能量場，通常都在山區附近。在美國有沙斯塔山。我們這裡則是位在連接吉薩大金字塔與北極的線上。這些線叫雷線（ley line）。」⑰

「你們知道輪穴嗎？」她問道。

「你是說佛教所說的能量中心？」我說

「是的。雷線開啓了更高層次的輪穴。我們所在的這條雷線能夠通達最高層輪穴。」

萊伊嘟噥一聲。

古德倫嚴厲地瞥他一眼。「你不相信？你還沒有打開你的眼睛。你回到雷克雅未克以後，去找艾拉‧史泰凡多提。她是冰島最有名的預言家，可以看到雷線。她名氣非常響亮，連公共工程部門的築路地點都要請教她。」

萊伊睜大眼睛，我知道我一定也是。他小聲地對我說：「波瓦的哥哥和她共事。」

隨後他指著圓形排列的柱子問古德倫：「那是什麼？」

「幾年前，我們想到應該創造一個和諧的儀式。這就是圓圈的象徵。」

「所以不是爲了模仿巨石群？」我問道。

「喔，不是。」古德倫說：「圓圈象徵和平與和諧。」

「那火山呢?」萊伊問道。

古德倫回答:「明天你們一定要上山去。不過得要天氣晴朗才行。天氣好的時候，可以一眼望見格陵蘭。」

「看起來不太樂觀。」我說。

「誰知道呢。」古德倫說:「天氣最難捉摸了。但是如果上午是好天氣，你們一定要馬上去。」

雖然蓋爾肯定不會贊同古德倫的異教信仰，但兩人宣揚的卻是類似的哲學。蓋爾選擇了知性的道路探索冰島文學;身爲基督徒的他對於過去的異教信仰，很自然地靠向史諾里的尊重哲學而非崇拜。雖然古德倫表面上沒有崇拜異教神祇，但她顯然更接近異教陣營。其實蓋爾和古德倫的差異並不大。我們在冰島遇見的每個人都找到了某種方式來維持對自己國家的崇敬——隱身者與異教諸神也都是方法之一。

唯美之治

陽光瀉進房內照醒了我。房裡沒有時鐘，時時刻刻明亮的天光讓人難以分辨時間。

我拉開窗簾，想必是朝陽射在積雪的火山頂上發出燦爛奪目的光芒，使我幾乎睜不開眼。那彷彿是一塊浸在藍白色糖霜裡的巨大巧克力，正召喚著我伸手去觸摸。我跑過走廊，用力敲著萊伊的門。「萊伊！起床！」

我聽到他咚咚地走來開門一面喃喃抱怨。他砰地一聲開了門。

「你氣色眞爛。」我說。

他揉著眼睛說：「這麼亮我睡不好。現在到底幾點了？」

「不知道。快看你的窗外。」

他拉開窗簾，被耀眼的光線刺得直眨眼。「太棒了，我們走。」他說。

我們快速換上探險用的全副武裝。把丹寧布和羊毛料胡亂往身上一穿，便跳上SUV、踩下油門，出發前往尋找雪上摩托車，身後揚起一道碎石塵。

開了約一哩路來到阿納斯塔比村後，我們把車停在一間店前面，那裡有塊手寫的廣告招牌，聲稱提供雪上摩托車之旅。

進行短暫的現金交易後，一名瘦瘦的年輕人英瓦便載我們上到雪線。在佈滿大圓石的路上行進二十分鐘期間，海灣上空開始凝聚一片烏雲。等我們選好雪衣戴上安全帽，雲已經到達我們頭上。能見度只剩下一百呎。

我轉身對英瓦說：「這樣還值得上去嗎？」

英瓦咧著嘴笑說：「爲什麼不值得？反正騎雪上摩托車很好玩。只要緊跟在我後面就行了。」

「你今天上去過了嗎？」我又問。

「還沒。」

「那你怎麼知道昨天夜裡有沒有出現新的裂隙？」

英瓦沒有回答。他只是踩下油門，在噴起一陣冰冷雪花後出發前進。

英瓦以三十哩左右的時速疾馳上山，我有點追不上。我們爬得愈高能見度愈低，最後我只得慢下來跟著他的車痕走。有幾次車痕越過一呎寬的冰縫，我只能加足油門，盡快地越過那些空隙。

就在我最遠幾乎只能看到摩托車頭的時候，我超越了英瓦，他已經停在路旁。他比手勢要我停下。萊伊則停在我後面。

英瓦說：「我們到了。」

「哪裡？」萊伊問。

「山頂。」

我開始四下走動，但走了二十呎左右，卻什麼也看不到。

「小心。」英瓦喊道：「那裡有一個風吹成的雪唇，底下大概有一千呎深。」

我想到巴達爾那兩個慘遭噩運的姪子。我轉身走回摩托車時，愕然看見一個人影穿過濃霧走上來。待人影漸漸靠近，才看清是個穿著越野滑雪裝束的男人。

我聽到一個聲音說：「Guten tag（德文的早安）！」

萊伊與那位德國滑雪者交談之際，英瓦和我則思索著我們已經登上火山的事實，這時候雲竟神奇地逐漸散開。有幾個短暫片刻，雲霧消失後露出對面兩座覆雪的玄武岩尖峰，每一座又都高出百來呎。頭上也出現湛藍的天空。

我轉過身看著雪唇。最後一片雲飄過西側尖峰後，強烈的陽光便直射而下。這種效果完全就像坐在一只碗中，陽光從碗壁反射後全部集中到我們所在的位置。溫度頓時上升了五六度。

我們正好就在火山口中央，除了兩座尖峰之外，其餘都已被冰雪完全填滿。在我們東側下方，有一條細長的黑綠色土地延伸直到天際，兩旁皆是平靜海水。北側的峽灣內島嶼零星散佈。西側則只有大海。

萊伊已經躺下來，正在捏雪天使。

德國人從背包裡取出一本小書，大聲唸道：

> 在冰河與天空相連，土地不再屬於塵世，大地成爲天堂樂土之處；再也沒有悲傷，因此也無需歡樂；在此一切由美主宰，取之不盡的美。⑱

他唸的是《世界之光》書中的句子，作者正是獲得諾貝爾獎的冰島作家拉克斯內斯(Halldór Laxness)。這些語句讓我心中充滿平和，腹部開始竄出一股熱氣。腳底下脆弱的冰開始軟化，就好像火山口的地面正逐漸消失，我的頭也騰空升起朝遼闊的景致飛衝而去。我輕飄飄地往上飄去，天空中充滿了美，唯美而已。

9 性、愛，以及滿足感的嚴厲考驗

滿足感——那種心滿意足的幸福、極樂境界、神秘的頓悟、平靜、祥和，那種超越存在的感覺——頂多只是短暫的。你通常會在最意想不到的時候，得到片刻的類似狀態。我在實驗室內與實際生活上所見的一切，都顯示滿足感不同於快樂或幸福，而且追求幸福不一定會讓人滿足。認眞說起來，我所尋求的滿足感來自辛苦的工作，糾結著不確定感，有時則痛苦萬分。但滿足感也不是快樂的相反；它只是截然不同罷了——一種自成一格的感覺。但你卻能在追求當中獲得滿足；在任何尋找過程中，你都會有新奇的遭遇進而使腦產生變化。新奇能讓你大有斬獲，但它也和所有事情一樣會成爲習慣，因此若只是爲了新奇而追求新奇可能會面臨極大風險。例如，你如何將新鮮感融入一段長期關係中？

冰島的神秘故事在我心裡縈繞數星期，讓我十分渴望捕捉到其中的些許魔力帶回家去。站在斯奈菲約古火山頂上時，我感覺到拉克斯內斯所說「一切由美主宰」的眞諦。當然，世上的美取之不盡用之不竭的意思是：當純粹的肉體快感無法令人滿足時，總有美學的解決之道——如好書或好電影——取而代之。只可惜，在冰島看似完全對的感覺，回到亞特蘭大竟迅速消褪。萊伊開始隨身帶著他在火山上撿到的幾顆石頭，而我儘管不抱希望，卻仍藉由整理相片遣懷。

冰島人與過去之間的神秘橋樑——huldufólk，薩迦傳說——似乎提供了一個文化平台，藉以體驗對生活的一種堅定的滿足。冰島人對於民俗傳說的共同認識與喜愛，使他們在日常的互動中有一個共通語言——就像一段歷時千年的對話。冰島人在多數外人眼中似乎沉默寡言，其實是因爲他們發展出有效的溝通方式。內心的自豪爲許多冰島人奠定了以微妙方式溝通的基礎，這其中只須分辨細微差異。就像他們的長期戀人之間，隻字片語經常便能表達完整語句。

那麼戀人之間的語言又如何呢？擁有長期關係的兩者間的溝通，在許多方面都與冰島的速記法十分類似。當你和另一人相處多年後，對彼此的熟悉可能造就協調一致的溝通，也可能因爲一切都在預料中而產生眾所週知的輕蔑感。當兩個人有許許多多時間在一起，很自然會產生一種無論多麼無心也很容易被對方預料到的連續對話。

我在冰島的經驗無與倫比，但那只屬於我一人。同樣地，我尋求滿足感的過程很有趣也頗具啓發性，但最終也只對我有利。雖然超級馬拉松選手挑戰內華達山脈的勇氣發人深省，冰島的神秘傳說滿足了我的心靈渴望，但若想將這些啓迪帶回家中，必將引發平淡與新奇兩大勢力的對抗。一旦我的妻子凱瑟琳上場，兩人一同爲了無新意的固定模式尋找出路，一定會使情況更加複雜。雖然我們各自跳著新奇的舞蹈，偶爾共舞偶爾獨舞，但不能否認的是新奇天生就具有顛覆關係的本質。這便是爲什麼我們的腦對意外的體驗如此尖銳之故。不管可能引發什麼災難，新奇對於性愛與情緒的滿足感的影響還是維續所有長期關係的關鍵。

兩性戰爭

在兩性關係中，新奇所引發的第一個問題就是男女表達需求的方式不同。在一九二

○年代某個爽朗的春日，柯立芝總統夫婦安排了參觀中西部某雞場的行程。他們到達後不久，總統便與夫人分道參觀。夫人經過雞舍時，停下來問農場主人公雞每天是否交配一次以上。答案是「數十次」。

「請把這個答案告訴總統。」夫人要求道。

當總統經過雞舍時，得知公雞的事，便問道：「每次都是同一隻母雞嗎？」

「不是的，總統先生。每次都不一樣。」

總統緩緩點頭說道：「把這個答案告訴夫人。」

雖然這個故事在研究動物性行爲的學生圈中廣爲流傳，這段對話很可能是無中生有。①具有其眞實一面的「柯立芝效應」是在一九五○年代某心理學術會議上，爲一場有關動物性行爲的演說開場的笑話。在大多數哺乳動物中，雄性通常會與一頭發情──而且幾乎都具有繁殖力──的雌性多次性交並射精。最後當雄性對性活動的慾望降低後，便留下雌性自行離開。如果這個雄性是人類，通常就會翻身睡大覺。累了嗎？不是，只是表達對性的厭倦。如果此時雄性面前出現具有繁殖力的新雌性，他會馬上重振雄風，不但與她交配還會射精。因此，柯立芝效應便成了雄性與新雌性交配的能力的同義詞。

我們倒是可以將此行爲推及人類，這不是事後爲男人的風流行爲找藉口，而是因爲這種情形與許多長期伴侶的性愛難題雷同。加州大學聖塔芭芭拉分校的人類學家賽門斯(Donald Symons)，甚至更進一步指出人類男性天生具有尋求性愛變化的驅力，女性則無。②

柯立芝效應有一現代版，也是個笑話，更簡潔地重申這一點。

「男人的四大需求是什麼?」友人問。接著不待回答便說：「食物、水、女人、新的女人。」

我頭一次聽到的時候，也和多數男人一樣格格發笑。我還反問：「那女人的四大需求呢?」

他毫不遲疑便回答：「食物、水、性和擁抱。」

許多人都認爲男人喜歡和一大堆女人發生關係，女人則想和一個男人安定下來生兒育女。如果賽門斯說得對，那麼男人和公雞對於新的性愛都有無法滿足的慾望，而女人和母雞則不然。但如果這一切都只是迷思呢?如果女人也同樣渴望性愛的新鮮感呢?男女追求新奇的形式或許不同，但我尚未發現兩性之間對新奇的慾望——無論是否與性愛有關——有任何太大的差別。

我們沒有理由認爲性愛之樂能逃過和享樂跑步機上其他一切相同的命運。熟悉會導致厭煩，至於不斷消滅所有樂趣的享樂跑步機對於將一對伴侶黏在一起的性愛膠著劑也同樣造成威脅。雖然新奇是創造美妙經驗的必勝之道，有個信念卻與此觀點恰恰相反，那就是婚姻的和諧要靠穩定、忠實與堅定不移來維持。就像和滿足有關，或者和人際關係有關的一切一樣，可預期而安全的事物與新奇而危險的事物之間總是保持著張力。滿足感的眞實本質便如同進行一場拔河比賽。

柯立芝效應和友人的笑話正巧擊中男女差異的核心，而這個差異很容易會被誤認爲是無可爭辯的事實。柯立芝效應的眞實面不在於總統對於新鮮性愛的慾望，而在於總統夫婦二人都希望擁有令人滿意的性愛。要想解開新奇的謎底，首先就得檢視性愛的目的。需要同一物種的兩名成員才能進行的有性生殖，象徵著基因遺傳一項強有力的策略，也形成雌雄之間一種競爭形式。今日我們稱之爲兩性戰爭。

性爲何物

兩性戰爭十分複雜，是一種既合作又競爭的交互作用。若說人類只是因爲感覺舒服而做愛，其實偏離了重點。③男人彼此競爭也彼此合作，女人也一樣。在最佳伴侶的戰爭中——傳遞基因的戰爭——你會開始解譯這支多層次的、多伴侶的舞該怎麼跳。直到你了解性愛爲何感覺美好，了解這支舞對人生爲何重要，你才能明白男女關係的意義。一旦明白之後，你就會慢慢知道如何將新奇代入方程式。④

無論男女都知道在某些情況下，性愛的感覺會更好。男人通常將性愛等同於高潮，即使有柯立芝效應爲證，男人總是有了一次就結束了。因此男人很容易因性愛而快樂。如果男人都在尋找簡易的快樂方式，女人又有何不同？我想說的是女人不一定不同，但她們的確比較複雜。

一九四〇年代，印第安那的動物學家金賽（Alfred Kinsey）針對男女的性愛習性作民意調查，這也是史上第一次眞正有系統地探索女性的性愛反應。⑤在他有生之年，他的方法備受批評且普遍遭受質疑，因爲他面訪的人並非從社會大眾群中隨機挑選。例如，在他的抽樣中太常出現監獄囚犯與妓女。在金賽與同事的面談報告中，許多當時被視爲禁忌的性行爲比例高得驚人：如手淫、同性戀、雙性戀與外遇。此外，研究人員所發現高達百分之五十的婚姻外遇比例不僅震驚全國，就某方面而言，也因爲揭露了這些行爲普遍存在而使其不再是禁忌，進而加速性革命。⑥

二十年後，正值性革命高峰期，一位非科學家海蒂（Shere Hite）接續金賽的工作，完成了著名的《海蒂報告》（*The Hite Report*）。⑦海蒂的研究雖然修正了困擾金賽的某些問題，卻也有它本身的抽樣偏差。⑧一九七二至一九七四年間，海蒂寄出超過十萬份關於女性性行爲的詳細問卷。今日看來，《海蒂報告》的內容十分有力，因爲男性對女性性行爲的態度似乎幾乎沒變。關於新奇方面，許多女性抱怨性交前總要先來一段一成不變的親吻前戲。對於女人的性高潮由男人掌控，甚至由男人施捨的觀念，許多女性表示不屑。在某些方面，如今的情況已經改善。不少男人都知道女人也渴望高潮；但即使到現在，對於在乎這種事情的男人而言，讓女人獲得高潮也通常被視爲男性快感的元素之一。

因爲支配男女該如何表達性慾的文化標準不同，男女在床上應該或不應該有什麼行爲也屢屢出現雙重標準。我想，眞正遏制人類性慾的不是與生俱來的生物差異，而是文化標準。男女對性伴侶快感的在意程度似乎和他們個別能獲得多大的滿足感有關。文化之間以及社會區隔之間的差異，都反映在該文化或該社會對性行爲採取的各種不同標準之上；即使同儕之間，標準也不時變動。也許在二十一世紀的今日，我們正朝著性行爲平等的方向前進。但在趨同現象眞正發生以前，要探索男女性慾之間的差異就必須先從生物學著手，最後以大腦對新奇的需求作結。

性擇

演化中充滿了錯誤的標籤與錯誤的理解。最著名的一句話「適者生存」，聰明地捕捉到了精髓：演化乃是適應環境變遷的過程。但這只是過程的一半。多數人認爲「適者生存」指的是透過競爭求生存的天擇；換句話說，一個物種中最能適應某一特殊環境的個體，生存機率通常會比適應較差的個體高。但光是生存是不夠的。爲了將基因傳給下一代，個體不能只是生存還要繁殖，而我們都知道這並不是直接了當的事。達爾文區分了兩種不同的演化，一是透過生存的選擇，一是透過繁殖的選擇，他稱後者爲性擇。⑨天擇的運作是根據個體在環境中的相對適應性，而性擇則是來自同一物種中的交配競爭。

新墨西哥大學的演化心理學家米勒（Geoffrey Miller）主張，自從十萬年前地球上出現現代智人之後，每日的生存便已不是人類演化的重要因素。人類數量其實很少，幾乎無需爲天然資源競爭，而且人類若非已經將極少數存留下來可能造成威脅的動物消滅殆盡，便是已學會如何躲避。隨著天擇效應逐漸減弱，性擇開始佔上風，最後導致爲了獲得最佳交配機會而失控競爭。⑩

雖然天擇的運作是透過環境隨意設定的挑戰，性擇卻伴隨著個體的反應，因爲選擇伴侶是有意識的抉擇。因此儘管我們的祖先無法控制最後一次冰河期與其對人類生存的影響，他們卻有無數的配偶選擇。正因爲性擇反映了選擇，人類才會演化出現今所擁有的一切特徵。今日的男性若沉迷於那些展現科技優勢的小玩意，那是因爲我們的女性祖先受到這類事物的前身吸引，因此選擇對象時偏愛具有卓越技術的男性而非具有其他興趣的男性。同樣地，今日男性之所以覺得女性腰臀零點七的比例十分迷人，也是因爲祖先有此偏好。⑪性擇的重點在於男女性會演化出不同特徵，而且兩性會展現對這些特徵的偏好。有些人可能擁有智慧或魅力或親切態度，卻少有人能夠每項特色都拿滿分，因此族群中的各個生殖成就面都是連貫的。人類經常會透過所謂的生殖成就配對過程，選擇和自己相似的配偶。走在路上，便可見到生殖成就配對的實例——大多數伴侶的外貌都十分相配。

有時候某個特殊的特徵特別吸引異性，那麼在這項特徵上表現最出色的個體便會引發異性的激烈競爭。雄性孔雀的尾巴唯一的作用就是吸引雌性，這也是失控演化過程的一例。米勒等人指出人類的聰明才智、語言技能、創造力與藝術等特質，都是爲了求得具有這些特徵的配偶而失控競爭的結果。

對人類而言，由於這些特徵當中有許多可能提升後代子孫的生存機會，也因而變成理想特徵。當十萬年前原人開始主宰地球，掠食者的消失就表示生存已不再需要單靠體力。那時候，大腦特徵讓我們祖先能夠預測並計畫未來，並獲得重大優勢，於是刺激了智力的競爭。

誰都不會否認對祖先來說，智力提供的不只是生存優勢還有性優勢。但與肉體的生殖成就不同的是，智力的生殖成就並不明顯。從女性的腰臀比例或男性突出的下頷，根本看不出一個人的智力。⑫既然沒有升學考試分數或進階學位可供參考，我們的祖先只得依賴其他方法展現智力。或許有些人會創作藝術品、作曲，或成爲石器時代的演員，也有些人藉由解決狩獵或航海等問題展現智慧。這些特徵——不管是創造生存工作或娛樂工具——都象徵著適應環境變遷以及利用手邊資源改善生活的能力。性擇便是以此方式將人類推向對新奇事物的渴望與重視。

隱性排卵

大多數物種的雌性在最易受孕期都會展現明顯跡象，雄性與雌性也只會在此時交配，幾乎少有例外。但人類不然。人類的生存變得較有保障之後，無論男女很可能都不再那麼擔心下一餐在哪裡，而是想著誰和誰做愛以及如何和更好的伴侶上床。在性競爭的遊戲中，男人和女人發展出不同的策略。因爲女人最終必須在懷孕與養育孩子期間投資時間與精力，因此便希望孩子的父親是她所能吸引的異性當中最好的一個——於是隱匿受孕期便成爲女性的有效策略。隱性排卵會讓男人不停猜測，如果他確實有意讓女人懷孕，就得在她身邊長期逗留以便確定她受孕了。

誰也不知道兩性戰爭究竟從何開始，但有一個說法是從精子和卵的差異開始的。男人的精子數量極多且容易製造，因此男人想要傳遞基因物質的最佳方法就是盡可能和女人發生關係。於是他增加了讓女人懷孕的機率，又不用幫助養育孩子，因爲他可能還忙著讓其他女人懷孕。男人承認想和許多女人上床，這個事實被目的論者用來證明男人基本上是多偶性動物。⑬

女人當然不會忍受這種情形，因此便演化出對抗風流的技巧。她們藉由隱藏受孕時間，降低了隨機性行爲導致受孕的機會。⑭隱性排卵效果之大，就連女人也不知道自己何時能受孕。如果男女都不知道何時可能受孕，那麼男人就得大大增加與同一個女人性交的次數以便孕育小孩。換句話說，男人若想讓一個女人懷他的孩子，就必須留在她身邊。

但可別相信女人說的這番話。瞧瞧她男人睪丸的大小。受孕期的雌性黑猩猩每天會與數十頭雄性交配多達五十次。爲了使雌性受孕而互相競爭的雄性演化出了四盎司的巨大睪丸，以便製造足夠的精子。反觀大猩猩妻妾成群，雄性無須作性競爭，因此大猩猩的睪丸極小。以重量計，人類睪丸的大小介於黑猩猩與大猩猩之間。睪丸較大代表精子較多，而較多精子便能沖走前一個情夫留下的精子。⑮從今日男性生殖器的中等大小看來，我們可以推論不只有男人是適度的多偶動物，女人也一樣。

可是男人到底得逗留多久呢？這個問題直到一九九五年才有了較爲確定的答案。在北卡州三角研究園區（Triangle Park）國家環境衛生院服務的威考克斯（Allen Wilcox），針對受孕期作了一次大型研究，對象是兩百多名試圖懷孕的婦女。[16]威考克斯與同事每日採集尿液檢體，分析幾種性荷爾蒙的變化。在月經週期的前半段，雌激素比黃體素多得多，但到了排卵日，雌激素立刻驟降。藉由測量雌激素與黃體素的比例，威考克斯可以相當準確地推算出排卵日。志願的婦女記錄自己性交的時間，威考克斯再以此計算與排卵日相關的受孕機率。在排卵日五天以前，受孕機率幾乎是零。從排卵日前第五天起，機率從百分之十逐漸上升到排卵日當天的百分之三十三，這也是最高機率。令人驚訝的是，受孕機率在排卵後二十四小時內又降爲零——這也強力反駁了一般認爲排卵前後都有一個受孕窗口的觀念。威考克斯的發現明顯證實性交必須發生在排卵以前，或至少在排卵當日。

威考克斯的研究結果顯示了受孕的機率，但並非每個受孕卵都能發育成健康嬰兒。

在威考克斯的研究中，有三分之二的懷孕活產率。利用此資訊可以計算出男人必須多久和女人做愛一次，才能生下嬰兒。即使伴侶每天做愛，在一個月經週期中有孩子的機率只有百分之二十五。如果連續四個月每天做愛，可能性會提高到百分之六十八；連續六個月每天做愛可將數據提高到百分之八十二；如果是一整年，有孩子的機率便有百分之九十七。[17]實際說來，每兩天做愛一次的機率只是稍微低一點。若以另一極端而論，一夜情導致懷孕的機率只有百分之三——對於不帶承諾的性愛十分有利，但對於傳遞基因卻不太有利。

人類的交配傾向證明了一個事實：無論男女的性競爭都選擇享受性愛的特質，大概是爲了增加做愛的次數吧。史前原人和所有非人類動物一樣，是爲了生育而有性。當生殖與快感糾結在一起時，性交本身也變成一種強制行爲。由於隱性排卵之故，原人必須發生許多次性關係才能有小孩，但性交若非適應行爲，他們是不會浪費這個時間的。享受性的人性交最頻繁，也最能成功傳遞基因。將交配儀式變成猜謎遊戲的隱性排卵，或許也同時讓性更令人愉悅，因爲它讓人需要頻繁的性活動以便達到受孕目的。在這樣的環境中，資訊變得至高無上。女人永遠無法完全信任男人，因爲留下精子後離開是他們的習慣，而男人也永遠無法完全信任女人，因為難以判定她們是否受孕了。的確，隱性排卵顯然留下了它的遺產。倘若對異性不能完全信任，還可能獲得滿足感嗎？答案是肯定的，但得視新奇而定。

你爸爸是誰？

隱性排卵雖然保護了女人，對男人卻不公平，也引發種種醜惡的行為。考慮到養育小孩所要付出的心力與經濟投資，男人必須確知自己是小孩的父親。誰會知道九個月前發生了什麼事？直到最近研發出基因測試以前，男人根本無法確定自己的父親身分。這份不確定感應該能穩固男人對女人的承諾，即使只是為了確定沒有其他男性使她懷孕。男人若不智地撫養另一個男人的小孩，不僅無法繁殖，還受騙投入自己的資源來延續他人的基因。或許正是為此，歷史上大多比較不能容忍女性出軌。

德州大學奧斯汀分校的演化心理學家巴斯（David Buss）提出，男性的忌妒是隱性排卵的直接後果。⑱巴斯針對二百一十四對年輕夫妻進行研究，檢視配偶保留行為——也就是男性與女性不讓另一半出軌的行為——的普遍性。當男人意識到伴侶可能不忠時，便會加強配偶保留行爲，其中包括資源展示、服從與貶低、同性威脅等等。反觀女人對於另一半不忠的反應則是改善外表以及利用暗號宣示所有權。[19]更糟的是，男人愈是意識到伴侶的魅力，就愈可能使用配偶保留策略。當女人改善外表以留住自己的男人時，男人又將女人更具魅力視爲她可能出軌的跡象，不需多久兩性戰爭便會逐漸擴大。巴斯認爲這一切都是因爲演化的適應導致了隱性排卵之故。

若是從女人的觀點考量，故事有另一番說法。加州大學戴維斯分校的人類學家赫迪（Sarah Hrdy）研究了成年人類殺死小孩的頻率，以及在其他靈長類社群中（尤其是黑猩猩社群）的殺嬰現象有多普遍。赫迪說，與許多男人性交可以混淆任何孩子的父親的身分，而隱性排卵的功能則是隱匿眞正父親的身分，也可能因此降低嬰兒遭男性殺害的機會。[20]殺害自己孩子的男性就等於是基因自殺。有一個現象爲此理論提供了部分證明，那就是女人通常會挑排卵期前後與非原始伴侶發生關係。[21]如果女性出軌的高峰期集中在排卵前後，肯定會讓一群男性弄不清誰是父親。

無論是爲了留住男人養育孩子，還是爲了混淆父親身分以求生存，女人都比男人更能從隱性排卵獲得好處。即使不知道隱性排卵如何演化而來，人類仍得到它的遺產：大量的性。但就像你反覆做任何事情一樣，享樂跑步機上的性愛也會成爲習慣。若想找出如何才能減少這種習以爲常的現象，就必須更深入探究人類交配的生物學。

空氣中的愛

一九六〇年代末，麻州衛斯理學院（Wellesley College）一名大學生麥琳托克（Martha McClintock）因證明人類費洛蒙的影響而撼動科學界。當時的麥琳托克雖然只是大三學生，卻已有足夠的敏感度直覺到女人之間月經週期同步的情形，這種說法直到當時都仍屬民間傳說。在學院指導師的鼓勵下，麥琳托克徵得宿舍內一百三十五位女性的協助。她們記錄自己一整個學年的月經週期，並註明一些相關因素，諸如最常和其他哪些女生相處以及與男性約會的頻率。在這一年期間，麥琳托克發現女生的月經週期會漸趨一致。此外，每星期與男生接觸三天以上的女生，比起較少接觸男生的女生，週期明顯較短。㉒儘管要花二十年的時間加以證明，當時麥琳托克便已假設個體之間有化學訊號交流，月經週期則是透過這些訊號的傳達而改變。㉓

費洛蒙與其對於性功能影響的發現顯示，人類在性交時無須完全倚賴有意識的行動。「費洛蒙」一詞源自於希臘文「pherein」（意爲「傳送」）與「hormon」（意爲「興奮」）。這個名詞於一九五九年首次被用來形容某類化學化合物，此類化合物傳遞於動物之間，可引起行爲反應。當然，細菌之類的基本生命形式會以化學方式溝通，但直到發現費洛蒙之前，大多數科學家都推測在較高等動物體內，化學訊號已經被較爲精緻的溝通形式所取代。

人類的費洛蒙幾乎全部來自皮膚汗腺以及身體特定部位——主要是腋下與生殖器——的分泌物。多數時候你無法察覺費洛蒙的存在，因爲它沒有氣味，但若濃度夠高你便會知道這些化學物質是什麼味道——體味。人類之所以有體味是因爲細菌與身體分泌的化學物質間產生複雜的相互作用。體味的獨特氣味乃是來自存活在皮膚上的細菌。人類釋放費洛蒙的量多得驚人，遠比其他任何靈長類更多——如果費洛蒙確是較早期生物形式的殘留，這不免有點諷刺。男人和女人不論使用何等高等精緻的語言與書寫，依舊持續地參與化學戰爭。

在一九九〇年代前，仍難以證明人類費洛蒙如何發揮影響力。基本問題在於費洛蒙是否經由一條主線通往大腦，或是間接地對其他器官發生作用。人體費洛蒙當中以性荷爾蒙的研究最爲廣泛。男性所釋放雄激素衍生物（稱爲16—雄性烯類）的量，幾乎是女性的五到二十倍。㉔有一種費洛蒙（女性費洛蒙醇）具有麝香味，但男性皮膚上的細菌會在二十分鐘左右使女性費洛蒙醇代謝，變成較爲刺鼻的男性酯酮。腦部造影顯示這些化合物最終會影響女性接受者的下視丘，也就在控制排卵的區域附近。㉕

麥琳托克從一群女人的腋下採樣，然後搓樣本給另一群女人聞，讓她們受到比平常更強烈的刺激。她證明在排卵前採集到的分泌物會加速接受者的週期，而排卵期間採集到的分泌物則會延長週期。一方費洛蒙縮短週期，另一方延長週期，結果便導致女性之間週期趨於一致。這種同步化現象似乎否定了隱性排卵有任何好處，因爲即使男人不知道女人何時排卵，卻能確定女人會在同一時間排卵。㉖

月經週期同步化在史前時代的重要性如何，我們並不清楚。邦索（Robert Bonsall）是我在艾默里的同事，也是一九七〇年代研究女性費洛蒙的先驅之一，㉗他指出只有營養狀況良好的女性才可能有正常的月經週期。在史前時代，週期可能遠比現代人更不規則，因此費洛蒙信號很可能是從其他原因演化而來。麥琳托克說過，與男人接觸會縮短月經週期。由於週期變異性大多來自排卵以前，與男人接觸必然會加速排卵。從男人的觀點來看，這點也部份否定了隱性排卵的效應。即使不知道女人何時排卵，但至少他能利用和她在一起的機會加速排卵過程——有如一種化學反擊。事實上這可能是雙方的共識，因爲如果女人花時間與自己喜歡的男人共處，當然會較快受孕以便讓他成爲孩子的父親。

費洛蒙造成受孕期的變化只是兩性戰爭中的一個面向。還有一個面向便是最爲重要的性高潮。

Big O（高潮）

任何關於性的討論中，高潮總是最突顯的話題，但高潮究竟與性的滿足感有何關聯？有關這一點，性研究的入門《愛經》（*Kama Sutra*）提供了不少細節。儘管已有將近千年歷史，這部印度著作對於性與愛的本質有很多先見之明。書中濃縮的形式（sutra）是爲了方便記憶，但其中卻有更深層的意義，不是隨意翻閱便能理解。㉘書中除了將性愛技巧描述得十分詳盡，還強調光靠肢體動作無法獲得滿足感。事實上，「kama」（意爲「愛」或「性慾」）應該只是人生所要追求的三大目標之一，另外兩個是財富與美德。當三者取得平衡時才有滿足感。

一九九〇年代，芝加哥大學的研究人員開始著手調查美國人究竟有什麼樣的性行爲，而這些行爲與滿足感又有何關聯。這項稱爲全國健康與社交生活問卷調查（National Health and Social Life Survey, NHSLS）㉙的調查研究，是爲了修正先前金賽與海蒂等人的調查中原有的抽樣偏差。一九八八至一九九四年間，研究人員確實透過民眾隨機抽樣，從全國選出三千四百三十二人，這群人的確足以充分代表美國成人。由於他們的堅持與坦率，研究人員獲得了百分之八十的答覆率，遠高於先前任何一次調查。和早期的研究一樣，NHSLS 也是一份涵蓋各個範圍的冗長問卷，題目包括做愛與高潮次數、做愛型態與自慰等等。此外，NHSLS 研究者也提出關於幸福與滿足感的問題。雖然問卷中沒有特別註明，但所謂滿足感大概和我在第二章的解釋類似。因爲涵蓋的範圍極廣，又代表美國人性行爲的客觀觀點，因此要想找出性與滿足感之間的關係，NHSLS 的資料便成爲最佳資訊來源。

高潮與滿足感間的關係十分複雜，這點倒不令人意外。說自己每次做愛都有高潮的男性約有百分之七十五，女性卻只有百分之二十五。若是將範圍擴大到通常會有高潮的人，數字則分別提高到百分之九十與百分之七十五。無論如何，女人的高潮次數明顯少於男人。當這些百分比再依關係類別細分時，結果就更有趣了。已婚夫妻反映出的是一般標準，但短期關係（定義爲持續不到一個月者）中「每次有高潮」的比例，男人提高到百分之八十一，女人也大幅提高到百分之四十三。這種高潮次數增加的現象——尤其是女人——顯示可能是新奇感起了作用。

但光有高潮並不代表性經驗令人滿足。雖然資料中並未根據高潮頻率再加以細分，但肉體上非常滿足的人當中有百分之五十一是已婚男性，百分之四十是已婚女性，而短期關係男女的滿足比例卻雙雙驟跌爲百分之十六。在內心滿足感方面也出現類似結果。[30]至於整體的幸福感，最感幸福的半數大多是已婚且每星期做愛至少兩次者，而且女性每次都會有高潮。[31]

以高潮次數來衡量滿足感或幸福感似乎有點草率。任何成人都知道，並非所有高潮都是生而平等，而且如 NHSLS 所示，單靠高潮本身已無法獲得滿足，無論男女皆然。舉一個最佳例證，該研究中已婚婦女的高潮頻率比單身婦女低，滿足感的比例卻是最高。

一般人似乎對女性高潮格外著迷的原因，可能是科學與性學向來以男性爲主流，也可能是男性高潮一看便知，而女性高潮卻較爲神秘（至少對男人而言）。我想這種魅力有更大的原因在於女性的性慾較爲複雜。演化心理學家米勒提出一個具有說服力的主張，他認爲正因爲女性高潮變化莫測，因此可能演化成一種評估系統。如果男人達到高潮的機率爲百分之七十五至九十，女人爲百分之三十至七十五，此一懸殊差距顯示女性達到高潮的條件比男性更爲複雜。女性總是一律將這些條件指向心理層面，表示她們需要身體、心理、情緒的喚起。這三個層面——以及其他層面——能夠結合到什麼程度，與女人受伴侶吸引的程度有重大關係。部分科學家認爲肉體的快感有助於聯繫伴侶，這是一種對性慾的操作制約觀點。㉜這種見解似乎屬於機械論，其事實依據是無論男女，自我取悅都要容易得多，因此一定有某種原因造就了性交與自慰之間的滿足感差異。NHSLS的資料強烈暗示性滿足感來自信任與相互尊重，而這兩者多半存在於長期關係，尤其是婚姻關係中。㉝

性的滿足與婚姻之間的聯繫雖然令人安心，卻也令人困惑，因爲它悍然不顧柯立芝效應與那些認爲人類基本上不是單偶動物的人的想法。又或者 NHSLS 資料可視爲例外，因爲這些結果代表的是美國人對性、愛與婚姻的看法，而非普遍觀點。深思這個問題之餘，我發覺其中牽涉的已不只是科學的好奇。

高潮、婚姻與滿足感之間的關係，可能來自於女性高潮在促進受孕方面扮演何種角色。從演化的觀點來看，這個結論非常合理。如果女人眞正被一個男人吸引，表示此人擁有她渴望的特質。也許是外表的魅力，也許是他的言語或行爲。特定的特質並不重要，但如果男性符合了女人的所有標準，達到高潮的可能性便大大升高。女人不一定要意識到對方符合自己的標準，倘若在下意識中發生，效果可能更好。有人稱之爲浪漫，有人稱之爲熱情，但平淡性愛與美妙性愛之間的差異，女人絕對比男人更明白。

有幾位研究人員針對女性高潮能夠以機械化方式促進受孕的可能性進行研究調查。聖路易的婦科醫師麥斯特（William Masters）與其心理學家妻子詹生（Virginia Johnson）在一九六〇年代對此進行研究，他們在女性陰道注入染劑，並在她高潮過後以X光檢視因高潮引起的肌肉收縮是否有助於將染劑送進子宮。不難想像的是，這種測量又骯髒又不精確，結果也是不清不楚。最後，麥斯特與詹生下的結論是高潮很可能無助於受孕。㉞最近，曼徹斯特大學的貝克（R. Robin Baker）與貝里斯（Mark Bellis）試圖測量性交後陰道「回流」（譯註：性交過後幾小時，從陰道流出的特殊物質）中的精子濃度，卻獲得相反的結論：女性的高潮確實有助於保留精子；他們將這項發現命名為向上吸引理論。㉟

女人的荷爾蒙狀態因高潮而產生微妙變化，這是比較可能的情形。德國有一個團隊監視了女人以自慰達到高潮時，主要性荷爾蒙有何變化。㊱其中兩種荷爾蒙——泌乳激素與催產素——明顯增加。泌乳激素會刺激乳液的分泌，催產素的功能之一則是刺激子宮收縮。此外德國團隊還偵測到高潮之後，黃體化激素（ＬＨ）略為增加。ＬＨ在女性的血流中濃度不高。我在第四章提過，ＬＨ在下視丘一個極小的區域合成，就在排卵前下視丘會開始將它釋放出來，一開始只是少量噴射，但很快便變成脈動性的湧出，發生時間大約是在月經週期中期，亦即所謂的ＬＨ高峰。大量分泌的ＬＨ經由血液循環到卵巢，在此誘發改變雌激素與黃體素的分泌平衡，整個過程最後以卵子排出進入輸卵管告終。

麥琳托克發現的月經週期同步化現象顯示費洛蒙可以讓開始排卵的時間相差數天，而威考克斯證明排卵必須發生在性交後才能受孕。因此，在排卵前後四十八小時的窗口內，高潮絕對可能讓LH的分泌量增加到足以形成高峰，基本上就是爲等候的精子提供卵子。假如這個結論正確，我們便能了解爲什麼女性高潮的複雜性是一項資產：因爲可用來作爲門房過濾出潛在的配偶，也是一個強有力的性擇機制。

獲得高潮的能力與高潮本身的激烈程度很明顯都受到心境影響。心在性滿足感中——尤其是女人身上——所扮演的角色，可能已經演化成了爲孩子選擇最有潛力的父親的方式。同樣因素也可能在男性身上發揮作用，也許當他在一個特別具有魅力的女人懷中，會提高精子生成量或活動力。無論如何，演化對性擇的壓力已經使高潮變成配偶適合度的一種總評分。

在享樂跑步機的無情縮減下，高潮的量與質都逐漸衰退的情形似乎對長期關係有可怕的影響，但NHSLS的資料卻反駁了這個理論。最令人滿足的性愛發生在婚姻關係中——亦即一切盡在意料中的堡壘。的確，我們可以將婚姻視爲有助於增進整體的生活滿足感，部分原因是在此關係中的性愛更美滿。但由於百分之五十以上的夫妻都以離婚收場，研究人員無從得知是否因爲沒有離婚的夫妻剛好最合得來，所以也對性愛最滿足，或是因爲婚姻本身給予了整體的滿足感。很可能兩者都有一點，但無論是什麼造成並影響適合性，新奇增進熱情的效應總是會快速消減，男女的性慾都可能衰退或出軌。不管是高潮的質或量衰退，不滿足感都會悄悄入侵。雖然任何人都可能抗拒性衝動，但大多數處於長期關係中的個人最終仍須面對忠誠的難題，也就是追求性新鮮感的需求。

性的兩難

假設你和同夥搶了銀行，最後被捕。依照警方標準處理流程，你們會分別關在不同拘留室進行隔離訊問。檢察官爲了強化論據，向你們提出協商條件。如果你們都不招供，就沒有證詞，因此會對你二人追訴較輕刑責，很可能是坐牢一年。如果你坦承犯罪而你的同夥不認罪，檢察官將利用你的自白指控你的同夥並對你不再追訴。同樣地，假如你的同夥認罪而你保持緘默，同夥將被無罪釋放而你卻得在牢裡蹲二十年。最後一個選擇，如果你們兩人都自白，檢察官能免去冗長的審訊過程，你們亦可以認罪協商各換取十年徒刑，三年後可申請假釋。簡單地說，如果你自白，就可能無罪釋放或是坐牢三年。如果你保持緘默，則可能坐牢一年或二十年。你會怎麼做？

這便是「囚犯難題」。稱之爲難題是因爲沒有一個較好的解決之道。最好的行動方向取決於你的同夥怎麼做，但你若不採取行動又不會知道答案。

囚犯難題是蘭德（Rand）公司的科學家於一九五〇年代發明的一個遊戲，但至今仍象徵著當兩個人互動時，一人的收穫不一定等於另一人的損失的典型模式。這個遊戲曾被用來模擬政治衝突、軍事策略與社會選擇。在許多方面，兩性戰爭也是個囚犯難題。許諾關係中的伴侶每天所作的選擇，就像玩著各式各樣的遊戲。誰洗碗？誰管錢？要去看電影還是聽音樂會？何時做愛，誰在上頭？我並不是想把愛侶面對的難題變得瑣碎，只不過凡是兩個人之間的互動都是一種遊戲，遊戲規則由雙方訂定，遊戲當中也需要協商。

在一項針對囚犯難題的腦部造影研究中，我系上的博士後學生李陵（Jim Rilling）發現人們合作時會活化紋狀體某些部位。既然已知紋狀體與報酬及行動關係密切，他很自然便斷定社交合作對人的腦有利。[37]但活化紋狀體並不只單靠合作的行爲，而是要「相互」合作。有計畫的相互合作不一定能讓每一位參與者獲得最佳結果，這不只因爲合作必然伴隨風險，也因爲你必須卸下心防，如此等於製造了遭背叛的機會。無論是浪漫關係或商場交易，合作就代表不確定。當你表現出合作，對方也予以回報，紋狀體會接收到這種結果的新奇性。也許正因爲如此，相互回報的行爲感覺特別好。合作之所以如此令人滿足，就是因爲這種情形不常發生。

當然，大多數人都不喜歡遭背叛，所以他們也不會瞞著另一半胡來。然而外遇現象卻持續不墜。若不承認人都會受誘惑而有偶外性交行爲，恐怕是睜眼說瞎話。只須看看一般人的性幻想即可證明。但即使在想像的性愛範圍中，也會有人誤以爲多半是男人才有這種念頭：NHSLS 顯示女人也會以伴侶以外的人作爲幻想對象。㊳

對他人產生性幻想不一定會導致不忠的行爲。從 NHSLS 的資料便可清楚看出這一點：百分之八十五的女性與百分之七十五的男性聲稱婚姻期間並未出軌。㊴我們大可以這樣假設，大多數人多少都曾經對配偶以外的人產生性幻想，但由於多數夫妻都彼此忠誠，光只是幻想並不會導致出軌。對婚姻的不忠受限於幾個因素：社會汚名、經濟限制（例如被發現後離婚的花費）、孩子的問題以及一個人的道德觀。將忠誠視爲典型的囚犯難題——亦即有一方可能獲得較大報償，另一方卻得付出代價的情況——公平嗎？除非另一方也蓄意決定出軌，否則我不以爲然。

但是這個美好甚至安慰人心的解釋掩蓋了一個矛盾。儘管大多數夫妻都聲稱幸福，

NHSLS 卻發現他們明顯地對性生活不滿意。儘管前面曾提到高潮比例相當高，但無論男女聲稱自己「肉體上非常滿足」或「情感上非常滿足」的比例卻不到一半。[40]雖然婚姻關係將這些比例提升到百分之五十左右，卻有大部分已婚男女聲稱性生活可以更好。他們的不滿足或許是因爲對關係初期的激烈性愛記憶猶存，或許因爲媒體上不斷有完美人類樣本的形象轟炸，也或許對性的不滿足——不管是特定時間或始終如此——是任何長期關係所難以避免的。你能和同一人做愛多少次而不感到厭倦呢？

性愛也會有享樂跑步機效應；的確，某種程度的厭倦似乎一定會發生。假如俗話說的七年之癢預言了婚姻的後果，你能怎麼辦？[41]最明顯的解決方法便是在婚姻外尋求滿足，但此時你卻面臨囚犯難題。當不忠的伴侶經歷快感時，另一半卻蒙受損失——即使他（她）不知情也一樣。相互背叛——亦即開放式婚姻——可以爲雙方帶來某種程度的滿足。脫衣舞夜總會與色情網站爲那些尋求新鮮感又不要肉體接觸的人提供了捷徑。還有一種可能是無需婚姻承諾的系列式單偶制。

以上這許多選擇有時或許看似誘人，對長期滿足感卻無太大保障。無論爲了什麼原因，大多數人仍不願冒著失去一段穩定關係的風險違背誓言。

嚴厲的性考驗

婚姻關係是從永遠忠實、無論健康病痛都不離不棄的誓約開始的。誰也沒有提到厭倦或一成不變。但是當最初的熱情消退後會如何呢?長期關係到最後對性生活的滿意度一定會遞減嗎?NHSLS的結果似乎互相矛盾,一方面說婚姻生活整體而言是幸福的,一方面又說短期的熱情縱慾比婚姻生活有更多驚天動地的高潮。即使最感到滿足的成人——已婚夫妻——恐怕也累積了滿滿的未獲滿足的需求。

在長期關係中,我只找到一個實際而周到的方法來解決「一切盡在意料中」的問題,以及新奇不斷迫近的威脅。方法名爲「嚴厲的性考驗」,命名者爲科羅拉多的婚姻與性治療師史納屈(David Schnarch),內容是讓夫妻在性的情境中挑戰他們之間的性愛與非性愛關係。史納屈主張嚴厲的考驗就在臥室,因爲人們就在這裡以私密而明確的方式建立彼此最親密的關係,也因而形成難題。㊷當夫妻變得互相依賴,行爲落入固定模式,例行公事成了一大障礙,使他們無法獲得性或其他方面的滿足。根據史納屈的看法,例行公事化是自然的過程,而最能反映此一過程的便是臥室。例行公事本身不是問題,但史納屈指出了例行公事化的不幸後果：人類常常會忘記另一半也是個人。除非有什麼意外或甚至不討喜的事情發生，你總會以爲另一半的想法和你一樣。當伴侶無法區別彼此，性便成了例行公事，幾乎就像和自己性交一樣。

當你和另一人有情感上與肉體上的親密關係時，區別就代表維持自我意識的能力，這也是嚴厲性考驗的核心。[43]聽起來簡單，做起來卻費力。兩個人在一起愈久，共同的經歷愈多，彼此的界線也愈模糊。史納屈指出這樣的情形並無不妥，這是任何關係的自然演變，就像兩性戰爭的許多層面一樣，自然不一定是最好的，而自然衍生的結果也經常最難改變。

行爲的可預期性可能會讓配偶雙方覺得對方不了解自己。爲了婚姻的和諧，雙方都必須有所讓步，但一開始是兩個人之間心甘情願的妥協，最後卻可能變成被期待或甚至強迫這麼做。如果婚姻關係變成配偶雙方的主要身分認同，那麼各方必定會喪失部分的個人身分，史納屈稱此過程爲「融合」。當夫妻在情感上融合之後，兩人都會失去自己個性上的重要特質，最後其中一人便會開始變得孤立。這個模式會如何結束，每對夫妻不盡相同。有時候可能同時產生積恨，致使雙方都感到孤單。我相信許多夫妻都把失去個性與其後果——小爭執、酗酒、外遇——混淆了。

關係中的孤立即使沒有剛才說的那麼嚴重，也可能發生於許多層面，但在性生活上的展現最爲具體。關燈、閉眼，一面進入幻想世界一面機械式地做愛，這很簡單。對許多夫妻而言，這種性生活毫無不當。但偶爾你會隱約窺見什麼是很棒、很棒的性愛。也許是這段回憶的陰影使得幻想——無論有無伴侶——相較之下便遜色了。幸好還有一個方法可以讓你暫時步下享樂跑步機；雖然令人心驚，卻是獲得滿足感的重要步驟。

要想作出區別，伴侶兩人就必須合作重新確定自己的個性。不過相處多年之後，眞正的個性或許已不明顯。如果夫妻能安然度過這個階段並繼續加以區別，那麼據史納屈說，他們所有層面的關係都會更加濃厚。我對腦所知的一切都附和這個觀念。可預期性會降低所有的樂趣，尤其是對於多巴胺系統，而若想在關係中注入新奇，還有什麼比伴侶兩人都改變更好的方法呢？然而，這麼做確實有風險。在個人化的過程中，有一方可能會變成另一方不喜歡的人。

如何改變呢？沒有簡單的公式，但史納屈設定以親密關係——性愛的親密關係——作爲起點。他說，夫妻要透過衝突、確認自我與單方表白才能達到眞正的親密。我認爲衝突是新奇力量運作的跡象。假如你沒有感覺到些許焦慮——些許皮質醇——就是毫無變化。確認自我不僅是顧及你自己的身分認同，當你因爲配偶的區別而無可避免地感到焦慮時，還要做一些事安撫自己。

在你進入嚴厲的性考驗之前，一定要面對自我——也就是認淸自己的慾望，以及妨礙你滿足慾望的障礙。你不能指望伴侶去面對他（她）自己，也不能期望他（她）改變。區別要從個人開始。表白也許是最困難的步驟。雖然你無法改變另一個人，誠實表白卻能讓伴侶重新看待你。史納屈倡導一種看見彼此的最直接的方式：睜著眼睛做愛，從前戲直到高潮。

在嚴厲的性考驗中，表白代表說出你想要什麼——不管是希望對方以特定的方式觸摸你，或是以馬鞭抽你，總之不管要求多麼奇怪。表白之後接著便是後果，諷刺的是有一種後果——終極後果——竟是願意放棄性愛。不再有憐憫的性，也不再只是勉強應付對方的慾望。如果你承認自己想和第三者做愛，就應該作好心理準備，伴侶可能說「好啊」，還要知道這個允諾可能意味著他（她）也有意這麼做。無論是否熟知嚴厲的性考驗，每對夫妻都可能在關係結束前及時提出他們最終要面對的根本問題。

即使性的考驗不像史納屈所說那麼嚴厲，也相去不遠——這是當我無法繼續躲在科學屏風背後所了解到的事實。在我人生的這個階段，我了解到不能把這本書背後的驅力說成只是對滿足感的哲學探索。無論我多麼努力想解釋享樂跑步機，想以機智克服可預期性，我仍將自己的婚姻視爲唯一有意義的測試場，藉以證明維續滿足感的可行性。如果我——應該說是妻子凱瑟琳和我——不能在我們兩人生活的文氏圖（Venn diagram）中創造出滿足感，那麼我就得宣布享樂跑步機獲勝。

我個人對滿足感的研究已經對我們的婚姻生活造成傷害。就像常見的情況一樣，養育孩子的工作落到凱瑟琳身上。我們的孩子已漸漸長成有自己個性的小大人。每個父母親都知道，學齡前兒童雖然多半可愛，但對於不習慣三四歲小孩思考方式的父母而言，卻也可能是一大挑戰。雖然凱瑟琳選擇暫時拋開事業專心養育孩子，偶爾還是會因爲這個決定讓她幾乎接收不到任何成人的刺激而感後悔。當我到處飛來飛去，回到家又總是埋頭工作之際，我犯了一個典型的錯誤：將妻子視爲理所當然。

也許我特別在意的是性，也的確很自私。結婚十五年，生了兩個孩子之後，我們的性生活已經成爲例行公事。我開始擔心在我探尋滿足的經驗時，可能會受到第三者的誘惑。而我不在的時候，凱瑟琳也可能被誘出軌。幸好我偶然間發現了史納屈的嚴厲的性考驗，他設計這項考驗正是爲了對付這樣的情節。史納屈使用「嚴厲考驗」的字眼並非誇大其詞。當我向凱瑟琳提起這個話題，她立刻認定我感到不滿足就意味著我們正走上離婚之路。

我們的轉變細節只與我們倆有關，但我們與其他無論有無小孩的長期關係伴侶並無太大不同，因此其中有一些普遍常見的情形值得與各位分享。我的嚴厲考驗，我們的嚴厲考驗，從一段對話開始。我們倆都讀了史納屈的書，也到了披露自己眞實慾望的時候。

我看著凱瑟琳，心裡竟有第一次約會時的悸動，這也許是近十年來的頭一次。在一起這麼久了，我以爲我了解她也了解她對我的影響。即便如此，我還是不知道她在想什麼。

等著她開口之際，我忽然對自己每次吞嚥口水變得格外敏感，而口水似乎怎麼也吞不夠。凱瑟琳的臉看起來很蒼白，有一抹紅暈從脖子處往上蔓延。焦慮、暈眩與不確定感讓我頭昏眼花，手指微微刺痛。但這份緊張充滿了情慾。對此焦慮的感覺我既討厭又珍惜，因爲我知道它代表有事情要發生了。她會當我是怪胎嗎？她是否以爲我打算拋棄我們的婚姻？那孩子呢？這股波濤洶湧的恐懼與不安全感，任何鼓起勇氣去赴約會的人都不陌生，但如今結了婚，我知道暴露出這些感覺的風險要大得多。如果我們其中一人說或做了什麼事疏遠另一人，都等於賭上了我們爲彼此付出的一切——正因爲這個代價，我們幾乎從未展開這些對話。

我想問凱瑟琳她在想什麼，但這麼做就會顯出我膽怯。問她在想什麼並無風險。不行，我必須面對我的囚犯難題率先採取行動，攤開我的恐懼隨她評斷。

「我覺得我們已經陷入一成不變的模式。」我說。

她有幾秒鐘都不看我，最後才說：「大概吧。但還能怎麼樣呢？」她指出明顯的事實：在結婚十五年、有了兩個孩子之後，我們的性生活已經萎靡。倒也不是頻率問題，而是毫無新鮮感。

「其實，」我繼續說：「有些事我沒有告訴你。」

「什麼事？」

「我想去做的事。」

這時她直視著我說：「什麼事？想和其他人做愛嗎？」

這是個很難回答的問題。她爲什麼要問？也許她在試探我。倘若否認我自己的慾望說出得體的答案，不但愚蠢也否定了史納屈一切努力的意義。既然嚴厲考驗就是揭示自我，我必須選擇誠實。「是的，」我說：「我有這個想法。」

因爲她預期著甜言蜜語的否認，我想我的答案聽起來夠眞實。

她思索著我的坦白，然後說：「我也是。」

她的答案讓人鬆了口氣，她彷彿打開了我們各自與各自的秘密慾望之間的大門。我興奮了起來。

「那麼你想怎麼辦？」我問道。

「不知道。」

「你想不想和另一個人上床？」

「誰啊？」她問道。

「不知道。五金行那傢伙如何？」

凱瑟琳覺得荒謬一笑置之。

我真不敢相信我們會這樣交談。感覺不像是婚姻即將瓦解。即使披露了自己的秘密慾望，緊張與焦慮仍然存在。我們夫妻倆坐在那裡談論性愛，就像兩個朋友在談論八卦，一個表白接著一個表白，一個小時過後，我的幻想差不多都攤在陽光下了。凱瑟琳沒有任何駁斥，她的想像甚至更勝於我。此時我眼中的她不是孩子的母親，而是我十五年前認識的那個性感女子。

當天晚上我們做愛了，亮著燈、睜著眼，一如史納屈的建議，我眼前所見令我驚訝不已。我看見深切滿足的凱瑟琳，也從她身上看到我的倒影。感覺和第一次很像，又緊張又不自然，但如今有一種熟悉感抹平了稜稜角角，讓我們的情感更投入。是多巴胺嗎？是皮質醇嗎？很可能兩者都有，這和我在超級馬拉松選手身上所看到那種超卓的混合感覺沒有兩樣。不管是什麼，都不是科學能在短時間內解構出來的。

愛是什麼？

接受了嚴厲的性考驗使我們有更深的、性愛以外的收穫。我們以自我表白與實驗兩者的循環來突顯自己的個性，爲我們擦出多年不見的熱情火花。我們經歷了表白自己眞實慾望時的焦慮，最終獲得對方認同，直接的結果便是讓我們得以縱情享受性愛。一切新奇都比不上兩個眞正地、深切地信任對方的人之間所產生的新奇感。當你獲得自由與信任，能自然地做新奇之事，性愛也會更有創意、更複雜。

接下來幾個星期間，我都想著那天晚上。接受嚴厲考驗後改變了我們的關係，不過當晚還發生一件完全不同屬性的事，那是一種近似心靈轉變的知覺改變，一種被當時情境的情慾本質烘托得更明顯的神秘氣氛。我從未打算去見上帝，但肉體的縱樂卻爲我開啓了一扇窗，通往許多人見到上帝的地方：另一個地方或事物，不同於這個世界。

幾個星期後，凱瑟琳也有了她自己的領悟。有天深夜，她轉頭對我說：「我覺得自己不一樣了。」

「怎麼說？」

「我也說不上來。就好像開發到以前從未有過的力量源頭。輕鬆放手，眞正的放手，讓我很驚喜。我不知道自己可以做到。就連白天裡一些小麻煩也不再讓我那麼困擾。」

我自己也幾乎不敢相信。若有人告訴我有一種超乎想像的性經驗，我會以爲他瘋了。

即使我的親身經歷也可能被斥爲異常，但如今我的同謀證實了我們享受到的不只是彼此間的色情妄想。我們協議在彼此錯綜複雜的關係中創造新奇，結果證明這份新奇遠比我至今所遭遇的一切更令人滿足，無遠弗屆。

後記

先體驗，後分享。

這是我前往漢普頓斯造訪的阿根廷廚師莫爾曼說的話，其中有一個重要的事實：經驗——以致於滿足感——是屬於個人的。即使與他人一起進行的活動，也是各有不同體驗，因此一天結束時留下的是我們自己的知覺與自己的記憶。兩人一起用餐，即使餐點內容相同，體驗卻不同。各自解相同字謎的五百人，即使最後答案相同，過程的體驗卻不同。

滿足的經驗也一樣。一開始，我說過體驗滿足的精髓在於腦。雖然還有些細節有待釐清，但新奇經驗是獲得滿足感最確定的途徑，因爲新奇能釋放多巴胺與腎上腺皮質醇。

但即使有此處方仍不夠。有先見之明的莫爾曼建議分享，這是他的大智慧，也是人類與其他所有動物相異之處：因爲我們有語言，經驗無須封存於內心。只要我們能表達出來，無論多麼粗糙，都能與他人分享。想想黑猩猩將畢生的經驗鎖在與人類幾乎相同的腦中，會是何等孤單！

我們生活中的每個經驗都是一個更大的故事的一部分；說故事不僅能將個人經驗的點滴傳給另一人，將一個個故事串聯起來，還能讓說故事的人把經驗記得更牢。你可以說分享讓事物成眞。即使我們每個人對滿足感的定義不同——例如美好的一餐——滿足的經驗卻最好能與他人彼此共同分享。除此之外，我學到最重要的一點，也希望與各位分享的是：滿足是一種人人皆可企及的情緒。

本書中我一再提到快樂的善變本質，也費盡心思區分滿足與快樂。的確，快樂的感覺很好，但短暫快樂之後恢復了常態，相較之下常常令人感到空虛——嘶喊著希望有更多更多快樂來塡滿的空虛。這個過程最後的結果當然就是布里克曼所謂的享樂跑步機。缺乏快樂的生活確實會很悲慘，但爲了快樂而追求快樂卻多半適得其反，痛苦收場，而且無法滿足我們的腦。

尋求滿足感與追求快樂不同。爲活動賦予意義是人類特有的需求，而滿足感恰巧掌握到了這項需求。當你感到滿足，便是找到了意義，這比快樂或甚至幸福都更持久，這點我想大家都會同意。

滿足與快樂或幸福最大的不同在於它涵蓋了行動層面。快樂可能在偶然間獲得——例如中樂透、擁有樂觀個性的基因，或有幸未生而貧窮——滿足卻只有在有意識地決定做某事之後才可能產生。這其中差別可大了，因爲只有你自己的行爲才能讓你負起責任、獲得榮耀。

我在本書中描述獲得滿足的方法須倚賴新奇。當你做一件從未做過的事，新奇感會釋放多巴胺，進而刺激腦的行動系統。也許你不一定會注意到這個過程，但你一定知道繼之而來的滿足的感覺。希望各位對這個過程背後的生物學，以及一般人利用此過程的各種方式已稍有概念。但無論你如何獲得滿足，你的腦都會在過程中起變化，你生活的世界與你看待世界的方式也會隨之改變。當塞康多以新式的反覆樂句敲出切分節奏的和聲，我看到腦起了變化；在解開充滿雙關語的字謎過程中，我看到腦起了變化；最後，在超級馬拉松選手穿越內華達山脈百哩所需的鬥志與決心中，我看到他們的腦（與身體其他部位）起了變化。當我和莫爾曼一同烹飪，當我尋訪隱身者，當我再度找回親密感時，我覺得自己的腦也起了變化。

註釋

1 腦內的奴隸

①Saleem M. Nicola, D. James Surmeier, and Robert C. Malenka, "Dopaminergic Modulation of Neuronal Excitablity in the Striatum and Nucleus Accumbens," *Annual Review of Neuroscience* 23 (2000): 185-215.

②Wolfram Schultz, Paul Apicella, Eugenio Scarnati, and Tomas Ljungberg, "Neuronal Activity in Monkey Ventral Striatum Related to the Expectation of Reward," *Journal of Neuroscience* 12 (1992): 4595-610.

③倫理委員會——又稱人體試驗委員會（IRB）——由教授與社區代表組成，負責審查大學內所有的人類研究。IRB會評估每個實驗的潛在風險與可能獲益，但聯邦政府的指引愈來愈複雜，在監督愈來愈嚴格的情況下，研究人員與委員會成員均深感苦惱。性愛研究尤其困難重重，因爲有許多以了解人類性愛反應爲標的的研究計畫，經費已遭國會取消。

④Gregory S. Berns, Samuel M. McClure, Giuseppe Pagnoni. and P. Read Montague, "Predictability Modulates Human Brain Response to Reward," *Journal of Neuroscience* 12 (2001): 2793-98.

⑤Kent C. Berridge and Terry E. Robinson, "What Is the Role of Dopamine in Reward: Hedonic Impact, Reward Learning, or Incentive Salience.?" *Brain Research Review* 28 (1998): 309-69.

⑥Henry D. Thoreau, *Walden* (Princeton: Princeton UnivereityPress, 1854/1973), Epicurus, *The Essential Epicurus*, trans. Eugene O'Connor (Amherst: Prometheus Books, 1993).

⑦Claude E. Shannon and Warren Weaver, *The Mathematical Theory of Communication*

(Urbana: University of Illinois Press, 1949/1963). 單一事件 x 的資訊內容 I 可由方程式 $I = -log_2 P[x]$ 獲得，其中 $P[x]$ 是 x 的發生機率。以一次式而言，I 值可由 $1/P[x]$ 逼近獲得。

⑧C. Robert Cloninger, "Neurogenetic Adaptive Mechanisms in Alcoholism," *Science* 236 (1987): 410-16; Jonathan Benjamin, Lin Li, Chavis Patterson, Benjamin D. Greenberg, Dennis L. Murphy, and Dean H. Hamer, "Population and Familial Association Between the D4 Dopamine Receptor Gene and Measures of Novelty Seeking," *Nature Genetics* 12 (1996): 81-84; Richard P. Ebstein, Olga Novick, Roberto Umansky, Beatrice Priel, Yamima Osher, Darren Biaine, Estelle R. Bennett, Lubov Nemanov, Miri Katz, and Robert H. Belmaker, "Dopamine D4 Receptor (D4DR) Exon III Polymorphism Associated with the Human Personality Trait of Novelty Seeking," *Nature Genetics* 12 (1996): 78-80.

2 爲金錢故

①Colin F. Camerer, George F. Loewenstein, and Drazen Prelec, "Neuroeconomics: How

Neuroscience Can Inform Economics," *Journal of Economic Literature* 43 (2005); Paul W. Glimcher, *Decision, Uncertainty and the Brain: The Science of Neuroeconomics* (Cambridge; MIT Press, 2003); Paul W. Glimcher and Aldo Rustichini, "Neuroeconomics: The Consilience of Brain and Decision," *Science* 306 (2004): 447-52.

②Philip Brickman, Dan Coates, and Ronnie Janoff-Bulman, "Lottery Winners and Accident Victims: Is Happiness Relative?" *Journal of Personality and Social Psychology* 36 (1978): 917-27.

③Philip Brickman and Donald T. Campbell, "Hedonic Relativism and Planning the Good Society," in *Adaptation Level Theory: A Symposium*, ed. M. H. Appley (New York: Academic Press, 1971).

④Jonathan Gardner and Andrew Oswald, "Does Money Buy Happiness?: A Longitudinal Study Using Data on Windfalls," in *Warwick University, working paper* (Coventry: 2001).

⑤David G. Blanchflower and Andrew J. Oswald. "Money, Sex, and Happiness: An Empirical Study," in *NBER Working Paper Series* (Cambridge, Mass.: 2004).

⑥Ed Diener and Robert Biswars-Diener, "Will Money Increase Subjective Well-Being?" *Social Indicators Research* 57 (2002): 119-69.

⑦卡莉妲不是她的眞名。爲了保護她在古巴的身份，我爲她取了化名。

⑧Sonja Lyubomirsky and Heidi S. Lepper, "A Measure of Subjective Happiness: Preliminary Reliability and Construct: Validation" *Social Indicators Research* 46 (1999): 137-55.

⑨Ed Diener, Robert A. Emmons, Randy J. Larsen, and Sharon Griffin "The Satisfaction with Life Scale," *Journal of Personality Assessments* 49 (1985): 71-75.

⑩因爲這類評估會受當下心情影響，我認爲加入了認知評估元素的ＳＷＬＳ，用來衡量滿足感的可信度比衡量快樂略高一些。關於評估快樂與滿足的各種不同方法的簡易說明，見 Martin E. P. Seligman, *Authentic Happiness: Using the New Positive Psychology to Realize Your Potential far Lasting Fulfillment* (New York: Free Press, 2002).

⑪排名前五名的國家爲冰島、瑞典、澳洲、丹麥與加拿大。倒數五名爲東德、蘇聯、中國、喀麥隆與多明尼加。其他奇特處：比利時排名十九，法國卻是三十一，其後爲西

班牙、葡萄牙與義大利。所謂歐洲理想國也不過如此。見 Ed Diener. Marissa Diener, and Carol Diener, "Factors Predicting the Subjective Well-Being of Nations," *Journal of Personality and Social Psychology* 69 (1995): 851-64.

⑫收入與幸福感的相關係數（r^2）可爲 0.12 至 0.24 之間的值，因此變異數(r)的值爲一至五個百分比之間的數值。見 Diener and Biswars-Diener, "Will Money Increase Subjective Well-Being?" Table I.

⑬炫耀性消費的概念最初由韋伯倫（Thorstein Veblen）提出，至於較現代的詮釋，見 Michael Marmot, *The Status Syndrome: How Social Standing Affects Our Health and Longevity* (New York: Times Books, 2004).

⑭Jeremy Bentham, *The Principles of Morals and Legislation* (Amherst: Prometheus Books, 1780/1988).

⑮中獎機率 p 爲一億分之一（即 10^{-8}），而彩金的價值 V 爲一億美元。期望值 $E[V]=p^{*}V$，即一美元。

⑯Daniel Bernoulli, "Exposition of a New Theory on the Measurement of Risk,"

Econometrica 22, (1738/1954):23-36. Glimcher, *Decisions, Uncertainty, and the Brain: The Science of Neuroeconomics.*對白努利的概念有十分清晰易懂的摘要。

⑰John von Neumann and Oskar Morgenstern, *The Theory of Games and Economic Behavior*, 2nd ed. (Princeton: Princeton University Press, 1947).

⑱直到沙維奇（Leonard Savage）根據主觀機率提出統計理論後，區分客觀與主觀風險的重要性才充分受到重視。見 *The Foundations of Statistics* (New York: Dover Publications, 1954/1972).

⑲並不是每個人都同意這點，見 Barry Schwartz, *The Paradox of Choice: Why More Is Less* (New York: HarperCollins, 2004).

⑳英國傳染病學家馬莫特（Michael Marmot）收集了數量驚人的數據資料，證明自主性的提升延長了平均預期壽命。見 The Status Syndrome: How Social Standing Affects Our Health and Longevity.

㉑事實上白努利說的是金錢的邊際效益會遞減。「邊際」亦即「衍生」之同義詞。簡單地說，一百美元與一百一十美元間的效益差異比十美元與二十美元間的效益差異來得

小，雖然兩者之間都相差十美元。

㉒Daniel Kahneman and Amos Tversky, “Prospect Theory: An Analysis of Decision Under Risk,” *Econometrics* 47 (1979): 263-91.展望理論後來成爲經濟理論的砥柱，卡恩曼也因爲這項研究，於二〇〇二年獲得諾貝爾獎（特佛斯基已於一九九六年辭世）。然而，專家們仍不明白人爲何有類似行爲。

㉓Daniel Read and George Loewenstein, “Diversification Bias: Explaining the Discrepancy in Variety Seeking Between Combined and Separated Choices,” *Journal of Experimental Psychology: Applied* 1 (1995): 34-49.

㉔Thomas Gilovich and Victoria Husted Medvec, “The Experience of Regret: What, When, and Why,” *Psychological Review* 102 (1995): 379-95; Daniel Kahneman and Dale T. Miller, “Norm Theory; Comparing Reality to Its Alternatives,” *Psychological Review* 93 (1985): 136-53.

㉕Brian Knutson, Grace W Fong, Shannon M. Bennett, Charles M. Adams, and Daniel Hommer, “A Region of Mesial Prefrontal Cortex Tracks Monetarily Rewarding Outcomes:

Characterization with Rapid Event-Related fMRI," *NeuroImage* 18 (2003): 263-72, Brian Knutson, Charles M. Adams, Grace W. Fong, and Daniel Hommer, "Anticipation of Increasing Monetary Reward Selectively Recruits Nucleus Accumbens," *Journal of Neuroscience* 21 (2001): 1-5.

㉖Peter Redgrave, Tony A. Prescott, and Kevin Gurney. "Is the Short-Latency Dopamine Response too Short to Signal Reward Error?" *Trends in Neuro-science* 22 (1999): 146-51, J. C. Horvitz, "Mesolimbocortical and Nigrostriatal Dopamine Responses to Salient Non-Reward Events," *Neuroscience* 96 (2000); 651-56.

㉗Caroline F. Zink, Giuseppe Pagnoni, Megan E. Martin-Skurski, Jonathan C. Chappelow, and Gregory S. Berns, "Human Striatal Responses to Monetary Reward Depend on Saliency," *Neuron* 42 (2004): 509-17.

㉘Max Weber, *The Protestant Ethic and the "Spirit" of Capitalism and Other Writings*, trans. Peter Baehr and Gordon C. Wells (New York: Penguin Books, 1905/2002).

㉙有幾位經濟學家將工作視爲正面。見 Tibor Scitovsky, *The Joyless Economy: The*

Psychology of Human Satisfaction, 3rd ed. (New York: Oxford University Press, 1992); Robert E. Lane, "Work as 'Disutility' and Money as 'Happiness': Cultural Origins of a Basic Market Error," *Journal of Socio-Economics* 21 (1992): 43-64.

㉚ Brooks Carder and Kenneth Berkowitz, "Rats' Preference for Earned in Comparison with Free Food," *Science* 167 (1970): 1273-74.

㉛ 「美景俱樂部」美麗的故事與音樂，都留存在溫德斯（Wim Wenders）一九九九年拍攝的電影《樂士浮生錄》中。

3 啊哈——費解的滿足

① 《紐約時報》每日的填字遊戲難度漸增，由週一最簡單，到週六最困難。週日的遊戲格數雖然比平時來得多，但一般認爲難度比週六略爲簡單。

② 答案很可能是雨雲。見 Tony Augarde, *The Oxford Guide to Word Games*, 2nd ed. (Oxford: Oxford University Press, 2003).

③ 答案是人。

④Lowell Edmunds, *The Sphinx in the Oedipus Legend*, vol. 127, *Beiträge zur klassischen Philologie* (Meisenheim: Verlag Anton Hain, 1981).

⑤Henry Ernest Dudeney, "Mrs. Timpkins's Age," *The Strand Magazine* (1911)，答案是十八歲。

⑥Will Shortz, "Early American Word Puzzles, Part I." *World Ways: The Journal of Recreational Linguistics* 7 (1974): 131-38.

⑦Coral Amende, *The Crossword Obsession: The History and Lore of the World's Most Popular Pastime* (New York: Berkley Books, 2001).

⑧我要感謝魯文斯坦對好奇心的歷史與心理學提出精采概論。"The Psychology of Curiosity: A Review and Reinterpretation" *Psychological Bulletin* 116 (1994): 75-98.

⑨Saint Augustine, *The Confessions of St. Augustine*, trans. Edward B. Pusey (New York: P. F. Collier & Son, 1909), Book 10.

⑩Bentham, *The Principles of Morals and Legislation*, p. 34.

⑪Michael Kubovy, "On the Pleasures of the Mind," in *Well-Being: The Foundations of*

Hedonic Psychology, ed. Daniel Kahneman, Ed Diener, and Norbert Schwarz (New York: Russell Sage Foundation, 1999).柏林收集了可觀的數據來證明其論點。他讓人看各種複雜程度不同的影像，再讓他們評估愉快感・，他也讓受試者聽複雜程度不同的音樂片段。

⑫Mihaly Csikszentmihaiy, *Flow: The Psychology of Optimal Experience* (New York: Harper Perennial, 1990).

⑬Loewenstein, "The Psychology of Curiosity: A Review and Reinterpretation."

⑭Robert W. Weisberg, "Prolegomena to Theories of Insight in Problem Solving: A Taxonomy of Problems," in *The Nature of Insight*, ed. Robert J. Sternberg and Janet E. Davidson (Cambridge: MIT Press, 1995).

⑮Wolfgang Köhler, *The Task of Gestalt Psychology* (Princeton: Princeton University Press, 1969).關於問題解決的心理學評論，見 Janet E. Davidson. "Insights About Insightful Problem-Solving," in *The Psychology of Problem-Solving*, ed. Janet E. Davidson and Robert J. Sternberg (Cambridge: Cambridge University Press, 2003).

⑯柯勒最喜愛一隻名叫拉那（西班牙語的「青蛙」）的猩猩，因爲牠動作笨拙，很像青蛙，因而得名。見 *The Task of Gestalt Psychology; Wolfgang Köhler, The Mentality of Apes* (New York: Harcourt Brace, 1925).

⑰Weisberg, "Prolegomena to Theories of Insight in Problem Solving: A Taxonomy of Problems."

⑱Henry Ernest Dudeney, *536 Puzzles & Curious Problems*, ed. Martin Gardner (New York: Charles Scribner's Sons, 1967), puzzle 533.寫這個謎題的人並非杜登尼，而據說是二十世紀初設計智力測驗的巴拉爾（Philip Boswood Ballard）。

⑲Graham Wallas, *The Art of Thought* (New York; Harcourt Brace, 1926). Wallas didn't call it by this name, see Colleen M. Seifert, David E. Meyer, Natalie Davidson, Andrea L. Patalano, and Ilan Yaniv, "Demystification of Cognitive Insight: Opportunistic Assimilation and the Prepared-Mind Perspective," in *The Nature of Insight*, ed. Robert J. Sternberg and Janet E. Davidson (Cambridge: MIT Press, 1995).

⑳答案是六分儀。

㉑Seifert, Meyer, Davidson, Patalano, and Yaniv, "Demystification of Cognitive Insight: Opportunistic Assimilation and the Prepared-Mind Perspective."

㉒J. Allan Hobson and Edward F. Pace-Schott, "The Cognitive Neuroscience of Sleep: Neuronal Systems, Consciousness and Learning," *Nature Reviews Neuroscience* 3 (2002): 679-93.

㉓Magdalena J. Fosse, Roar Fosse, J. Allan Hobson, and Robert Stickgold, "Dreaming and Episodic Memory: A Functional Dissociation?" *Journal of Cognitive Neuroscience* 15 (2003): 1-9.

㉔Avi Karni, David Tanne, Barton S. Rubenstein, Jean J. M. Askenasy, and Dov Sagi, "Dependence on REM Sleep of Overnight Improvement of a Perceptual Skill," *Science* 265 (1994): 679-82.

㉕Steffen Gais, Werner Plihal, Ullrich Wagner, and Jan Born, "Early Sleep Triggers Memory for Early Visual Discrimination Skills," *Nature Neuroscience* 3 (2000): 1335-39; R. Stickgold, J. A. Hobson, R. Fosse, and M. Fosse, "Sleep, Learning, and Dreams; Off-Line

Memory Reprocessing," *Science* 294 (2001): 1052-57.

㉖Matthew A. Wilson and Bruce L. McNaughton, "Reactivation of Hippocampal Ensemble Memories During Sleep," *Science* 265 (1994): 676-79.

㉗Jerome M. Siegel. "The REM Sleep-Memory Consolidation Hypothesis," *Science* 294 (2001): 1058-63.

㉘Matthew P. Walker, Conor Liston, J. Allan Hobson, and Robert Stickgold, "Cognitive Flexibility Across the Sleep-Wake Cycle: REM-Sleep Enhancement of Anagram Problem Solving," *Cognitive Brain Research* 14 (2002):317-24.

㉙Frank Schneider, Raquel E. Gur, Abass Alavi, Martin E. P. Seligman, Lyn H. Mozley, Robin J. Smith, P. D. Mozley. and Ruben C. Gur, "Cerebral Blood Flow Changes in Limbic Regions Induced by Unsolvable Anagram Tasks," *American Journal of Psychiatry* 153 (1996): 206-12.

㉚Jing Luo and Kazuhisa Niki, "Function of Hippocampus in 'Insight' of Problem Solving," *Hippocampus* 13 (2003): 316-23.

㉛另一個針對十八名志願者所作的 fMRI 研究也發現到與頓悟相關的海馬體活化現象。見 Mark Jung-Beeman, Edward M. Bowden, Jason Haberman, Jennifer L. Frymiare, Stella Arambel-Liu, Richard Greenblatt, Paul J. Reber, and John Kounios, "Neural Activity When People Solve Verbal Problems with Insight," *PLoS Biology* 2 (2004): E97.

㉜Thomas Hobbes, Leviathan, World Classics ed. (Oxford: Oxford University Press, 1651/1998); Sigmund Freud, *The Joke and Its Relation to the Unconscious*, trans. Joyce Crick (New York: Penguin Books, 1905/2003), Henri Bergson, *Laughter: An Essay in the Meaning of the Comic*, trans. Cloudesley Brereton and Fred Rothwell (Los Angeles: Green Integer, 1900/1999).

㉝V. Goel and R. J. Dolan, "The Functional Anatomy of Human Segregating Cognitive and Affective Components," *Nature Neuroscience* 4 (2001): 237-38.

㉞Dean Mobbs, Michael D. Greicius, Eiman Abdel-Azim, Vrnod Menon, and Allan L. Reiss, "Humor Modulates the Mesolimbic Reward Centers," *Neuron* 40 (2003): 1041-48; Gregory S. Berns, "Something Funny Happened to Reward, *Trends in Cognitive Sciences* 8 (2004):

193-94.

4 壽司問題

①Gray Kunz and Peter Kaminsky, *The Elements of Taste* (Boston: Little, Brown, 2001).

②Bernd Lindemann, "Receptors and Transduction in Taste," *Nature* 413 (2001): 219-25; Peter Mombaerts, "Genes and Ligands for Odorant, Vomeronasal and Taste Receptors," *Nature Reviews Neuroscience* 5 (2004): 2 63-78.

③Mombaerts, "Genes and Ligands for Odorant, Vomeronasal and Taste Receptors."

④Peter Kaminsky, *The Fly Fisherman's Guide to the Meaning of Life: What a Lifetime on the Water Has Taught Me About Love, Work, Food, Sex, and Getting Up Early* (New York: Rodale Press, 2002).

⑤Richard J. Herrnstein, "Relative and Absolute Strength of Response as a Function of Frequency of Reinforcement," *Journal of the Experimental Analysis of Behavior* 4 (1961): 267-72; Peter A. de Villiers and Richard J. Herrnstein, "Toward a Law of Response

Strength" *Psychological Bulletin* 83 (1976): 1131-53.

⑥藍花的平均花蜜量自然是二微毫升（2μl）。黃花的平均花蜜量等於碰上有花蜜的花的機率（⅓）乘以這些花所含花蜜量（6μl），也等於二微毫升。

⑦Leslie A. Real, "Animal Choice Behavior and the Evolution of Cognitive Architecture," *Science* 253 (1991): 980-86.

⑧關於該電腦遊戲的描述以及遊戲與造影數據的相關性，見P. Read Montague and Gregory S. Berns, Neural Economics and the Biological Substrates of Valuation," *Neuron* 36 (2002): 265-84.

⑨蒙塔格所提供的未公佈的資料。

⑩Harold McGee, *On Food and Cooking: The Science and Lore of the Kitchen* (New York: Scribner, 1984), p. 406.

⑪Emiliano Macaluso, Chris D. Frith, and Jon Driver, "Modulation of Human Visual Cortex by Crossmodal Spatial Attention," *Science* 289 (2000): 1206-08.

⑫Andro Zangaladze, Charles M. Epstein, Scott T Grafton, and K. Sathian, "Involvement of

Visual Cortex in Tactile Discrimination of Orientation," *Nature* 401 (1999): 587-90.

⑬S. Baron-Cohen, L. Burt, F. Smith-Laittan, J. Harrison, and P. Bolton, "Synaesthesia: Prevalence and Familiality," *Perception* 25 (1996): 1073-79.

⑭Richard E. Cytowic, *Synesthesia: A Union of the Senses* (New York; Springer-Verlag, 1989); Richard E. Cytowic, *The Man Who Tasted Shapes: A Bizarre Medical Mystery Offers Revolutionary Insights into Emotions, Reasoning, and Consciousness* (New York: G. P. Putnam's Sons, 1993).

⑮V. S. Ramachandran and E. M. Hubbard, "Psychophysical Investigations into the Neural Basis of Synaesthesia," *Proceeding of the Royal Society*, London, Series B 268 (2001): 979-83.

⑯Anina N. Rich and Jason B. Mattingly, "Anomalous Perception in Synaesthesia: A Cognitive Neuroscience Perspective," *Nature Reviews Neuroscience* 3 (2002): 43-52.

⑰E. Paulesu, J. Harrison, S. Baron-Cohen, J. D. Watson, L, Goldstein, J. Heather, R. S. Frackowiak, and C. D. Frith, "The Physiology of Coloured Hearing: A Pet Activation

Study of Colour-Word Synaesthesia," *Brain* 118 (1995): 661-76; J. A. Nunn, L. J. Gregory, M. Brammer, S.C.R. Williams, D. M. Parslow, M. J. Morgan, R. G. Morris, E. T. Bullmore, S. Baron-Cohen, and J. A. Gray, "Functional Magnetic Resonance Imaging of Synesthesia: Activation Of V4/V8 by Spoken Words," *Nature Neuroscience* 5 (2002): 371-75.

⑱Peter G. Grossenbacher and Christopher T. Lovelace, "Mechanisms of Synesthesia: Cognitive and Physiological Constraints," *Trends in Cognitive Sciences* 5 (2001): 36-41.

⑲Jorge Louis Borges, "El enemigo generoso," in *Selected Poems* (New York: Viking, 1999).

⑳Robert Desnos, "J'ai tant rêvé de toi," in *Domaine Public* (Paris; Librairie Gallimard, 1953).

㉑Robert Graves, "In Broken Images," in *Poems* 1929 (London; Seizin Press, 1929).

㉒J. A. Brillant-Savarin, *The Physiology of Taste, or Meditations on Transcendental Gastronomy* (New York; Dover Publications, 1825/1960).

㉓Julia A. Chester and Christopher L. Cunningham, "GABAA Receptor Modulation of the

Rewarding and Aversive Effects of Alcohol," *Alcohol* 26 (2002): 131-43.老鼠通常不喜歡酒精，但若選擇性地培育不討厭酒的老鼠，經過幾代便可能顯現出「酗酒」特徵，最後的老鼠子孫的確會偏好酒精勝過水。

㉔當然，這其中有些可能是習慣之故。鹹的食物經常被拿來下酒。見 S. J. Caton, M. Ball, A. Ahern, and M. M. Hetherington, "Dose-Dependent Effects of Alcohol on Appetite and Food Intake," *Physiology & Behavior* 81 (2004): 51-58.

㉕Dana M. Small, Robert J. Zatorre, Alain Dagher, Alan C. Evans and Marilyn Jones-Gotman, "Changes in Brain Activity Related to Eating Chocolate; From Pleasure to Aversion," *Brain* 124 (2001): 1720-33.

㉖Louis Petit de Bachaumont, "Secret Memoirs for the History of the Republic," quoted in Sophie D. Coe and Michael D. Coe, *The True History of Chocolate* (London: Thames & Hudson, 1996).

㉗Peter J. Havel, "Peripheral Signals Conveying Metabolic Information to the Brain: Short-Term and Long-Term Regulation of Food Intake and Energy Homeostasis," *Exper-*

imental Biology and Medicine 226 (2001): 963-77.

㉘Paolo Prolo, Ma-Li Wong, and Julio Licinio, "Leptin," *International Journal of Biochemistry & Cell Biology* 30 (1998): 1285-90.

㉙Julio Licinio, Andre B. Negrao, Christos Mantzoros, Virginia Kaklamani, Ma-Li Wong, Peter B. Bongiorno, Abeda Mulla, et al., "Synchronicity of Frequently Sampled, 24-H Concentrations of Circulating Leptin, Luteinizing Hormone, and Estradiol in Healthy Women," *Proceedings of the National Academy of Sciences, USA* 95 (1998): 2541-46.

5 電刺激遊樂場

①Alan W. Scheflin and Edward M. Opton, Jr., *The Mind Manipulators* (New York: Paddington Press, 1978).

②Ibid.

③金斯堡(Allen Ginsberg)的長詩〈呼號〉(Howl)或許是對格雷史東最生動的描述……在皮爾格林(Pilgrim)、羅克蘭(Rockland)和格雷史東裡發臭的走廊，與靈魂的回音

譁然爭吵，在午夜的愛的孤獨長凳與石桌墳區內搖滾，生命的夢惡夢一場，軀體化爲石頭沉重如月……。

④Robert G. Heath, *Exploring the Mind-Brain Relationship* (Baton Rouge: Moran Printing, 1996).

⑤Arnold J. Mandell, "Psychosurgery-I954" (unpublished ms. 1972).

⑥希斯對腦隔區的確切定義是：「此區的尾緣由前連合形成：前側爲側腦室前角的尖端，往內延伸到分隔腦半球的中線空間。後側則爲透明中隔和側腦室底部，往下延伸到腦底部，往旁延伸到離中線約五毫米處。此區包含以下構造：依核、尾核頂端的腹中側面、梅納德氏基底核、固有中隔核、布洛卡區斜紋帶核、胼體下回、胼體嘴、嗅覺球、胼體下束與多條嗅覺傳導路徑。」見 *Exploring the Mind-Brain Relationship*。

⑦操作制約學習理論的重點在於認知到學習的三大要素：區辨刺激、反應以及強化物或懲罰物。

⑧J. Olds and P. Milner, "Positive Reinforcement Produced by Electrical Stimulation of Septal Area and Other Regions of Rat Brain," *Journal of' Comparative Physiology and*

Psychology 47 (1954)1419-2 7.

⑨在兩個腦半球之間的腦中線處，有一個薄薄的構造分隔了腦室，名爲中隔。與多種荷爾蒙的產生關係密切的下視丘，便位於中隔正下方。歐茲等人刺激的正是這些區域。

⑩Heath, *Exploring the Mind-Brain Relationship*.

⑪Ibid.

⑫Robert G. Heath, "Pleasure and Brain Activity in Man: Deep and Surface Electroencephalograms During Orgasm," *Journal of Nervous and Mental Disease* 154 (1972): 3-18.

⑬在希斯發表的文章與他的文獻資料中，將B—19病患診斷爲精神分裂症患者，但在一九七〇年代以前，這個標籤幾乎意味著所有可能。直到該年代後，精神病學家才有系統地整理出主要精神疾患的症狀學。

⑭由這次事件引發的公開評論使得希斯的事業首度受到影響。他在一九九五年去世前，整理出他收集的所有資料，但特別指示其中兩名病患的案例——包括他在一九五二年公開展示的那一例——不該讓非科學家觀看。事實上，偶爾還是有非科學家會看到這些影片。類似的說明，見 Judith Hooper and Dick Teresi, *The Three-Pound Universe*

(New York: Macmillan. 1986).

⑮Scheflin and Opton, *The Mind Manipulators*.

⑯電痙攣療法（ECT）最初的形式是不使用麻醉藥，也稱爲「未修飾」。電影《飛越杜鵑窩》中著名的一幕，便是未修飾電痙攣療法的生動寫照。目前的醫療會使用麻醉藥，讓病患失去知覺後才引發痙攣。胰島素低血糖休克療法是ＥＣＴ的前身。注射胰島素會讓病患的血糖急速下降，導致痙攣。引發痙攣仍屬經驗論，但治療嚴重的憂鬱症，ＥＣＴ仍是最有效的方法。至於它爲何有效，依舊倍受爭議。

6 好痛快

①Ronald Melzack and Patrick D. Wall, "Pain Mechanisms: A New Theory," *Science* 150 (1965): 921-79 ;James C. Craig and Gary B. Rollman, "Somesthesis," *Annual Review of Psychology* 50 (1999): 305-31.

②Harold Merskey and Nikolai Bodguk, *Classification of Chronic Pain: Descriptions of Chronic Pain Syndromes and Definitions of Pain Terms*, 2nd ed. (Seattle: IASP Press,

1994).

③L. R. Watkins and S. F. Maier, "The Pain of Being Sick: Implications of Immune-to-Brain Communication for Understanding Pain," *Annual Review of Psychohgy* 51 (2000): 29-57.

④Robert M. Sapolsky, "Why Stress Is Bad for Your Brain," *Science* 273 (1996): 749-50.

⑤Francine du Plessix Gray, *At Home with the Marquis de Sade: A Life* (New York: Penguin Books, 1998).

⑥Ibid., p. 64.九尾鞭末端有許多繸子，一般多為九束，而每一束約有一兩呎長。繸子通常以皮革或繩索製成，但在薩德的描述中，任何材質都適用。

⑦Leopold von Sacher-Masoch. *Venus in Furs*, trans. Fernanda Savage (1870/1921; reprint. Project Gutenberg).

⑧現代ＳＭ界的辭彙十分混亂。例如ＳＭ的子類型包括：支配與臣服（簡稱ＤＳ），偶爾稱為主人／奴隸；還有綁縛與調教（簡稱ＢＤ）。縮寫ＢＤＳＭ指的便包含這兩種形式。我們還聽過上與下，有時與支配臣服是同義詞。據說上者有時要打受虐者，而真正的控制權卻是在受虐者手上。更深入的解釋，見 Philip Miller and Molly Devon, *Screw the Roses, Send Me the Thorns: The Romance and Sexual Sorcery of Sadomasochism* (Fairfield. Conn.: Mystic Rose Books. 1995).

⑨Von Sacher-Masoch, *Venus in Furs*.

⑩Leopold von Sacher-Masoch. *Venus in Furs*, trans. Aude Willm (New York: Zone Books, 1870/1989).

⑪Dossie Easton and Janet W. Hardy, *The New Topping Book* (Emeryville, Calif.: Greenery Press, 2003); Dossie Easton and Janet W. Hardy, *The New Bottoming Book* (Emeryville, Calif.: Greenery Press, 2001).更生動的描述，見 Pauline Réage, *Story of O*, trans. Sabine d'Estrée (New York: Ballantine Books 1954/1965).

⑫Richard von Krafft-Ebing, *Psychopathia Sexualis: A Medico-Forensic Study*, trans. Harry E. Wedeck, first unexpurgated ed. in English (New York: G. P. Puttnam's Sons, 1886/165).

⑬Ibid., p. 127.

⑭Sigmund Freud, *Beyond the Pleasure Principle*, trans. James Strachey, standard ed. (New York: W. W. Norton, 1961).

⑮Antonio R. Damasio, *Descartes' Error: Emotion, Reason, and the Human Brain* (New York: Putnam, 1994).

⑯David Julius and Allan I. Basbaum, "Molecular Mechanisms of Nociception," *Nature* 413 (2001): 203-10.

⑰Henry Head and Gordon Holmes, "Sensory Disturbances from Cerebral Lesions," *Brain* 34 (1911): 102-254; Rolf-Detlef Treede. Daniel R. Kenshalo, Richard H. Gracely, and Anthony K. P. Jones, "The Cortical Representation of Pain," *Pain* 79 (1999): 105-11.

⑱M. C. Bushnell, G. H. Duncan, R. K. Hofbauer, B. Ha. J. I. Chen, and B. Carrier, "Pain Perception: Is There a Role for Primary Somatosensory Cortex?" *Proceedings of the National Academy of Sciences, USA* 96 (1999): 7705-09.

⑲Donald D. Price, "Psychological and Neural Mechanisms of the Affective Dimension of Pain," *Science* 288 (2000): 1769-72.

⑳Ronald Melzack and Joel Karz, "Pain Measurement in Persons in Pain," in *Textbook of Pain*, ed. Patrick D. Wall and Ronald Melzack (London: Churchill Livingstone, 1994).

㉑Price, "Psychological and Neural Mechanisms of the Affective Dimension of Pain"; Howard L. Fields, "Pain: An Unpleasant Topic," *Pain* Supplement 6 (1999): S61-S69; Richard H. Gracely, "Studies of Pain in Normal Man," in *Textbook of Pain*, ed. Patrick D. Wall and Ronald Melzack (London; Churchill Livingstone, 1994).

㉒實際控制、知覺控制與自我效能（對自己能力的信心）之間心理層面的細微差異，可能協調疼痛反應的不同面向——如疼痛閾值與疼痛耐受度。見 Mark D. Litt, "Self-Efficacy and Perceived Control: Cognitive Mediators of Pain Tolerance," *Journal of Personality and Social Psychology* 54 (1988): 149-60, Sharon L. Baker and Irving Kirsch, "Cognitive Mediators of Pain Perception and Tolerance," *Journal of Personality and Social Psychology* 61 (1991): 504-10, Albert Bandura, Delia Cioffi, C. Ban Taylor, and Mary E. Brouillard, "Perceived Self-Efficacy in Coping with Cognitive Stressors and Opioid Activation," *Journal of Personality and Social Psychology* 55 (1988): 479-88.

㉓Madelon A. Visintainer, Joseph R. Volpicelli, and Martin E. P. Seligman, "Tumor Rejection in Rats After Inescapable or Escapable Shock," *Science* 216 (1982): 437-39.

㉔Sondra T. Bland, Carin Twining, Linda R, Watkins, and Steven F. Maier, "Stressor Controllability Modulates Stress-Induced Serotonin but Not Dopamine Efflux in the Nucleus Accumbens Shell," *Synapse* 49 (2003): 206-08; Simona Cabib and Stefano Puglisi-Allegra. "Opposite Responses of Mesolimbic Dopamine System to Controllable and Uncontrollable Aversive Experiences" *Journal of Neuroscience* 14 (1994): 3333-40.

㉕Robert W. Gear, K. O. Aley, and Jon D. Levine, "Pain-Induced Analgesia Mediated by Mesolimbic Reward Circuits," *Journal of Neuroscience* 19 (1999): 7175-81; Nadege Altier and Jane Stewart, "The Role of Dopamine in the Nucleus Accumbens m Analgesia," *Life Sciences* 65 (1900): 2269-87.

㉖N. Hagelberg, I. K. Martikainen, H. Mansikka, S, Hinkka, K, Nagren, J. Hietala, H. Scheinin, and A. Pertovaara, "Dopamine D_2 Receptor Binding in the Human Brain Is Associated with the Response to Painful Stimulation and Pain Modulatory Capacity," *Pain* 99 (2002): 273-79.

㉗Lino Becerra. Hans C. Breiter, Roy Wise, R. Gilberto Gonzalez, and David Borsook,

“Reward Circuitry Activation by Noxious Thermal Stimuli,” *Neuron* 32 (2001): 927-46.

㉘Jimmy Jensen, Anthony R. McIntosh, Adrian P. Crawley, David J. Mikulis, Gary Remington, and Shitij Kapur, “Direct Activation of the Ventral Striatum in Anticipation of Aversive Stimuli,” *Neuron* 40 (2003): 1251-57.

㉙Hugo Besedovsky. Adriana del Rey, Ernst Sorkin, and Charles A. Dinarello, “Immunoregulatory Feedback Between Interleukin-1 and Glucocorticoid Hormones,” *Science* 233 (1986): 652-54.

㉚E. Ron de Kloet, Melly S. Oitzl, and Marian Joëls, “Stress and Cognition: Are Corticosteroids Good or Bad Guys?” *Trends in Neurosciences* 22 (1999): 422-26.

㉛Pier Vincenzo Piazza and Michel Le Moal, “The Role of Stress in Drug Self-Administration” *Trends in Pharmacologic Science* 19 (1998): 67-74, Michela Marinelli and Pier Vincenzo Piazza, “Interaction Between Glucocorticoid Hormones, Stress and Psychostimulant Drugs,” *European Journal of Neuroscience* 16 (2002): 387-94.腎上腺皮質醇抑制劑對人體的效果不像對老鼠那麼明顯。醫師曾試圖以 ketoconazole 治療海洛

因成癮患者，結果卻增加他們的古柯鹼用量。但爲了預防這些患者出現腎上腺功能低下症狀，也同時給他們合成類固醇氫化可體松，ketoconazole 很可能因此無效。見 T. R. Kosten, A. Oliveto, K. A. Sevarino, K. Gonsai, and A. Feingold, "Ketoconazole Increases Cocaine and Opioid Use in Methadone Maintained Patients," *Drug and Alcohol Dependence* 66 (2002): 173-80.目前並無公開發表的報告討論使用 RU-486 治療人類的藥物濫用。

㉜然而，迪皮醇無法輕易進入腦部，而單憑迪皮醇也難以對情緒的改變起顯著作用，除非使用高劑量。

㉝Werner Plihal, Rosemarie Krug, Reinhard Pietrowsky, Horst L. Fehm, and Jan Born, "Corticosteroid Receptor Mediated Effects on Mood in Humans," *Psychoneuroendocrinolgy* 21 (1996): 515-23; Sonia J. Lupien, Charles W. Wilkinson, Sophie Brière, Catherine Ménard, N. M. K. Ng Ying Kin, and N. P. V. Nair, "The Modulaiory Effects of Corticosteroids on Cognition: Studies in Young Human Populations," *Psychoneuroendocrinolgy* 27 (2002): 401-16; Rosenkranz, Abercrombie, Ned H. Kalin. Marchell E. Thurow, Melissa A.

Rosenkranz, and Richard J. Davidson, "Cortisol Variation in Humans Affects Memory for Emotionally Laden and Neutral Information," *Behavioral Neuroscience* 117 (2003): 505-16.

㉞Bernard P. Schimmer and Keith L. Parker, "Adrenocorticotropic Hormone; Adrenocortical Steroids and Their Synthetic Analogs, Inhibitors of the Synthesis and Actions of Adrenocortical Hormones," in *Goodman & Gileman's The Pharmacological Basis of Therapeutics*, ed. Joel G. Hardman and Lee E. Limbird (New York: McGraw-Hill, 2001).

7 滿足馬拉松

①雖然測量唾液皮質醇並不困難，但唾液皮質醇與血流中皮質醇的關係卻很複雜。唾液中皮質醇的濃度與血中游離皮質醇的濃度一致，但血液中有不定百分比的皮質醇會與蛋白質結合，有效地鎖住一半的皮質醇。此外，除非唾液經過冷凍，否則酵素可能降低皮質醇，使得測量值偏低。體內化學物質的半衰期指的是其濃度減低一半的時間，決定因素極多，例如該物質爲脂溶性或水溶性，以及肝臟與腎臟分解該物質的速度等等。見 C. Kirschbaum and D.H. Hellhammer, "Salivary Cortisol in Psychobiological

Research: An Overview," *Neuropsychobiology* 22 (1989): 150-69.

②Csikszentmihaly, *Flow: The Psychology of Optimal Experience*.

③Hal V. Hall, *The Western States Trail Guide* (Auburn: Auburn Printers, 1998).

④Daniel P. Davis, John S. Videen, Allen Marino, Gary M. Vilke, James V. Dunford, Steven P. Van Camp, and Lewis G. Maharam, "Exercise-Induced Hyponatremia in Marathon Runners: A Two-Year Experience," *Journal of Emergency Medicine* 21 (2001): 47-57; J. Carlos Ayus, Joseph Varon, and Allen I. Arieff, "Hyponatremia, Cerebral Edema, and Noncardiogenic Pulmonary Edema in Marathon Runners," *Annals of Internal Medicine* 132 (2000): 711-14.雖然喝水過量會引發低血鈉，女性罹患的機率似乎又比男性高，而使用異丁苯丙酸等止痛劑同樣也會增加引發低血鈉的危險。

⑤Mark R. Rosenzweig and Edward L. Bennett, "Psychobiology of Plasticity; Effects of Training and Experience on Brain and Behavior," *Behavioural Brain Research* 78 (1996): 57-65.

⑥James E. Black, Krystyna R. Isaacs, Brenda J. Anderson, Adriana A. Alcantara, and

William T. Greenough, “Learning Causes Synaptogenesis, Whereas Motor Activity Causes Angiogenesis, in Cerebellar Cortex of Adult Rats.” *Proceedings of the National Academy of Sciences, USA* 87 (1990): 5568-72.

⑦James D. Churchill, Roberro Galvez, Stanley Colcombe, Rodney A. Swain, Arthur F. Kramer, and William T. Greenough. “Exercise, Experience and the Aging Brain,” *Neurobioiogy of Aging* 23 (2002): 941-55.

⑧G. Kempermann, H. G. Kuhn, and F. H. Gage, “More Hippocampal Neurons in Adult Mice Living in an Enriched Environment,” *Nature* 386 (1997): 493-95.

⑨並非所有人都認同 BrdU 技術證實了成人也有神經元新生的現象。主要的批評在於 BrdU 雖然標示出DNA的合成，卻不一定代表有細胞分裂。例如，BrdU 標示細胞可以自行修復。而即使標示細胞是新的神經元，誰也不知道這些神經元能否發揮功能。關於神經元新生論的正反方爭議，見 Pasko Rakic, “Adult Neurogenesis in Mammals: An Identity Crisis,” *Journal of Neuroscience* 22 (2002): 614-18; and Elizabeth Gould and Charles G. Gross, “Neurogenesis in Adult Mammals: Some Progress and Problems,” *Journal of Neuroscience* 22 (2002): 619-23.

⑩Henriette van Praag, Brian R. Christie, Terrence J. Sejnowski, and Fred H. Gage, "Running Enhances Neurogenesis, Learning, and Long-Term Potentiation in Mice," *Proceedings of the National Academy of Sciences, USA* 96 (1999): 13427-31.

⑪J. D. Bremner, P. Randall, T. M. Scott, R. A. Bronen, J. P. Seibyl, S. M. Southwick, R. C. Delaney, G. McCarthy, D. S. Charney, and R. B. Innis, "MRI-Based Measurement of Hippocampal Volume in Patients with Combat-Related Posttraumatic Stress Disorder," *American Journal of Psychiatry* 152 (1995): 973-81.

⑫Sapolsky, "Why Stress Is Bad for Your Brain."

⑬Churchill, Galvez, Colcombe, Swain, Kramer, and Greenough, "Exercise, Experience and the Aging Brain"; Carl W. Cotman and Nicole C. Berchtold, "Exercise: A Behavioral Intervention to Enhance Brain Health and Plasticity," *Trends in Neurosciences* 25 (2002): 295-301.

⑭Kenji Hashimoto, Eiji Shimizu, and Masaomi Iyo. "Critical Role of Brain-Derived Neurotrophic Factor in Mood Disorders," *Brain Research Reviews* 45 (2004): 104-14.

⑮ Amanda D. Smith and Michael J. Zigmond, "Can the Brain Be Protected Through Exercise?: Lessons from an Animal Model of Parkinsonism," *Experimental Neurology* 184 (2003): 31-39.

⑯ P. E. Di Prampero, C. Capelli, P. Pagliaro, G. Antonutto, M. Girardis. P. Zamparo, and R. G. Soule, "Energetics of Best Performances in Middle-Distance Running," *Journal of Applied Physiology* 74 (1993): 386-92.

⑰ 總代謝值與跑者的速度關係不大。跑得較快則每分鐘需要消耗較多仟卡的熱量，但由於花費時間較短，因此每英哩所需的總熱量仍大概維持不變。

⑱ Jeffrey F. Horowitz, "Fatty Acid Mobilization from Adipose Tissue During Exercise." *Trends in Endocrinology and Metabolism* 14 (2003): 386-92.

⑲ 除了碳水化合物和脂肪之外，蛋白質也能代謝產生熱量，但除非在飢餓狀況下，蛋白質並非主要熱量來源。

⑳ Ronald J. Maughan and Louise M. Burke, *Sports Nutrition: Handbook of Sports Medicine*

(Oxford, UK: Blackwell Science, 2002).股四頭肌含有大部份的可用肝醣，若是濃度中等，可於二至四小時內消耗掉。

㉑H. Maurice Goodman, *Basic Medical Endocrinology*, 3rd ed. (San Diego: Academic Press, 2003).

㉒Theodore B. VanItallie and Thomas H. Nufert, "Ketones: Metabolism's Ugly Duckling," *Nutrition Reviews* 61 (2003): 327-41; Lori Laffel, "Ketone Bodies; A Review of Physiology, Pathophysiology and Application of Monitoring to Diabetes," *Diabetes/Metabolism Research and Reviews* 15 (1999): 412-26.

㉓Steen G. Hasselbach, Peter L. Madsen, Lars P. Hageman, Karsten S. Olsen, Niels Justesen, Soren Holm, and Olaf B. Paulson, "Changes in Cerebral Blood Flow and Carbohydrate Metabolism During Acute Hyperketonemia," *American Journal of Physiology* (Endocrinology and Metabolism) 270 (1996): E746-E51.後續的ＭＲＩ研究證實腦使用的燃料來源取決於能否利用酮體，但調節葡萄糖與酮體相對使用程度的機制卻仍不明。

㉔J. W. Pan, F. W. Telang J. H. Lee, R. A. de Graaf, D. L. Rothman, D. T Stein, and H. P.

Hetherington, "Measurement of B-Hydroxybutyrate in Acute Hyperketonemia in the Human Brain," *Journal of Neurochemistry* 79 (2001): 539-44.

㉕ W. G. Lennox, "Ketogenic Diet in the Treatment of Epilepsy," *New England Journal of Medicine* 199 (1928): 74-75.

㉖ R. S. El-Mallakh and M. E. Paskitti. "The Ketogenic Diet May Have Mood-Stabilizing Properties," *Medical Hypothesis* 57 (2001): 724-26.

㉗ Amanda E. Greene, Mariana T. Todorova, and Thomas N. Seyfried, "Perspectives on the Metabolic Management of Epilepsy Through Dietary Reduction of Glucose and Elevation of Ketone Bodies," *Journal of Neurochemistry* 86 (2003): 529-37.

㉘ Yoshiro Kashiwaya, Takao Takeshima, Nozomi Mori, Kenji Nakashimi, Kieran Clarke, and Richard L. Veech, "D-B-Hydroxybutyrate Protects Neurons in Models of Alzheimer's and Parkinson's Disease," *Proceeding of the National Academy of Sciences, USA* 97 (2000): 5440-44.

㉙ Allan Rechtschaffen, Marcia A. Gilliland, Bernard M. Bergmann, and Jacqueline B.

Winter, "Physiological Correlates of Prolonged Sleep Deprivation in Rats," *Science* 221 (1983): 182-84.

㉚L. J. West, H. H. Janszen, B. K. Lester, and F. S. Cornelisoon, "The Psychosis of Sleep Deprivation," *Annals of the New York Academy of Sciences* 96 (1962): 66-70.

㉛Harvey Babkoff, Helen C. Sing, David R. Thorne, Sander G. Genser, and Frederick W. Hegge, "Perceptual Distortions and Hallucinations Reported During the Course of Sleep Deprivation." *Perceptual and Motor Skills* 68 (1989): 787-98.

㉜Anna Wirz-Justice and Rutger H. Van den Hoofdakker, "Sleep Deprivation in Depression: What Do We Know, Where Do We Go?" *Biological Psychiatry* 46 (1999): 445-53.

㉝D. Ebert, H. Feistel. W Kaschka, A. Barocka, and A. Pirner, "Single Photon Emission Computerized Tomography Assessment of Cerebral Dopamine D2 Receptor Blockade in Depression Before and After Sleep Deprivation-Preliminary Results," *Biological Psychiatry* 35 (1994): 880-85; Karen J. Maloney, Lynda Mainville, and Barbara E. Jones, "C-Fos Expression in Dopaminergic and GABAergic Neurons of the Ventral Mesencephalic Tegmentum After Paradoxical Sleep Deprivation and Recovery," *European Journal of Neuroscience* 15 (2002): 774-78; Monica Levy Anderson, Magda Bignotto, and Sergio Tufik, "Facilitation of Ejaculation After Methamphetamine Administration in Paradoxical Sleep Deprived Rats," *Brain Research* 978 (2003): 31-37.

㉞這段話來源不詳，但有一說是出自希臘悲劇作家埃斯庫羅斯（Aeschylus）。現代奧運會開場時總會引用以此改編的各種版本。

㉟Arnold J. Mandell, "The Second Second Wind," *Psychiatric Annals* 9 (1979): 57-64.

㊱Candace B. Pert and Solomon H. Snyder, "Opiate Receptor Demonstration in Nervous Tissue," *Science* 179 (1973): 1011-14; Avram Goldstein, "Opioid Peptides (Endorphins) in Pituitary and Brain," *Science* 193 (1976): 1081-86.

㊲例如 H. C. Heitkamp, K. Schmid, and K. Scheib, "Beta-Endorphin and Adrenocorticotropic Hormone Production During Marathon and Incremental Exercise," *European Journal of Applied Physiology and Occupational Physiology* 66 (1993): 269-74; L. Schwarz and W. Kindermann, "Changes in Beta-Endorphin Levels in Response to Aerobic and

Anaerobic Exercise," *Sports Medicine* 13 (1992): 25-36; L. Schwarz and W. Kindermann, "Beta-Endorphin, Catecholamines, and Cortisol During Exhaustive Endurance Exercise." *International Journal of Sports Medicine* 10 (1989): 324-8; P. E. Fournier, J. Stalder, B. Mermillod, and A. Chantraine, "Effects of a 110 Kilometer Ultra-Marathon Race on Plasma Hormone Levels," *International Journal of Sports Medicine* 18 (1997): 252-56.

㊳關於內生性類鴉片系統的評論，見 Howard B. Gutstein and Huda Akil, "Opioid Analgesics," in *Goodman & Gilman's The Pharmacological Basis of Therapeutics*, ed. Joel G, Hardman and Lee E. Limbird (New York: McGraw-Hill, 2001).

㊴Nina Balthasar, Roberto Coppari, Julie McMinn, Shun M. Liu, Charlotte E. Lee, Vinsee Tang, Christopher D. Kenny, et al. "Leptin Receptor Signaling in POMC Neurons Is Required for Normal Body Weight Homeostasis," *Neuron* 42 (2004): 983-91.

㊵Heinz Harbach, Kornelia Hell, Christia Gramsch, Norbert Katz, Gunter Hemelmann, and Hansjorg Teschemacher, "Beta-Endorpin (1-31) in the Plasma of Male Volunteers Undergoing Physical Exercise," *Psychoneuroendocrinology* 25 (2000): 551-62.

㊶Mandell, “The Second Second Wind.”

8 冰島經驗

①Diener, Diener, and Diener, “Factors Predicting the Subjective Well-Being of Nations.”

②T. Willis, “Instructions for Curing the Watching-Evil.” In *London Practice of Physik*, 1685, cited in Juliane Winkelmann, “Restless Legs Syndrome,” *Archives of Neurology* 56 (1999): 1526-27.

③K. P. Parker and D. B. Rye, “Restless Legs Syndrome and Periodic Limb Movement Disorder,” *Nursing Clinics of North America* 37 (2002): 655-73.

④C. Lombardi, F. Provini, R. Vetrugno, G. Plazzi, E. Lugaresi, and P. Montagna, “Pelvic Movements as Rhythmic Motor Manifestation Associated with Restless Legs Syndrome,” *Movement Disorders* 18 (2003): 110-113.

⑤冰島的宗譜始於兩份重要文獻：Íslendingabók（冰島人之書）與Landnámabók（移民之書），兩者很可能都寫於十一至十二世紀間。Landnámabók中提到三千五百個人的

姓名，其中四百多人是早期移民。冰島的傳說故事提供了另一種形式的歷史記載，但其中大多混合了事實與虛構。

⑥ International Human Genome Sequencing Consortium, "Finishing the Euchromatic Sequence of the Human Genome," *Nature* 431 (2004): 931-45.

⑦ 關於全基因掃描相對於特定基因定位的對立觀點，見 Jeffrey R. Gulcher, Augustine Kong, and Kári Stefánsson, "The Role of Linkage Studies for Common Diseases," *Current Opinion in Genetics and Development* 11 (2001): 264-67; and Neil J. Risch, "Searching for Genetic Determinants in the New Millennium," *Nature* 405 (2000): 847-56.

⑧ 冰島人習慣以名而非姓稱呼人。姓只是反映出一個人的父親是誰，例如姓氏 Stefánsson 與 Stefansdottir 分別代表 Stefan 的兒子和女兒。冰島人平常談話幾乎從不提起姓氏，而習慣性的尊稱如「先生」與「醫師」等也不常用。

⑨ A. Helgason, S. Sigurðardottir, J. R. Gulcher, R. Ward, and K. Stefánsson, "MtDNA and the Origin of the Icelanders: Deciphering Signals of Recent Population History," *American Journal of Human Genetics* 66 (2000): 999-1016; A. Helgason, S. Sigurðardottir, J.

Nicholson, B. Sykes, E. W. Hill, D, G. Bradley, V. Bosnes, J. R. Gulcher, R. Ward, and K. Stefánsson, "Estimating Scandinavian and Gaelic Ancestry in the Male Settlers of Iceland," *American Journal of Human Genetics* 67 (2000): 697-717.

⑩漢丁頓舞蹈症其實並非因爲基因缺陷致病，而是因爲與名爲漢丁頓的基因連接的垃圾DNA擴展所致，至於漢丁頓基因的功能仍不十分清楚。

⑪史諾里的年代大約是在冰島移民年代後兩百年。

⑫《散文體愛達》與《詩體愛達》（或稱《舊愛達》）不同，後者是之前幾百年間收集自各種不同來源的詩集，年代古老得多。《舊愛達》是史諾里的重要史料依據，但他也參考口述傳統。見 Snorri Sturluson, Edda, trans. Anthony Faulkes (London: Everyman, 1987).《詩體愛達》翻譯，見 *The Poetic Edda, trans*. Carolyne Larrington (Oxford: Oxford University Press, 1996); Anonymous, *The Poetic Edda*, trans. Lee M. Hollander (Austin: University of Texas Press, 2003).

⑬Jules Verne, *Journey to the Centre of the Earth*, trans. Robert Baldick (London: Penguin Books, 1965).

⑭David Roberts and Jon Krakauer, *Iceland: Land of the Sagas* (New York Villard Books, 1990).

⑮*Bárdar Saga*, trans. Jon Skaptason and Phillip Pulsiano (New York: Garland Publishing, 1984).

⑯"The Saga of the People of Laxardal," in *The Sagas of Icelanders: A Selection* (New York: Penguin Books, 1997).

⑰這些資料大多也都記錄在古德倫自己發行的小冊中，見 Gudrun G. Bergmann, *The Mystique of Snaefellsjökull* (Olafevik: Leidarljos, 1999).

⑱Halldór Laxness, *World Light*, trans. Magnus Magnusson (Madison: University of Wisconsin Press, 1969).

9 性、愛，以及滿足感的嚴厲考驗

①G. Bermant, "Sexual Behavior: Hard Times with the Coolidge Effect," in *Psychological Research: The Inside Story*, ed. Michael H. Siegel and H. Philip Zeigler (New York: Harper & Row, 1976).

②這個主張最主要的依據在於同性戀男性與同性戀女性之間的性行爲差異。賽門斯認爲同性戀者的行爲最能測試出男性和女性在不受異性所引發的情況束縛下，會有什麼樣的性愛表現。賽門斯指出，男同性戀者必定有許多性伴侶，而且經常是一夜情，而女同性戀者卻不然。這種性愛二型性存在於異性戀者中，但受到性擇以及欲繁殖後代就得改變行爲的需求所壓制。見 Donald Symons, *The Evolution of Human Sexuality* (New York: Oxford University Press, I979).

③曾有人認爲可以將性動機視爲單純的機械反應。見 Anders Agmo, "Sexual Motivation-An Inquiry into Events Determining the Occurrence of Sexual Behavior," *Behavioural Brain Search* 105 (1999): 129-50.

④Jared Diamond, *Why Is Sex Fun?: The Evolution of Human Sexuality* (New York: Basic Books, 1997).

⑤Alfred C. Kinsey, Wardell B. Pomeroy, and Clyde E. Martin, *Sexual Behavior in the Human Male* (Philadelphia: W. B. Saunders, 1948); Alfred C. Kinsey, Wardell B. Pomeroy, Clyde E. Martin, and Paul H. Gebhard, *Sexual Behavior in the Human Female* (Philadelphia: W B. Saunders, 1953).

⑥金賽之所以高估許多性愛習性的普遍性，主要是因爲參與他的研究的志願者大多是在性愛方面最積極主動也最具有實驗精神的人。

⑦Shere Hite, *The Hite Report: A Nationwide Study of Female Sexuality* (New York: Dell, 1976).

⑧回答海蒂問卷的人只有百分之三，這不禁令人質疑回答問題的女性是否眞正具有代表性。

⑨Charles Darwin, *The Descent of Man, and Selection in Relation to Sex* (Princeton: Princeton University Press, 1981).

⑩Geoffrey Miller, *The Mating Mind: How Sexual Choice Shaped the Evolution of Human Nature* (New York: Anchor Books, 2001).

⑪David M. Buss, “Sex Differences in Human Mate Preferences: Evolutionary Hypothesis Tested in 37 Cultures,” *Behavioral and Brain Sciences* 12 (1989); 1-49.

⑫事實上，如果具有某一身體特徵的人固定與具有其他某一（隱性）特徵的人交配，身體特徵也可以成爲其他特徵的標記。例如，高大的人若固定與聰明的人交配，身高便將成爲智力的指標。

⑬在一項針對一萬六千二百八十八人所作的大型跨國調查研究中，心理學家發現男人在任何時期所渴望的性伴侶人數都大約是女人的三倍。見 David P. Schmitt, "Universal Sex Differences in the Desire for Sexual Variety: Tests from 52 Nations, 6 Continents, and 13 Islands," *Journal of Personality and Social Psychology* 85 (2003); 85-104.

⑭Symons, *The Evolution of Human Sexuality*.

⑮Miller, *The Mating Mind: How Sexual Choice Shaped the Evolution of Human Nature*.

⑯Joseph B. Stanford, George L. White, and Harry Hatasaka, "Timing Intercourse to Achieve Pregnancy: Current Evidence," *Obstetrics & Gynecology* 100 (2002): 1333-41; Allen J. Wilcox, Clarice R. Weinberg, and Donna D. Baird, "Timing of Sexual Intercourse in Relation to Ovulation—Effects on the Probability of Conception, Survival of the Pregnancy, and Sex of the Baby," *New England Journal of Medicine* 333 (1995): 1517-21.

⑰如果在單一月經週期中每天做愛的成功懷孕率是 0.25，那麼不會懷孕的機率便是 0.75。每天做愛連續 n 個月後，仍未懷孕的機率是 0.75^n，因此成功懷孕的機率爲 $1-0.75^n$。

⑱David M. Buss, *The Dangerous Passion: Why Jealousy Is as Necessary as Love and Sex* (New York: Free Press, 2000).

⑲David M. Buss and Todd K. Shackelford, "From Vigilance to Violence: Mate Retention Tactics in Married Couples," *Journal of Personality and Social Psychology* 72 (1997): 346-61.巴斯的研究集中於正値生育黃金期的年輕夫妻，對他們而言，生育可能是最顯著的議題·，研究並未提及年紀較大的夫妻運用這些策略的程度。

⑳Sarah Blaffer Hrdy, *Mother Nature: A History of Mothers, Infants, and Natural Selection* (New York: Pantheon, 1999).

㉑在針對二〇七八名女性所作的研究中，一四五件偶外性交（EPC）中有百分之十三·八發生在月經週期的排卵期，而且多半都在與配偶性交（IPC）之後。ＥＰＣ幾乎不會發生在ＩＰＣ之前。見 James V. Kohl, Michaela Atzmueller, Bernhard Fink, and Karl

Grammer, "Human Pheromones: Integrating Neuroendocrinology and Ethology," *Neuroendocrinology Letters* 22 (2001): 309-21.; M. A. Bellis and P. R. Baker, "Do Females Promote Sperm Competition?: Data for Humans," *Animal Behavior* 40 (1991): 991-99.

㉒Martha McClintock, "Menstrual Synchrony and Suppression," *Nature* 229 (1971): 244-45.

㉓Kathleen Stern and Martha McClintock, "Regulation of Ovulation by Human Pheromones," *Nature* 392 (1998): 177-79.

㉔D. B. Gower and B. A. Ruparelia, "Olfaction in Humans with Special Reference to Odorous 16-Androstenes: Their Occurrence, Perception and Possible Social, Psychological and Sexual Impact," *Journal of Endocrinology* 137 (1993): 167-87; Ivanka Savic, Hans Berglund, Balazs Gulyas, and Per Roland, "Smelling of Odorous Sex Hormone-Like Compounds Causes Sex-Differentiated Hypothalamic Activation in Humans," *Neuron* 31 (2001): 661-68; Kohl, Atzmueller, Fink, and Grammer. "Human Pheromones: Integrating Neuroendocrinology and Ethology."

㉕Savic, Berglund, Gulyas, and Roland. "Smelling of Odorous Sex Hormone-Like

Compounds Causes Sex-Differentiated Hypothalamic Activation in Humans."

㉖關於月經週期同步化之所以存在的理論不可勝數。有個「以性易肉」的理論主張女人將月經週期同步化是爲了籌畫性罷工，迫使男人出外獵食。見 Chris Knight, *Blood Relations: Menstruation and the Origin of Culture* (New Haven: Yale University Press, 1991). 另一個理論斷定週期同步化迫使每個男人只與一個女人交配，因爲如果所有女人的受孕期都相同，他便無法與所有女人交配。見 Leonard Shlain, *Sex, Time, and Power: How Women's Sexuality Shaped Human Evolution* (New York: Viking, 2003)

㉗Richard T. Michael, Robert W. Bonsall, and Patricia Warner, "Human Vaginal Secretions: Volatile Fatty Acid Content," *Science* 186 (1974): 1217-19.

㉘Alain Danielou, *The Complete Kama Sutra: The First Unabridged Modern Translation of the Classic Indian Text by Vatsyayana*, trans. Alain Danielou (Rochester, Vermont: Park Street Press, 1994).

㉙Edward O. Laumann, John H. Gagnon. Robert T. Michael, and Stuart Michaels, *The Social Organization of Sexuality: Sexual Practices in the United States* (Chicago: University of Chicago Press, 1994).

㉚Ibid., Table 3.8B.

㉛Ibid., Table 104.可以推斷的是有些人雖然沒有達到高潮卻仍聲稱感到幸福·，然而，NHSLS 的資料並未以此方式分析，因此無法得知這樣的人佔多少百分比。

㉜Agmo, “Sexual Motivation-An Inquiry into Events Determining the Occurrence of Sexual Behavior.”

㉝Laumann, Gagnon, Michael, and Michaels, *The Social Organization of Sexuality: Sexual Practices in the United States*, Table 10.5.

㉞William H. Masters and Virginia E. Johnson, *Human Sexual Response* (Boston: Litttle, Brown, 1966).

㉟他們的方法主要靠著收集性交後的回流，雖然他們聲稱過程很簡單，我卻存疑。在一二七件回流樣本中，有九十三件來自同一對伴侶，男性四十四歲，女性二十四歲，因此他們的結論當然主要來自這一對年紀相差二十歲的男女。見 R. Robin Baker and Mark A. Bellis, “Human Sperm Competition: Ejaculate by Males and the Function of

Masturbation," *Animal Behavior* 46 (1993):861-85; R. Robin Baker and Mark A. Bellis, "Human Sperm Competition; Ejaculate Manipulation by Females and a Function for the Female Orgasm," *Animal Behavior* 46 (1993): 887-909.

㊱Michael S. Exton, Anne Bindert, Tillman Kruger, Friedmann Scheller, Uwe Hartmann, and Manfred Schedlowski, "Cardiovascular and Endocrine Alterations After Masturbation-Induced Orgasm in Women," *Psychosomatic Medicine* 61 (1999): 280-89.

㊲J. K. Rilling, D. A. Gutman, T. R. Zeh, G. Pagnoni, G. S. Berns, and C. D. Kilts, "A Neural Basis for Social Cooperation," *Neuron* 35 (2002): 395-405.

㊳Laumann, Gagnon, Michael, and Michaels, *The Social Organization of Sexuality: Sexual Practices in the United States*; Robert T. Michael, John H. Gagnon, Edward O. Laumann, and Gina Kolata, *Sex in America: A Definitive Survey* (New York; Wamer Books, 1994).

㊴然而，婚姻持續愈久，男性出軌的普遍性也隨之增加，也就是每年固定的出軌比例約爲百分之一左右。

㊵Laumann, Gagnon, Michael, and Michaels, *The Social Organization of Sexuality: Sexual Practices in the United States*, Table 3.7.

㊶「七年之癢」雖是劇作家艾克西洛德（George Axelrod）爲其同名劇本所發明的名詞，卻有其眞實的一面。我們會因爲各種原因對另一半產生迷戀，而七年很可能是這份迷戀的平均半衰期。費雪（Helen Fisher）甚至認爲一段關係的半衰期更短，大約是四年。見 Helen E. Fisher, *Anatomy of Love: The Natural History of Monogamy, Adultery, and Divorce* (New York: W. W. Norton, 1992).

㊷David Schnarch, *Passionate Marriage: Love, Sex, and Intimacy in Emotionally Committed Relationships* (New York: Henry Holt and Company, 1997), David M. Schnarch, *Constructing the Sexual Crucible: An Integration of Sexual and Marital Therapy* (New York: W. W. Norton, 1991).

㊸Schnarch, *Passionate Marriage: Love, Sex, and Intimacy in Emotionally Committed Relationships.*

國家圖書館出版品預行編目資料

好滿足／柏恩斯 (Gregory Berns) 著；
顏湘如譯.-- 初版.-- 臺北市：大塊文化，
2006 [民 95]
面；　公分.-- (From ; 38)
譯自： Satisfaction
ISBN 978-986-7059-43-7(平裝)

1. 滿足

176.5　　95017280

LOCUS

LOCUS

LOCUS

LOCUS